CONFÉRENCES

DU RÉVÉREND PÈRE

DE RAVIGNAN

DE LA COMPAGNIE DE JÉSUS

PROPRIÉTÉ DE

CONFÉRENCES

DU RÉVÉREND PÈRE

DE RAVIGNAN

DE LA COMPAGNIE DE JÉSUS

CONFÉRENCES PRÊCHÉES A NOTRE-DAME DE PARIS

DE 1837 A 1846

TOME III

PARIS

LIBRAIRIE DE Mme Ve POUSSIELGUE-RUSAND

RUE SAINT-SULPICE, 23.

1860

DROITS DE TRADUCTION ET DE REPRODUCTION RÉSERVÉS

LES
PRÉJUGÉS LÉGITIMES

QUARANTIÈME CONFÉRENCE

LES DROITS DE DIEU

QUARANTIÈME CONFÉRENCE

LES DROITS DE DIEU

Messieurs,

Il faudrait vivre étranger aux réflexions sérieuses et aux pressantes leçons de l'expérience pour ne pas ressentir une tristesse profonde en considérant l'état des croyances religieuses au sein des sociétés modernes.

Ce sentiment, s'il n'est pas le remède à nos maux, pourrait le devenir ; bien dirigé, il pourrait produire les consolations durables, éloigner l'erreur, rapprocher la vérité.

Aussi, vous me permettrez de l'avouer en commençant, Messieurs, je remonte toujours dans cette chaire, j'en redescends toujours sous une impression d'affliction intime, involontaire.

Non que je manque à reconnaître envers Dieu,

envers vous les grands motifs d'espérance et de joie qui nous sont offerts dans cette assemblée même ; y manquer serait ingratitude et injustice.

Mais en même temps, nous ne saurions le dissimuler, le mal irréligieux demeure ; il nous environne, nous pénètre, et cette pensée pèse de plus en plus à mon âme.

Je ne parle pas seulement de crimes et de désordres, je ne parle pas de ces biens dont se prive un cœur séparé de la foi, je ne m'arrête pas non plus à la mortelle indifférence qui dédaigne et laisse passer inaperçus les enseignements positifs du christianisme.

A mes yeux, en ce moment le mal actuel se caractérise sous un autre aspect, que je crois utile d'exposer. J'y vois un déplorable oubli des droits de Dieu. Les droits de Dieu sont retranchés, absents de la société et du cœur de l'homme ; grave sujet de méditations et de craintes.

Toutefois, Messieurs, je ne viens pas uniquement me plaindre et gémir ; encore moins viendrai-je, prophète de malheur, déshériter l'avenir de tous les justes motifs d'espoir chrétien ; non, mais de toute la liberté de ma foi et de ma conscience, en vous indiquant la source de nos maux, j'opposerai le remède et montrerai la source de tous les biens. Les droits de Dieu sont oubliés et retranchés; nous verrons le catholicisme les reconnaître et y satisfaire pleinement.

D'où naîtra, non sans intérêt, je l'espère, une suite de considérations philosophiques et de préjugés légitimes en faveur de la foi, qui nous donneront cette année la carrière à parcourir.

Aujourd'hui, pour point de départ, nous traiterons de ces mêmes droits de Dieu considérés en général; nous les montrerons existants, méconnus, rétablis; existants et certains en Dieu, méconnus dans les égarements de l'homme, rétablis et en exercice dans le catholicisme seul.

En sorte que du principe posé, des maux qui en suivent l'oubli, et des biens qui en accompagnent l'application, nous verrons déjà ressortir sinon une démonstration directe, du moins un préjugé bien raisonnable et bien fort en faveur des enseignements catholiques.

Car c'est là mon but dans cette conférence sur les droits de Dieu considérés en général.

Daigne le Seigneur nous bénir et nous faire marcher toujours sous l'influence de ce double esprit de force et de douceur, de modération et de franchise qui convient à la défense de la vérité.

I. P. A voir un certain état des esprits et de

l'opinion, en étudiant ce qui est la marche adoptée et la direction établie dans une grande partie du monde intellectuel et moral, on est forcé d'accepter comme expression de cet état de choses et de doctrines, Dieu sans droits, ou les droits de Dieu méconnus. Résultat plus négatif que violent, mais d'autant plus déplorable qu'il est moins aperçu et moins senti.

Quand un mouvement fortement imprimé à l'activité moderne, recherche, définit, sanctionne tous les droits, il semble que Dieu seul est excepté : il serait donc le seul être sans ses droits.

Cependant ici la notion première et évidente est qu'à proprement parler, Dieu seul a des droits; que l'homme a des devoirs, ou, si l'on veut, des droits soumis à Dieu et dépendants de lui.

Si nous voulons approfondir et retrouver l'origine de ce qu'on nomme les droits, il faut en venir jusqu'à l'origine et à la nature même de l'être.

L'homme apparaît sur cette terre : quel est son droit, son droit primitif, naturel et vrai? Je cherche.

Sans me perdre dans de vaines et vagues théories, je trouve comme racine de tous les droits un premier droit qui est un devoir aussi, celui de la conservation : c'est-à-dire qu'après avoir reçu l'être, je dois recevoir, on doit me donner d'abord ce qui conserve et soutient l'existence. Puis les lois du gouvernement temporel de la Providence, les lois de la civilisation et de la sociabilité humaines, ont étendu, développé les droits. Mais le principe de tous réside dans ce qui fait l'homme lui-même, son être et sa vie; et le premier droit de l'homme doit être ce qui appartient le plus immédiatement à son existence : le droit de la conserver.

C'est même l'origine première de la propriété, qui fut d'abord le droit aux moyens de conservation.

Or l'homme n'a rien qu'il n'ait reçu, suivant le mot évident de saint Paul, pas même l'existence, qu'il ne s'est pas donnée apparemment; il tient donc tous ses droits de l'auteur même de son être; leur exercice et leur usage viennent donc aussi nécessairement de Dieu; et ils dépendent de lui comme la vie en dépend elle-même.

Par où nous voyons déjà qu'en Dieu est la source de tous les droits; il les possède tous, puisque seul il les donne avec la vie.

Mais si je m'élève, autant qu'il peut m'être accordé de le faire, jusqu'à contempler en Dieu même son être et sa vie, j'y rencontrerai son droit inhérent et suprême.

En dehors de nos livres saints nous ne trouvons

rien pour nommer la nature et la vie divine : « Je suis Celui qui est : » *Ego sum qui sum.* « Dieu c'est l'Être, » disent-ils.

Cependant deux termes encore aident notre faiblesse, non pas à comprendre, mais à exprimer le mystère; Dieu est l'être infini, possédant en soi-même l'immensité. L'athéisme seul peut le nier; ou Dieu est ainsi, ou il n'est pas. L'infini, l'immensité sont des idées identiques à l'idée simple de l'Être qui n'exclut rien, qui affirme tout de soi et en soi. Si vous nommez simplement l'Être, et que vous prétendiez nous dire ce qu'il n'est pas, ce qu'il n'a pas, il y a contradiction dans les termes; c'est nier ce qu'on affirme, c'est dire ce qui n'est pas. Proposition du reste à laquelle se réduit nécessairement et logiquement l'athéisme.

Dieu, l'être, et l'être immense, infini, répondent donc à une seule et même idée; et ce qui en exclut à jamais le panthéisme, c'est la présence indestructible dans mon esprit et dans l'univers, du fini, du multiple, de l'imparfait, du divisible, du mal, de l'effet produit; qui ne sont pas Dieu, certes, ne sont pas l'infini, mais sont nécessairement distincts de lui, puisqu'ils lui sont contradictoires.

Dieu, par l'idée première de sa nature, est la plénitude de l'être; il le possède tout entier, c'est-à-dire infini. Seul il peut donc le communiquer sans l'aliéner jamais; il peut seul créer.

Dieu est infini, immense, autant que simple; hors de l'immensité divine rien ne saurait exister; Dieu lui-même avec sa toute-puissance ne saurait rien placer hors de son sein, car, pour que hors de Dieu il existât quelque chose, il faudrait supposer l'être hors de l'être, ce qui répugne. Ainsi Dieu crée, et par le même principe il conserve et continue dans son sein l'être donné à ses créatures. En Dieu tout vit, tout se meut et existe, comme parlait saint Paul devant l'aréopage; en Dieu donc le droit de créer, le droit de conserver, de renfermer et de posséder tous les êtres; ce sont des droits absolus et essentiels de Dieu. Droit de créateur, de conservateur, de maître, c'est le domaine imprescriptible, universel et éternel de Dieu; ni temps, ni force, ni raison ne peuvent l'affaiblir, car il s'agit de la puissance et de la vie de l'infini. Ce qui revient à dire que le droit de Dieu c'est son être, comme tout ce qui appartient à la nature de Dieu est Dieu même, droit infini par conséquent.

Je m'arrête, il y a une limite pour la parole humaine, quoiqu'il n'y en ait point pour la nature et les droits de Dieu. Ainsi l'homme s'agite, s'agite libre sans doute; et Dieu contient, renferme, possède l'homme; il le crée, le conserve et le possède toujours; le conserve libre dans le temps, mais au sein d'un cercle infranchissable où l'homme se débat en vain, sans échapper jamais à la main qui le domine, comme la goutte d'eau agitée au sein des mers ne peut pas s'affranchir de la vaste domination de l'Océan.

Combattant dans l'arène, l'homme reste soumis aux bornes et aux lois du combat; et le juge suprême du camp, qui ouvre et ferme la carrière, est le seul maître et le seul juge de la gloire et de la honte, de la vie et de la mort.

Plongés que nous sommes dans l'essence divine, atomes imperceptibles vivant au sein de l'infini et des seules émanations de sa vie, demanderons-nous quels sont les droits de Dieu et quelle est notre dépendance? Mais il faudrait pouvoir dire auparavant quels droits ne sont pas les droits de Dieu, et quelle dépendance n'est pas notre dépendance.

Dans cette possession intime, nécessaire et souveraine de ses créatures, y a-t-il donc quelque chose que Dieu ne pourrait pas faire à leur égard? Hommes négatifs, c'est vraiment curieux de vous voir poser des impossibilités divines. Quant à nous, nous avouons et nous célébrons le domaine absolu de Dieu et ses droits.

Les droits de Dieu, voudriez-vous encore l'énoncé de quelques-uns? Les voici rapidement :

Le droit de révéler d'abord, qui l'en empêcherait? Vous pouvez bien, vous, révéler vos pensées, et les dicter à d'autres par la parole, mystère à jamais incompréhensible; et l'enfant arrive aussi à joindre des mots à des idées, merveille inexplicable; et Dieu auteur de la pensée, de la parole, ne le pourrait pas aussi? Il n'aurait pas le droit, la puissance d'imposer à l'homme ses volontés, ses lois, sa parole? Vous les imposez bien à d'autres hommes, vous!

Dites que Dieu n'existe pas, à la bonne heure. Mais une fois l'athéisme repoussé, une fois l'existence de Dieu admise, je ne connais rien de plus tristement ridicule que ce mutisme obligé de la Divinité vis-à-vis de l'homme. A Dieu donc, à lui seul de garder le silence dans l'univers!...

L'obligation est étrange, et elle a fait vivre un long temps le sophisme incrédule; on y revient quelquefois encore.

Le silence imposé à l'homme quand Dieu parle, je le conçois. C'était jadis la leçon du prophète, ce fut même la loi du paganisme. Le silence imposé à Dieu quand l'homme parle, je ne le conçois pas. Oui, Dieu a le droit de révéler, comme vous de parler.

Dieu a le droit d'être cru, s'il révèle : c'est la conséquence. Il est la vérité souveraine et infinie, donc il faut la croire si elle parle.

Dieu a le droit de vous imposer des témoignages et des faits ; à vous de les peser dans la conscience et d'écouter la grande voix des témoins et des faits qui appuient la révélation.

Créateur, révélateur et maître, Dieu a le droit de s'attacher l'homme et l'état social tout entier, de les lier à lui-même par les dogmes, par le culte public ou privé, par une Église, un sacerdoce, par des rites sacrés d'initiation, d'expiation, de communication divine. Pourquoi : parce que l'ouvrage appartient à l'ouvrier ; parce que la nature de l'homme est de dépendre de Dieu ; parce que la fin de l'homme, sa fin obligée dans sa liberté, c'est de tendre et de s'unir intimement à Dieu ; et que sans révélation, sans Église, sans sacerdoce et sans les liens pratiques du culte, l'homme marche réellement à l'aventure, se sépare de Dieu, s'agite et se perd au sein d'incertitudes et de divagations funestes. Dites, n'est-ce pas ainsi que l'expérience le montre hors du catholicisme pratique ? Quand on est seul, seul à forger sa religion, on n'en a bientôt plus aucune.

Dieu enfin a le droit d'être aimé, de posséder toutes les affections de l'homme, d'attirer sans cesse à lui seul tout notre cœur. La soif secrète qui dévore notre âme n'est pas autre chose. Hélas! où en sommes-nous?

Et ce n'est pas un rêve que je fais ici; Dieu est la beauté infinie, le bien souverain et parfait, centre de toute béatitude et de toute gloire; il est donc le complément, la fin nécessaires de notre être, qui se tourmente jusqu'à ce qu'il repose en Dieu, parce qu'il a besoin du vrai, du bien parfaits.

Notre force, notre liberté, notre vie, notre faculté la plus précieuse et la plus active, c'est notre cœur. Dieu le forma un jour lui-même; il se plut à le douer d'un sentiment qui, satisfait, est le bonheur même; et la grande loi fut portée : Vous aimerez, *diliges*.

En vain errants ici-bas et plongés dans la nuit des sens, cherchons-nous, aveugles volontaires, à nous repaître de vaines chimères; le droit de Dieu vit au plus intime de notre être, il nous poursuit, nous presse à notre insu, à chaque heure, pour donner à notre amour les biens de l'infini. Tout le reste a des bornes cruelles, que connaissent et nos désirs et nos dégoûts. « Ah! s'écriait le cœur de Fénelon, si Dieu était ce ciel parsemé d'étoiles, cette prairie émaillée de fleurs, ce métal étincelant; s'il était ce père, cette mère, cet ami, cette beauté fragile et périssable, nous l'aimerions ; mais parce qu'il est infiniment plus aimable et plus aimant, parce que, possédant toutes les perfections infinies, il ne tombe point sous l'attrait grossier des sens, il n'a plus rien qui puisse charmer nos cœurs. »

Je résume cette première partie.

L'homme a des droits, il les a tous reçus de Dieu comme la vie : Dieu en est donc la source.

Dieu possédant l'infini, la plénitude de l'être, peut seul le donner, il peut seul créer ;

Dans son immensité il conserve, il possède, gouverne toute la création ; intelligence et puissance infinie, Dieu a le droit de révéler, d'enseigner l'homme et la société, de les lier étroitement et en tous sens à la dépendance divine ;

Dieu a le droit d'être aimé ;

Les droits de Dieu existent, je viens de le rappeler. Ils sont méconnus, je vais le dire.

II. P. Ce fut, Messieurs, un phénomène inconnu à toute l'antiquité que cette tendance à se passer de Dieu et à oublier ses droits, tendance trop réelle de la société et de l'esprit modernes.

La société païenne en travail cherchait Dieu, le voyait en tout, le multipliait sous toutes les formes par l'abus le plus monstrueux, mais sentait du moins qu'à la tête de toute institution, de toute action sociale et domestique, la Divinité devait présider.

Longtemps depuis, et malgré bien des vicissitudes et des désordres, les nations vécurent de la vie du christianisme ; il y avait comme une présence réelle de Dieu et des droits de Dieu dans les esprits, dans les lois et dans les mœurs.

De nos jours et dans l'âge avancé du monde, il semble que cette vie de la foi tend de plus en plus à se retirer et à se concentrer dans d'étroites proportions, comme le sang chez les vieillards.

J'étudie autour de moi la société et le mouvement des opinions et des tendances dominantes. Je me demande où vivent reconnus et influents les droits de Dieu. N'est-il pas vrai qu'on les néglige et qu'on les oublie? que pour le grand nombre ils sont comme s'ils n'étaient pas, comme si Dieu n'existait pas lui-même?

Supposez qu'on admît complétement que Dieu est sans droits, sans vérité, sans réalité même et sans existence, y aurait-il alors beaucoup à changer dans les pensées, dans les actes ou dans la direction qu'on donne à toutes choses?

Allons au fond de la question.

Le rationalisme nous déborde; quant à la religion, chacun pense et vit à part. On se fait à soi-même sa providence, sa voie, sa croyance, son Dieu ; si même il y a quelque recherche sérieuse de ce genre. Et toutes ces choses on les domine, bien entendu, avec l'omnipotence de l'idée personnelle.

C'est un athéisme d'action et de pratique, car il y a ainsi indépendance à l'égard de Dieu et de ses droits autant que s'il n'y avait pas de Dieu. Droit de créateur, de conservateur et de dominateur souverain, il n'y en a pas un mot dans les théories nouvelles.

Droits des faits catholiques à une étude libre et courageuse, droits des faits divins proposés par les témoignages les plus graves, les plus nombreux, et par l'autorité la plus grande qui fut jamais, l'Église, on n'en tient aucun compte. Et toute question de révélation, d'enseignement surnaturel et divin est tranchée par le dédain, ou noyée dans un vague scepticisme. Cependant Dieu a tous ces droits ; il peut révéler, enseigner, témoigner ; mais on ne s'inquiètera nullement de savoir s'il lui a plu de le faire. Voilà quant aux doctrines philosophiques et prétendues religieuses.

Dans la science historique et politique, vous ne verrez guère l'idée de Dieu davantage ; et même, si vous observez bien les institutions politiques vous y trouverez une sorte d'idolâtrie de l'État, comme dans Rome païenne et à la Chine.

L'État, le pays, dans une certaine langue, sont tout. Il ne suffit pas d'un dévouement généreux et désintéressé pour le bien général, ce qui est toujours digne de louange et ce qui est toujours fort rare ; mais l'État est tout dans les pensées et dans les vues de certains hommes ; Dieu fort peu de chose, ou même rien. Des vues supérieures de foi, les droits de Dieu à garantir dans la société et dans l'homme, les influences religieuses à faire pénétrer et vivre au sein des peuples, ce sont des pensées ou surannées ou proscrites. Dieu est ici absent et étranger.

Et que dois-je dire de l'industrie à ce point de vue des droits de Dieu?

Le développement des intérêts matériels est assurément en soi inoffensif et louable; il peut cependant prendre un caractère effrayant d'athéisme.

Ce sera lorsque ces intérêts et cette ardente occupation de la matière domineront, absorberont les intérêts religieux et moraux : quand l'industrie deviendra le grand et unique mobile de la vie sociale ; quand active et puissante, elle semblera défier la Providence pour créer un monde nouveau ; quand surtout elle abdiquera et abjurera dans ses travaux toute observance religieuse et tout repos du jour saint du Seigneur, hommage obligé envers l'auteur de la nature et des arts. Si vous vouliez, Messieurs, donner à un peuple une expression formelle et pratique d'athéisme, vous n'en trouveriez pas de plus significative pour nier toute religion et Dieu même, que le retranchement du repos religieux au jour consacré. Car enfin je vous le demande, comment se manifesterait autrement la croyance publique et sociale en la Divinité? Y avez-vous jamais bien réfléchi? L'atelier se ferme à l'heure de la débauche et du crime; il rend la liberté pour l'orgie : il ne la rend pas pour l'instruction chrétienne et la prière publique; à cette heure, il s'ouvre, il réclame et garde sa proie. N'y a-t-il pas oppression cruelle de cette liberté de conscience que l'on proclame ailleurs? car pour rester chrétien le pauvre ouvrier devrait renoncer au pain qui soutient la vie. Des populations entières sont ainsi vivement arrachées à tout enseignement et à tout exercice de religion : que pouvez-vous en attendre, sinon des races et des mœurs dégénérées? L'étranger qui nous visite s'étonne, et sentant nos maux pour nous, il s'en effraie et en gémit.

Absence des droits de Dieu dans la famille. Le frein de la foi pratique étant brisé, on méconnaît, on ne chérit plus les fins du Créateur; on ne se confie plus à sa providence, on rejette dans le néant des êtres qui devaient voir le jour.

Rousseau à écrit dans l'*Émile :* « Les principes des impies ne font pas tuer les hommes, mais ils les empêchent de naître en détruisant les mœurs qui les multiplient... en réduisant toutes les affections à un secret égoïsme aussi funeste à la population qu'à la vertu... » C'est Rousseau qui parle ainsi. En cette matière je n'ajouterai rien; mais la plaie est immense.

Absence des droits de Dieu souvent même dans le dernier, dans le suprême acte de la vie, dans la mort, je veux dire le suicide.

Le suicide, c'est l'indépendance la plus absolue de Dieu, c'est une action d'athéisme.

Le sacrifice religieux proteste à Dieu que la vie lui appartient, qu'il en est le seul maître et l'arbitre souverain. Cette victime immolée sur l'autel, la vie en fut remise à la disposition de l'homme; il la sacrifie à Dieu même; il veut lui dire ainsi que toutes les existences dépendent de sa loi suprême. Le suicide dément le sacrifice et n'y croit plus; il dit : Ma vie est à moi ; c'est dire en d'autres termes : Il n'y a pas de Dieu.

Et le suicide se multiplie dans une effrayante progression.

La maladie est donc profonde, oui; et elle est dans l'oubli permanent des droits de Dieu. Philosophie, politique, industrie, famille, individus en portent les signes.

Toujours il y eut des désordres et des crimes, je l'avoue; mais ils conservent leur caractère d'horreur et de passion dans des temps de foi; et aujourd'hui ils prennent celui du sang-froid et du calcul. La passion du moins laisse et même donne la vie au remords; le calcul le tue; et il faut faire violence au temps, il faut remonter le torrent, pour ressaisir les principes vitaux de bien et de mal. Il y a une sorte d'entraînement à tout confondre pêle-mêle, notions de droits, de vérité, d'erreur, de crime et de vertu. Et vraiment l'homme qui croit est comme celui qui surnage et respire au milieu d'un étouffant chaos.

On ne veut plus, on ne sait plus comprendre ce qui est de Dieu, ce qui tient à Dieu, ce que la religion au nom de Dieu sait organiser et créer pour le bonheur de l'humanité.

En sorte que le fonds de tout mal et de toute erreur, nous le voyons, c'est cette absence pratique de Dieu, cette indépendance adoptée à l'égard de l'idée de Dieu et de ses droits.

Dans la pratique, Messieurs, de la foi à l'athéisme il n'y a plus guère de milieu; il n'y en a pas même logiquement; et l'état des sociétés avancées peut montrer réellement que toutes les erreurs viennent se résumer et aboutir à la non-existence de Dieu. Leibnitz l'avait prédit.

C'est une société qui veut se passer de Dieu que la nôtre : nous verrons bien.

Je ne parle pas d'admirables exceptions : vous me les rappelez; je n'oublie pas non plus des protestations généreuses; je parle du grand-nombre qui n'est pas ici.

Les sociétés en souffrance ne doivent donc plus nous étonner; le mal dans sa racine est là : les droits de Dieu oubliés.

Ils se trouvent exercés dans le catholicisme.

III. P. Si, me recueillant au fond de l'âme pour y goûter la vérité, je veux méditer cette pensée des droits de Dieu, il me faut bien les reconnaître certains.

Il faut que Dieu règne, et que l'homme lui soit soumis, ou Dieu n'est plus réellement qu'un mot.

Il faut, pour le bonheur même et la dignité de l'homme, ces liens de dépendance envers la Divinité, ou l'homme n'est plus qu'un triste jouet de l'erreur et du délire.

Si donc par la considération attentive et l'étude du christianisme, je suis forcé d'y voir et la plus haute idée et le plus magnifique exercice des droits de Dieu, tout ce qui peut le mieux convenir à la souveraineté divine et à la libre soumission de l'homme, ce sera le préjugé le plus légitime et le plus puissant de la divinité de son origine.

Messieurs, considérer sous ce rapport l'institution catholique, y contempler les droits de Dieu garantis et exercés, en même temps qu'on y voit toutes les conditions de dignité et de bonheur remplies pour l'homme, c'est assurément une admirable et consolante étude.

Je franchis donc les vues rétrécies et les issues obstruées d'une raison appauvrie et tout humaine;

Je laisse les préventions injustes et les préoccupations ignorantes ou irréfléchies.

Porté dans une région supérieure, et libre des entraves de la terre, je considère ce temple élevé aux droits de Dieu et à sa gloire.

J'entre; c'est la foi qui se fait entendre et qui enseigne : la foi parole reçue comme divine et révélée, qui fixe les incertitudes, arrête les saillies malencontreuses de la pensée.

C'est Dieu enseignant l'homme, l'éclairant, le guidant pas à pas.

L'intelligence, la sagesse, la vérité divines s'imposent à l'homme. C'était bien le droit de Dieu; c'était aussi mon besoin et mon bonheur.

Dieu règne quand je crois; et dans la foi je me repose; mon travail est alors terminé. Il en devait être ainsi; ou Dieu m'aurait abandonné, ne me laissant pour partage que la liberté du doute et le principe du désespoir.

Le droit d'imposer la foi n'est cependant que le droit d'exiger une conviction libre et raisonnable; aussi vois-je planer au-dessus de moi une nuée lumineuse de témoins, mille rayons qui s'unissent et se confondent, mille voix qui n'en font qu'une, et qui me montrent que Dieu a révélé.

Le monde vit de témoignages et de faits; la société, la famille ont-elles d'autres fondements? Dieu a donc voulu s'attempérer à ma nature en appuyant sur cette base la garantie de ses droits. Il les a rattachés ainsi à l'ordre des vérités les plus certaines. Oui, tous ces témoignages, tous ces faits, qui m'attestent la vérité de ma foi, forment un faisceau indestructible, un monument éternel qui dit dans son langage : Dieu a parlé.

Je crois; et j'admire, je bénis ce Dieu régnant par la foi sur une intelligence libre. Sans la foi, sans cette soumission à une parole divine, je ne trouve plus ce règne; sans elle l'esprit de l'homme se révolte et s'égare.

Dans le temple catholique, je vois des liens

puissants et merveilleux qui rattachent et soumettent l'homme et la société à Dieu.

Par cette dépendance heureuse une vie spirituelle et divine lui est communiquée sous des signes sacrés et sensibles.

Et comme la vie spirituelle a quelque conformité avec la vie humaine et corporelle, je trouve dans la première le développement et la gradation qui forment la seconde.

Il faut naître d'abord et recevoir la vie.

Dans l'Église, l'âme reçoit une naissance spirituelle; c'est la régénération première, le saint baptême. Le sceau est imprimé, le caractère de vie divine est marqué; et par cette naissance, véritable régénération spirituelle, la porte est ouverte à tous les biens célestes.

Il faut croître, se fortifier, arriver à l'état d'homme parfait; la main du pontife confirme, et l'Esprit divin est donné pour la force.

Il faut nourrir, conserver la vie et la vertu; le pain eucharistique est institué; il est la nourriture et l'aliment divin de l'âme.

Mais au malade il faut rendre la santé, au faible donner un appui, à l'affligé un consolateur; la pénitence guérit, console et sauve.

Au mourant, pour le dernier passage, il faut un surcroît de grâce et de force, l'onction extrême chasse les restes impurs du péché et dispose à soutenir le dernier combat. Telle est, Messieurs, dans le christianisme l'économie des secours divins qui se nomment sacrements. Ainsi la vie entière de l'homme est-elle replacée sous la dépendance intime, et sous l'influence permanente de la vie divine elle-même.

Quant à la vie spirituelle de la société, il faut deux choses : régir et propager, en Dieu et selon Dieu.

Le droit de gouverner le peuple fidèle, c'est le sacerdoce, l'ordre : gouvernement tout spirituel ; autre lien sacré dans l'Église.

Le droit de propager la société et la famille, c'est le mariage, sacrement auguste et saint dans le catholicisme ; toujours appuyé sur les aptitudes de la nature ; il est ramené à son type spirituel en Jésus-Christ et son Église ; il nous montre le droit divin de la création communiqué en quelque sorte à l'homme, mais pour la fin même de la création, qui est de donner à Dieu des cœurs soumis et fidèles.

Et toujours ainsi une source ouverte de grâce coule sur toutes les positions et tous les âges.

L'homme, la société sont donc rattachés à Dieu, une sainte et divine alliance est formée ; et les droits de Dieu sont reconnus, garantis et exercés.

Toute une vie divine en l'homme est le fruit de cette dépendance et de cette communication établies. L'homme spirituel, la société spirituelle sont créés, confirmés, accrus, nourris, purifiés, guéris, régis et multipliés. Quoi de plus? Par là toute la terre se trouve consacrée et unie au Seigneur.

Tel est le catholicisme dans la pensée si élevée, mais si éminemment pratique de ses sacrements. Les aviez-vous envisagés ainsi?

Voilà le dogme catholique dans son principe, la foi, parole divine et révélée.

Voilà aussi le culte catholique dans ses rites sacrés et principaux.

Et la morale, c'est la charité.

La charité, mouvement et lien de l'âme, qui rapporte tout à Dieu, qui cherche Dieu en tout, le cherche, l'aime comme bien souverain et parfait, comme fin unique dernière, et voudrait soumettre, conquérir à Dieu tous les cœurs. Car telle est réellement la charité du christianisme; on la comprend bien mal quelquefois. Par elle et en vue de Dieu même tous les devoirs se remplissent; devoirs envers Dieu d'abord, devoirs envers les hommes; devoirs sociaux et de famille; parce qu'il n'est pas un seul bien que l'amour de Dieu ne commande et n'inspire, pas un seul mal qu'il ne proscrive et ne repousse.

Aussi saint Paul disait-il, après le Sauveur, que la loi se résume en un mot, l'amour.

Tel est à vrai dire le christianisme; le nôtre et le vôtre.

Maintenant jugez, Messieurs, la question proposée : les droits de Dieu à garantir et à exercer dans la société et dans l'homme.

Devant vous s'élève un antique édifice, immense, majestueux, et environné de la vénération des siècles passés. Vous connaissez les conditions de l'art et la destination à remplir par cette noble création : vous l'étudiez, paisibles et attentifs.

Bientôt vous avez reconnu que toutes les conditions sont remplies, que les destinations sont satisfaites, que c'est une œuvre parfaite entre toutes. Admirateurs justes et zélés, vous célébrez la puissance du génie créateur qui l'a produite, et l'on vous verrait au besoin défendre son chef-d'œuvre avec le dévouement chaleureux de la science et de l'art.

La science et l'art réclament souvent le courage et la justice de leurs disciples et de leurs admirateurs.

Tel se présente à vos regards, Messieurs, le grand monument de l'Église catholique, répondant à tous les droits de Dieu, à tous les besoins de l'homme.

Au sommet de l'édifice domine et rayonne la parole divine, acceptée, crue; c'est la foi.

Sous son lumineux empire, à chaque situation, à chaque devoir de la vie humaine et sociale répondent une assistance et une communication divines, qui sont la consolation des âmes fidèles, et qui leur donnent la force de rapporter à Dieu leur pensée et leur amour dans les actes de leur dépendance.

La question est résolue, Dieu règne alors; et l'homme est libre, car l'homme, véritablement maître de son obéissance, ne sert plus que la sagesse et la vérité divines.

C'est à vous, Messieurs, qu'il appartient de proclamer cette auguste alliance des droits de Dieu et de la liberté de l'homme; c'est à vous d'arborer ce drapeau catholique des droits de Dieu et de lui susciter de pacifiques défenseurs par les travaux sincères de la science, par le courage de la foi, par les efforts de la vertu. L'entreprise est assez belle.

Alors vous consolerez l'avenir et vous saurez dans le présent donner d'avance à vos âmes le repos de la justice et le bonheur de la vérité.

QUARANTE-UNIÈME CONFÉRENCE

LA PHILOSOPHIE DE LA FOI

QUARANTE-UNIÈME CONFÉRENCE

LA PHILOSOPHIE DE LA FOI

Messieurs,

Cherchant à apprécier, dans la sincérité et dans la paix de nos consciences, les présomptions favorables qui entourent la foi et qui la recommandent si puissamment à nos esprits et à nos cœurs, nous avons déjà trouvé ce caractère : les droits de Dieu reconnus et satisfaits.

Mais depuis un quart de siècle surtout, l'homme est en travail pour trouver la raison dernière ou la philosophie de toutes choses.

Nous avons : philosophie de l'histoire, philosophie du droit, philosophie de l'art, et que sais-je encore? En sorte qu'un besoin semble réclamer la philosophie de la religion et de la foi. Plusieurs ont voulu y satisfaire en donnant sous divers points de vue la raison philosophique de l'Évangile.

Je voudrais à mon tour présenter une raison du catholicisme, une vue élevée de son économie religieuse, qui pût convenir à de nobles âmes, à des cœurs généreux; qui pût, Messieurs, vous convenir.

Je ne m'égarerai point dans des voies téméraires ni dans des régions obscures; je n'aurai certainement pas le malheur de bâtir dans les nues un prétendu système rationnel de christianisme comme on le veut trop quelquefois. Mais je trouverai dans la méditation attentive du dogme catholique un point de vue fondamental et éminemment philosophique : c'est l'honneur de Dieu vengé et manifesté par le catholicisme dans la lutte du bien et du mal qui couvrent la terre.

Je m'explique :

Au sommet le plus élevé de l'intelligence humaine doit dominer la pensée de Dieu. Avec ce nom s'identifient l'honneur et la gloire; ou Dieu ne serait plus le Roi suprême de l'univers.

Mais le monde est troublé par les combats du mal; Dieu semblerait en apparence affaibli, vaincu.

La foi rétablit et venge son honneur; elle montre Dieu, roi toujours, toujours fidèle à sa gloire, et dominant l'effroyable et constante lutte du bien et du mal. Et cette haute leçon, explication des phénomènes moraux de ce monde, peut être aussi considérée comme une raison du christianisme, ou, si l'on veut, sa philosophie.

Car l'honneur de Dieu garanti, vengé, c'est bien, pour un esprit qui pense, l'un des grands besoins de l'humanité, au sein des fureurs étranges qui la déchirent et qui semblent compromettre le ciel sur la terre. Si l'on daigne y réfléchir, le règne, la gloire, l'existence même de Dieu parmi ces débats permanents du monde moral, sont le grand problème à résoudre, la grande offense apparente faite à la raison humaine ; car il faut que Dieu règne ; sans quoi Dieu ne serait pas Dieu, il ne se retrouverait à aucun anneau de l'histoire des générations.

Dans la lutte du bien et du mal, l'honneur de Dieu sauvé, manifesté, c'est ce que j'appelle en ce moment raison de christianisme ou sa philosophie.

Heureux si, par cette grave appréciation de la foi, je vous la montrais mieux noble et grande, raisonnable et nécessaire !

Ce sera encore un préjugé légitime, un droit de Dieu rétabli.

I. P. Oui, Messieurs, dans la nature profondément religieuse de l'homme, dans son esprit, dans son cœur, quoi qu'il en ait, domine la pensée de Dieu ; à cette pensée appartient l'honneur. Et dans les débats du bien et du mal trouver toujours intact l'honneur de Dieu, est un des grands besoins d'une raison sérieuse et d'une saine philosophie.

La foi seule atteint ce but; et sous ce point de vue, nous la disons hautement rationnelle et philosophique.

Il y a donc le bien, le mal en lutte permanente. Dans cette lutte, la foi nous donne une notion profonde du bien, elle nous donne les motifs et les moyens de le pratiquer : voilà comment elle garde, défend et manifeste glorieusement l'honneur de Dieu ; c'est là une sorte de philosophie qui en vaut une autre.

Notion profonde et simple du bien, où s'usa, impuissante à la trouver, toute l'investigation antique.

La foi se lève, lumière calme et pure domptant les ténèbres. Elle dit : Dieu est la fin unique et dernière, la fin souveraine de l'âme. Tout ce qui se rapporte à la fin, tout ce qui est dirigé vers Dieu pour lui être uni, pour se reposer en lui, c'est le bien.

Ce qui s'adresse à une autre fin, ce qui s'arrête et se complaît pour terme dernier hors du Dieu vivant, c'est le mal.

Ou encore : Dieu est le type du bien et du vrai par essence; ses divins attributs sont comme les conditions, les qualités du bien suprême. L'acte librement humain, qui, comparé à ces qualités divines et infinies, n'est pas une dissonance, un combat, mais un rapport et un rapprochement, est bien; le contraire est mal.

Sainteté, justice, bonté de Dieu sont le modèle; et la parole créatrice qui introduisit le bien dans le monde est la même qui donna son origine et son caractère à l'âme humaine : Faisons l'homme à notre image et ressemblance. Image donc et ressemblance divine, c'est le bien. Et à qui voulez-vous que le bien ressemble, sinon à Dieu?

Mais puisque l'humanité n'est que trop véritablement ce peuple à la tête dure et au cœur incirconcis, suivant le reproche du premier de nos martyrs; comme lui, il faudra dans la foi contempler Jésus, non pas encore debout au plus haut des cieux, mais abattu, opprimé sur le Calvaire, et là recevoir des leçons de la foi une vive et terrible notion du bien comme du mal.

Le sacrifice, la croix de Jésus-Christ, sont restés pour le chrétien le type nouveau et réparateur, et la grande définition du bien comme du mal.

Pour l'honneur de Dieu, pour expier l'injure,

pour nous unir à la majesté, à la sainteté divine, il fallait donc ce sacrifice d'un prix égal à l'infini, à Dieu même. Puis c'est le Dieu bon, juste, saint, souverain dominateur des âmes, qui demande à l'homme de joindre son sacrifice à celui de l'homme-Dieu ; il le réclame toujours en esprit et en amour, en réalité quelquefois. Tout rendre, tout immoler à Dieu, s'il le demande, c'est la loi, c'est le devoir de dépendance et de fidélité, c'est le bien.

Fallût-il être broyé dans l'infirmité, subir les clameurs, les fouets et les outrages, avoir ses os comptés par ses plaies ; fallût-il verser goutte à goutte un sang de héros ou de sauveur, expirer dans l'ignominie et les tourments les plus cruels : pour Dieu, pour son honneur et pour son service, pour le bien contre le mal, Dieu le demandant, il le faudrait accepter. Telle est la leçon : le bien et le mal sont assez profondément définis, et plus que définis : le sacrifice, la croix, réparation de l'un et type de l'autre, en disent assez.

Haute raison de la foi, notion profonde du bien, qui peut s'exprimer en ces termes : Dieu est tout pour l'homme, l'homme se doit tout à Dieu, par la double consécration de l'Éden et du Calvaire, de la création et de la réparation.

Telle est la foi, Messieurs, faisant planer au-dessus de tout l'honneur de Dieu et son domaine, inséparablement unis au bien dans les pensées de l'homme croyant.

Quelle philosophie sut enseigner et définir ainsi le bien en présence de la liberté humaine, et remplir la noble mission d'honorer Dieu sur la terre?

La notion de bien ne suffit pas, il faut les motifs.

L'homme devrait ne se conduire que par l'amour pur dont son cœur est capable.

Au-dessus des impressions mensongères des sens, loin de cette terre, et à la distance de l'infini, l'âme qui se recueille trouve Dieu. Si, pénétrée du sentiment de sa misère et de sa bassesse, elle s'anéantit en la divine présence, à mesure qu'elle s'abaisse et se déclare indigne elle aplanit les voies, renverse les obstacles, se délivre de l'amour d'elle-même et des tristes joies d'ici-bas.

Elle contemple alors dans le silence et le mystère ce Dieu qui la créa, qui l'attire et la redemande tout entière. D'invisibles liens la saisissent, une vaste nuit l'environne, car ce n'est point la vision claire encore; mais les délices de la charité intérieure la possèdent, elle s'unit à Dieu. Au centre de toute beauté, de toute justice, bonté et perfection, elle est arrêtée comme à demeure; et se laissant transformer par les divines et douces influences, elle va vivre, penser, désirer, agir par l'amour du bien suprême. Son corps se meut sur cette terre, elle attend l'heure de la délivrance, juge tout avec sûreté, reste inconnue au vulgaire. Cependant elle se prête paisiblement aux soins, aux rapports, même aux intérêts d'ici-bas, se livre et se dévoue à tout devoir. Elle aime Dieu pour lui-même, pour Dieu tout le reste; ainsi l'âme accomplit tout bien, elle a pour motif un sublime et divin amour.

Heureuse et grande dignité du cœur de l'homme, quand Dieu le possède sans partage!

Ce motif de divine charité la foi l'enseigne, le propose à tous; il devrait être notre force, notre bonheur unique, tout-puissant pour nous lier au bien.

Ce motif n'est pas le seul, il ne pouvait pas l'être; il ne lui est pas donné de créer un état permanent de l'âme sur cette terre, ce serait l'état de terme et de patrie où la charité ne peut jamais défaillir : *Caritas nunquam excidit.*

Ici, dans l'infirmité du passage et de l'épreuve, pour l'homme, pour le soutien de ses pas dans la carrière, il faut aussi le saint intérêt d'un immortel bonheur. Nouveau rempart pour l'honneur divin, puissant motif de bien.

Il faut espérer. Tant de faiblesse et de douleur

nous pressent; la vie est si triste, la vertu si hérissée d'épines, qu'il nous faut une autre terre et d'autres cieux que cette habitation du temps. Il y a d'ailleurs nécessité de nature à espérer, puisqu'il y a nécessité de bonheur; et notre âme est ainsi faite par Dieu, qu'elle ne puisse jamais, quoi qu'elle tente, abjurer cette condition intime de son être, le besoin d'être heureuse.

Aussi, pour obéir à la destination divine et pour fortifier nos pauvres cœurs, pour les abriter dans l'orage, la loi offre, commande la céleste espérance.

Elle nous soulève alors puissamment sur la couche de douleur, nous arrache aux consolations trompeuses des sens, aux fascinations du monde; elle nous porte courageusement à la pensée, aux désirs de biens spirituels, et purs, et immortels.

Dieu a promis : il est fidèle, il veut, il sait tenir parole; il me promet le bonheur, il le donnera. C'est ainsi que je vois Dieu à sa place. Il a posé l'âme libre dans l'arène; mais puissant, bon, juste et sage, il promet, il garantit au vainqueur la palme et le repos.

Je le sens, ma raison est satisfaite; le système est complet, logique, conforme à l'homme, convenable à Dieu.

L'honneur de Dieu règne dans cette loi absolue

d'espérance; car on le concevra, pour qui veut raisonnablement la subir, il y a motif invincible et divin de faire le bien, *spe salvi,* disait saint Paul [1].

Motifs de bien, l'amour au plus haut degré de l'échelle; puis l'espérance : mais la crainte?...

La crainte, commencement de la sagesse, disait le prophète, et tous, chaque jour, nous en sommes à ce commencement toujours nouveau.

Oui, la crainte, motif de bien.

On a dit : supposer en Dieu la vengeance, un décret contre l'homme de peines sans mesure et sans terme, un enfer, c'est porter à Dieu le coup d'une mortelle injure, c'est lui imprimer un sceau de cruauté absurde autant qu'injuste et extrême... On l'a dit, on le pense encore. Je ne viens pas en ce moment justifier directement l'éternité des peines, ce n'est pas mon sujet. Je le ferai un jour, j'espère. Nous cherchons ici raison et philosophie dans la foi; la foi enseigne, impose l'éternité des peines, j'en conviens et j'y crois, certes.

Mais je demande seulement, dans un système conçu pour donner la cause effective du bien moral, de la vertu pratique, fallait-il le motif le seul capable d'agir communément sur les masses et sur

---

[1] Rom., viii, 24.

l'universalité des hommes, le seul frein assez fort pour brider les passions furieuses quand elles ne veulent aimer, espérer que les jouissances terrestres?

Fallait-il une vérité ineffaçable au sein du genre humain, une digue infranchissable à nos erreurs et à nos folies, qui protégeât un certain fonds de réserve et de pudeur humaine, qui arrêtât le débordement complet du crime, empêchât qu'il ne prescrivît?

Fallait-il enfin au scélérat indompté, au voluptueux blasé, au dormeur du vice, une terreur, un doute, ou même un tonnerre utile? Fallait-il la leçon, la voie, le moyen de l'amour de Dieu, de l'amour de nos frères? Oui, ce sont là de vivantes exigences de l'humanité, ou sans tout cela le bien est vain bruit ou fumée.

Brisez l'enseignement chrétien d'une éternité de peines; du même coup, je ne crains pas de le dire, vous aurez brisé la logique du bien. Et si vous en doutez, si vous ne pensez pas qu'un dogme d'éternité pénale soit nécessaire et logique, qu'il porte avec lui toutes les conditions puissantes que j'énumérais tout à l'heure pour sauver l'honneur de Dieu par les motifs donnés du bien dans la foi;

Dites-moi, quand le désordre, le vice, le crime

ont déjà tant envahi la terre en présence du terrible enseignement de crainte, si jamais cet enseignement de crainte, si jamais cet enseignement était ôté, rayé des traditions de tous les peuples; si un jour enfin, jour de délivrance et de lumière, un cri entendu d'un bout du monde à l'autre proclamait souverainement l'éternité chimère, l'enfer pure poésie, la crainte des jugements divins superflue; si tout à coup, par une illumination soudaine et par une conviction claire, inévitable, tous les hommes respiraient, certainement affranchis du joug antique, universel et révélé des peines éternelles; si c'était là une foi intime, absolue, alors il n'y a pas de cirques de bêtes féroces qu'on pût assimiler à la société humaine.

Plus de barrière, les passions s'élancent, les masses se ruent. La passion est l'unique loi. A l'intérêt, au plaisir, aux fureurs tout est abandonné, dévoué.

Qui vous arrêterait? La vie est tout avec son impérieuse loi de jouissance; au delà rien à craindre, rien. Ce rien, ce néant de peines est certain, il est de foi. Il me faut désormais des lits de roses ou des poignards, car je veux jouir.

Amour de la vertu par elle-même, amour du Dieu bon pour lui-même, beau langage et mots sonores pour le commun des hommes; les masses craignent; ou elles n'aiment et ne font rien de bien, la brute dominera dans ses instincts et dans ses actes.

Lois civiles, lois pénales, armée, c'est bien pour la cage et les barreaux ; mais l'animal muselé mugit encore, il ébranle sa prison, et s'il brise la barre qui la ferme, malheur au gardien! Les peuples sans frein sont des bourreaux de civilisation, des démolisseurs d'ordre et de lois ; nous le savons, le frein uniquement possible et nécessaire est un lien de conscience et de crainte.

Que si la masse de corruption et de crimes déversée en nos jours surprend, effraie; je m'en effraie aussi, mais je m'étonne beaucoup qu'il n'y en ait pas davantage, qu'il n'y ait pas plus de débordement et de ravage encore, car la foi manque.

Cependant je me rends compte d'un moindre déluge de maux envahissant la terre; au sein des sociétés, au fond des consciences les plus abâtardies, dans les idées indestructibles de l'humanité se trouve toujours encore l'idée de Dieu vengeur. Il y a encore quelque chose dans l'homme qui doute et qui craint, le non opposé au oui d'une éternité formidable n'est pas à l'état de certitude et de foi.

Et dans cette impression au moins confuse, dans

ce balancement d'un dogme terrible parmi les passions humaines, est le point d'arrêt et quelque sorte de barrière posée dans la lice sans qu'on l'avoue, et même à notre insu.

Sans quoi, sans ce dogme répandu, logiquement, nécessairement nul frein au cœur des masses. Placez-en donc un autre.

S'il n'y a rien à craindre pour le vice et le crime hors de la vie, je dirai, je prouverai fou celui qui se passe du vice, vu le commun penchant des hommes.

Mais je tâche de pénétrer dans une haute et divine philosophie du système chrétien, je veux voir les choses en Dieu.

En Dieu ; mais Dieu, sans l'éternité de l'homme coupable, n'est plus qu'une divinité illusoire. Il n'y aura donc alors que le temps, et le temps regorge d'injures, de blasphèmes, d'ironies, d'affronts contre Dieu. L'Évangile a dit bien vrai, le monde n'est pas le règne de Dieu.

Cependant Dieu doit régner, *oportet eum regnare*.

Révélez-moi, au contraire, la double éternité, éternité de peine et de joie. Alors je suis forcé de reconnaître Dieu et de rendre hommage à sa puissance, et à sa justice, et à sa bonté.

En vain Dieu vous a enseignés, avertis, éclairés durant nos longs siècles;

En vain il vous a conjurés, menacés, frappés même, en respectant votre liberté. L'option, les secours vous ont été donnés, mille fois donnés. Vous n'en tenez nul compte.

Eh bien, quand il n'y a plus de temps, il vous est remis ce que vous avez voulu, choisi vous-mêmes.

Dieu laisse le pécheur loin de lui, il l'y laisse, c'est le fait de l'homme, et c'est l'enfer essentiel : la perte de Dieu.

Tourment indicible, torture infinie. Hélas! je me vengerai : *Heu! vindicabor,* disait le Seigneur par son prophète. Hélas! dirai-je en frémissant, je reconnais là un Dieu; sa force, sa justice outragées se réparent : c'est son règne terrible, on ne l'a pas voulu glorificateur; mais c'est un règne de Dieu; son honneur est vengé, sa toute-puissance est exercée, il est le Dieu fort. Et je suis obligé, éternellement obligé de trouver dans cette redoutable justice des peines tardives mais immenses du pécheur, un accord de ma conscience avec l'honneur de Dieu vengé, manifesté, rétabli pour les siècles des siècles; accord aussi avec le frein le plus puissant ici-bas, le plus puissant motif de bien sur les communs penchants des hommes, comme avec le dogme intact de la justice et de la bonté divines.

Dieu dira éternellement : « Je vous avais appelé et vous n'avez pas voulu venir. » *Vocavi et renuisti*. Messieurs, nous donnons trop dans le sentimentalisme religieux; nous allons dépenser nos cœurs et nos pitiés pour plaindre des réprouvés et des démons. L'Abbadona de Klopstock dans sa *Messiade* fut une faute que le génie de Milton et du Dante ne firent pas. La sensibilité envers Satan est un faux ridicule.

Mais un sentiment élevé, fort, de la dignité et de l'honneur de Dieu, une conscience de sa justice patiente et éternelle, ses droits, ses lois, sa gloire vengés par les peines de ceux qui l'insultèrent jusqu'à la dernière heure, sont le vrai, qu'il faut avoir le courage d'accepter et de croire. Dites-moi donc : quand pardonnerez-vous, vous-mêmes, à Néron ? Et si votre histoire durait toujours, si la postérité durait toujours ; toujours elles condamneraient et flétriraient le tyran impie et cruel. Vous voyez bien que la justice est éternelle. Et vous voulez que Dieu range Néron parmi ses anges et ses saints, tandis que vous le flétrissez ici-bas ? Apparemment pour vous donner la consolation de le rejoindre un jour !

Je tire une dernière conséquence : Éternité des

peines, école d'amour divin et de charité fraternelle.

Ce dogme redoutable accepté, senti, m'arrache violemment à la boue, à l'ordure, à la chaîne, à l'illusion du mal; j'en conçois l'horreur par le châtiment qu'il attire, l'horreur du mal et de tout ce qui y mène ou l'accompagne. Alors me voilà relevé, reporté vers Dieu, le bien souverain et l'asile universel; je le connais, je l'étudie mieux sans obstacle; je monte à son amour; ses perfections m'attirent, et me gagnent, et me possèdent. Je souhaite ce bonheur et cet amour à tous les hommes; je le leur donnerai, je le leur achèterai au prix de mon sang; je leur prodiguerai tous les biens, surtout ceux qui sauvent l'âme: c'est l'effusion de l'amour des hommes, la véritable charité.

Ainsi notion, raison de bien moral et d'honneur divin dans le dogme terrible de l'éternité de la peine.

A cette notion profonde et à ces motifs puissants du bien qui se suivent inséparablement dans la foi, ajoutons les moyens.

Les moyens sont déjà les motifs qui poussent et portent vers le bien.

Les moyens c'est toute l'entente de l'économie catholique, pour porter l'homme entier à Dieu.

Car l'homme entier est obstacle, s'il n'est saisi, régénéré, conduit.

Culte, enseignement, puissance des traditions, prière, sacrifice, exemple, religion sociale et publique, ce sont les moyens pour parler aux sens, aux oreilles, comme à l'esprit, au cœur.

Lois, préceptes, pratiques, voix des chaires chrétiennes, ce sont les moyens pour solliciter, retenir, encourager, diriger par la main. Qu'on suive avec docilité, on est heureux et grand. Et la fidélité consacre le pacte avec la vertu.

Ainsi au repentir le pardon, à la faiblesse le soutien, à l'ignorance la lumière, aux agitations le calme, aux combats la force, au chagrin l'onction douce et intérieure : voilà ce que fait, ce que donne tout cet ensemble catholique. Il vous conduit au résultat demandé en saisissant l'homme à tout instant et à tout âge, avec tous ses sens et toutes ses facultés, en les exerçant puissamment dans des voies toutes généreuses, celles d'une vie réellement chrétienne, que vous estimez bonne certainement. La foi, Messieurs, la foi est donc la voie et le moyen de tout bien ; elle accomplit ainsi seule le grand problème d'ici-bas : mener au bien, garder sauf dans la lutte l'honneur de Dieu, l'honneur même de l'homme.

Notion de bien, motifs de bien, moyens de bien,

garantissant l'honneur divin; ce sont les éléments du système catholique et son point de vue élevé et véritablement philosophique.

Je dois parler, mais plus brièvement, du mal.

II. P. Le mal existe, le mal moral.

Quelle est donc à son égard la raison de la foi? Et comment avec l'existence du mal enseigne-t-elle à voir prédominant encore l'honneur du Dieu trois fois saint?

La question a ses difficultés et tient à un ordre d'idées qui fatigua longtemps l'intelligence humaine, lui fit nier la liberté, la Providence amie de l'homme, l'unité divine.

Tant il est vrai que les mystères sans la foi tuent, qu'avec elle ils sauvent.

Dans l'existence du mal, la foi honore Dieu par la notion du mal rétablie, par l'horreur profonde du mal inspirée, par la lutte et la guerre constante contre le mal, enfin par la permission même du mal sur cette terre.

La notion du mal, je l'ai dit, c'est la fin posée hors de Dieu, c'est la perte de Dieu.

Il n'y a pas d'autre désordre ni d'autre crime au monde; mais c'est là tout crime et tout désordre. Briser le rapport de l'homme à son auteur, c'est donc le mal.

Se conformer aux volontés, aux fins divines, c'est tout bien; et c'est tout mal que de les enfreindre et de s'en séparer. Telle est la loi, telle est la foi. J'expose un fait de doctrine, je ne discute pas.

Mais ce fait posé, cette définition donnée, je puis dire : La notion du mal par la foi honore Dieu; elle rapporte à Dieu tout, et tout l'homme. Que voulez-vous de plus?

D'ailleurs quel autre mal moral pouvez-vous imaginer de l'être intelligent et libre que la séparation, la scission de sa fin, de la destinée de son être tout entier, qui est dans le bien souverain de Dieu même? Un mal autre, il n'y en a aucun. Avec Dieu vous avez tout; sans lui, vous n'avez rien. Et vous puisez là aussi en même temps l'horreur profonde du mal, car le mal c'est logiquement l'homme tronqué, dénaturé; plus qu'un membre, plus qu'une faculté lui manquent; le complément même et le couronnement nécessaire de son âme en sont absents. C'est le monstre du monde moral.

Puis vivez à l'aventure, allez donc tête baissée dans le vice; en vérité vous n'êtes plus un être raisonnable, car vous n'avez pas Dieu avec vous, et vous vous enfantez toute une existence de cruelles douleurs.

A la notion, à l'horreur du mal, ajoutons la lutte qui en triomphe.

La foi lutte, elle n'est même que guerre et combat, *militia est;* c'est l'un des premiers enseignements qu'elle donne à ses disciples.

Elle leur découvre la racine originelle du mal; mystère, mais sans lequel l'univers est plus que mystère, il est fatalité, désespoir, châtiment sans cause.

La foi remontant ainsi à la source du combat, fait aussitôt briller à nos regards l'honneur de la réparation; et la cruelle lutte du Golgotha est là un type, principe toujours fécond de victoire, mais lutte à mort contre l'ennemi; guerre léguée au monde à jamais avec le salut même.

La foi lutte par son inflexible contradiction à toute erreur; il est écrit : *In signum cui contradicetur*. La foi lutte par la pureté inviolable de la doctrine, par son deuil, par ses larmes au milieu d'un abîme d'immoralité et d'insouciance, par la force, le courage, l'honneur, le martyre de la vertu qu'elle sait inspirer. Car c'est contre le mal que la foi fait ses héros.

Et nulle trêve, nulle alliance avec Baal, avec la puissance mauvaise; la foi lutte, Dieu lutte en elle contre le mal, et sans fléchir : c'est l'honneur.

Puis éclatent les éloquentes protestations des faits. Bien mieux que cette mère romaine, mieux encore que l'illustre mère des Machabées, la foi offre à la patrie des chrétiens, les nobles et glorieux fruits de ses entrailles, les saints.

Les saints dans l'opulence, dans la misère, dans la force, dans l'infirmité, dans la science, dans la simplicité, dans l'enfance, dans l'âge mûr, dans une tendre et délicate virginité, dans une féconde maternité; partout, dans la paix, dans les orages, dans les cours, dans les chaumières, la foi a fait des saints. Ouvrez un livre tant soit peu sincère, il vous le dira. C'est encore là lutte et protestation.

Les systèmes se lassent, ils s'en vont et disparaissent; la foi ne se lasse jamais, et demeure.

Mais encore c'est là de l'honneur.

Quoi qu'il en soit cependant de la notion et de l'horreur du mal, de la lutte contre le mal et en faveur de Dieu, reste un terrible mystère, profond abîme où plus d'un grand esprit fit naufrage, la permission du mal.

Dieu défend, combat le mal sur la terre; il le réprouve et le maudit; il sait le détruire et le guérir; et il ne l'empêche pas, il le permet.

On insiste: Dieu pourrait empêcher le mal, l'arrêter dans sa prévision et sa volonté éternelle; il le laisse commettre, le mal existe. Il y a là permission du mal.

Commençons, Messieurs, par observer que la foi ne veut pas tout expliquer, qu'elle ne révèle pas tout. Elle ne donne pas, et ne doit pas donner tous les motifs secrets de Dieu. Elle en ajourne la vision.

Puis nous dirons que si l'ordre présent fut choisi, si le mal fut permis, c'est-à-dire non empêché par la puissance divine, ce fut du moins sauf l'honneur divin.

Car, bien que la foi laisse à dessein des voiles, bien qu'il y ait ici un sombre mystère; cependant assez de lumière a jailli pour contempler et célébrer encore la splendeur de la divine gloire.

D'abord Dieu n'est pas auteur du mal. Un mot suffit à cet égard.

Le mal renie, perd Dieu; il est essentiellement destructif de ses attributs, de sa sainteté, de sa justice, de sa bonté. Dieu auteur du mal se renierait donc, se détruirait lui-même. Ce serait faire Dieu athée, ce qui est un peu trop fort. Non, Dieu n'est pas auteur du mal.

Mais peut-il le permettre?

Je demande à mon tour : Dieu peut-il donner à l'être faillible la liberté? Créer le fini, qui seul peut être créé, c'est créer le faillible, car ce qui est fini manque par soi-même de quelque chose, et peut donc faillir. Créer est un acte bon. Donner à l'être fini, faillible, la liberté, est bon encore, la liberté est bonne en soi. La nature de l'être fini, faillible, est de pouvoir dévier, faillir, mal faire. A quel titre obligerez-vous Dieu de changer une nature créée et bonne en soi? A quel titre exiger que cette nature devienne de tout point et à l'instant surnaturelle, privilégiée, impeccable, infaillible? à quel titre? Dieu crée et crée par un acte bon, il est le seul qui le sache faire. Naturellement son œuvre est libre, c'est un homme; capable de bien, susceptible de mal; mais de mal, s'il le veut, parce qu'il le veut, pouvant ne pas faire et ne pas vouloir; sans quoi point de mal. A qui la faute? à qui la cause du mal? A Dieu? Non pas. A l'homme? A la bonne heure, il est libre. Et cela suffit. La liberté honore Dieu, elle l'honore seul.

Encore ici il ne faut pas se traîner terre à terre pour arriver à la hauteur des choses divines. Il faut dépasser les étroites mesquineries du sophisme et des apparences, pour aller aux conceptions élevées qui nous découvriront seules ce qu'il y a de réel en Dieu.

On traverse dans la foi avec saint Augustin des pensées difficiles, obscures; puis on trouve jour avec lui et avec tout son génie profondément chrétien.

La lutte du mal contre le bien peut-elle être permise ici-bas?

1. Avoir permis cette lutte, c'est avoir voulu qu'il n'y eût pas un ciel avant une terre. Il est plus ordonné, plus logique, on en conviendra, que le travail précède le repos, le combat la victoire, les mérites la gloire; il est plus noble et plus convenable de ne pas créer d'abord un ciel tout fait, une béatitude obtenue avant d'être conquise.

Et alors il fallait le combat laissé avec le pouvoir de vaincre, avec la possibilité de succomber.

C'est l'état présent et la liberté humaine avec permission du mal. Le mal possible entre ainsi dans une haute et divine économie de lutte courageuse, de faveur divine méritée, de gloire achetée par la vertu.

Donnez-vous donc, vous-mêmes, la gloire toute faite et à l'avance, sans les combats du génie, de la valeur, du travail, de la vertu? Non pas, certes. Dieu fait de même, de quel droit l'en blâmeriez-vous?

2. Prétendre qu'il ne faudrait pas de mal permis sur cette terre, n'est-ce pas dire qu'il ne faut pas d'ombre au tableau, qu'il ne faut pas que le bien soit une lumière brillante et tranchée, qu'il appa-

raisse glorieux et fort? Sans le mal, sans l'épreuve de la contradiction, sans le contraste et la lutte, je verrais peu d'honneur et peu de gloire pour Dieu. Car le triomphe et le succès de Dieu, c'est la docile dépendance d'une volonté libre faisant le bien en pouvant le mal.

Ainsi dans la permission du mal vous trouvez la gloire divine.

3. Autre raison en faveur de l'honneur divin.

Créer le mal, ce qui répugne dans les termes au reste, créer le mal dans le cœur de l'homme, être auteur du péché, serait déshonorant pour Dieu, je le conçois; aussi est-ce l'impossible absolu.

Mais permettre le mal, le laisser libre en acte, certes non en principe, libre seulement sous les remords, les menaces, les châtiments, les lois et les grâces de secours; et Dieu le fait ainsi, dit la foi; nous offre préservé, sauvé, agrandi par là même l'honneur du maître avec sa bonté.

« Avez-vous vu mon serviteur Job? » demande le Seigneur à Satan. « Avez-vous vu le juste aux prises avec la perversité humaine et diabolique, luttant contre l'infortune, les passions et tous les assauts du mal? Avez-vous su compter les rayons de sa gloire et ses palmes d'héroïsme? »

Il lutte, il triomphe, c'est que le mal est permis.

Avez-vous vu ce Dieu planant du haut des cieux sur la terrible lutte, abaissant son regard de Père sur ces multitudes d'infortunés volontaires, puisqu'ils sont coupables?

Paisible et patient témoin, il attend.

Il offre le baume à la blessure, l'oubli à l'offense, le pardon et la victoire au repentir.

Dans la mêlée, il soutient ses soldats, les anime par l'aspect de la couronne et par les généreux élans de son divin amour.

Il attend pour être juge, il n'est dans le temps qu'indulgent, secourable et miséricordieux.

Le mal sera puni un jour sans doute, s'il n'est au moins réparé par un rapide moment de saints regrets.

Et c'est ainsi que le mal est permis.

Mais dans ce même spectacle, dans le débat, au milieu de ces agitations d'athlètes libres combattant sous les yeux de Dieu, par la lutte elle-même, je vois surgir et briller tous les attributs divins les plus merveilleux : la justice qui s'exercera enfin et s'exerce déjà; la patience garant de l'éternité; la miséricorde qui prodigue les embrassements, les pardons, les motifs, les secours; la bonté, la bonté qui crée des trésors de mérite, de bonheur et de gloire pour une larme de regret, pour une victoire remportée, pour la vertu préservée, libre toujours de l'être; la sainteté inviolable, infinie qui repousse, bannit éternellement le mal ; la force et la puissance qui le combattent, le vainquent dans l'homme docile et fidèle.

Sans la lutte, sans la permission du mal, plus d'un genre élevé d'honneur manquerait donc à Dieu sur cette terre.

Il lui manquerait de pouvoir accueillir de vieux guerriers blessés mais vainqueurs dans les combats, et de les couronner de palmes immortelles.

Et si les rois de la terre ont pour le temps cet honneur, Dieu le devait avoir pour son éternité.

Oui, pour un cœur qui sait battre aux nobles sentiments de la gloire, l'admirable combat du juste et les labeurs de la vertu, et les torrents débordés du crime, et les cris du malheur, et les insultes du vice, et la lâcheté des plaisirs, et tout cet amas fermenté de corruption, de mal et de peine : tout cela vu ensemble à la hauteur des conseils divins que nous dicte la foi.

Tout cela est encore la gloire de Dieu par la gloire épurée de ses élus, par les travaux ardents du bien, par la rage impuissante du mal. Ainsi la bonté divine est-elle vengée, la justice établie. Dieu règne toujours, Roi immortel des siècles.

Par ces motifs et par bien d'autres, il pouvait

permettre et proscrire en même temps l'abus de la liberté qu'il avait donnée pour être aimé et pour rendre heureux.

C'est un langage de foi, j'en conviens; et tous ne le comprennent pas; il faudrait croire pour mieux comprendre. Cependant telle est la foi; tel est son ensemble et sa haute dispensation de divine sagesse. Tel est son système. Pour le juger, il faut le prendre tel qu'il est, se placer un moment à son point de vue propre, et de là, comme dans une région élevée au-dessus de la tourmente, se dire : Cette théorie d'honneur divin est-elle suivie, conséquente, logique? Dans la foi, et suivant elle, si on l'admet, la cause de Dieu est-elle noblement gagnée? son honneur sauvé, garanti dans la lutte du bien et du mal qui couvrent la terre? Dans la foi trouvez-vous une haute et véritable estime de Dieu, et sa justice établie, et sa gloire vengée, et la grande énigme suffisamment résolue quoique sous les mystères?

La philosophie; comparez-la; elle sacrifie ou Dieu ou l'homme; Dieu le plus souvent avili, méconnu par elle; et quelquefois l'homme et Dieu tout ensemble. Mais la foi, mais nos mystères sont un plan magnifique, une raison, une philosophie glorieuse de cette terre et de son alliance vers le ciel.

La notion du mal, la haine du mal, la lutte, la protestation contre le mal, sa permission même, renferment dans la foi une haute et vraie raison d'honneur divin. Et il en est ainsi, nous l'avons vu pour la notion du bien, ses motifs, ses moyens.

Je voulais essayer une raison philosophique du christianisme, prise dans la foi même et dans le problème le plus difficile à résoudre : raison du bien, du mal, selon Dieu.

Et nous avons rencontré, je crois, convenance et beauté dans ce qui sert de matière même à reproche; c'est un préjugé légitime de plus en faveur de la foi.

Au moins au souvenir des considérations élevées qu'apporte avec elle la foi, faudrait-il bien consentir à la trouver digne de respect et d'étude, digne de méditations mûries dans la prière.

Si ramené à la solitude au dedans de soi-même (et qui ne l'est pas à certains moments de l'existence?); si rendu au calme de la réflexion, loin du tumulte et des agitations de la terre, on daignait s'interroger sincèrement sur le combat intérieur de bien et de mal, sur les enseignements et les nobles solutions données par la foi; si élevant à celui qui se nomme le Père des lumières et le Dieu de toute consolation une âme pleine de souffrances, on le conjurait de hâter l'heure de la délivrance et de la vérité, alors la foi apparaîtrait et raisonnable et belle; et à la bienfaisante chaleur de sa lumière, on retrouverait des douceurs depuis longtemps perdues.

Pascal a écrit : « Je déplore la conduite de ceux qui passent la vie sans penser à la dernière fin de leur vie, et qui par la raison qu'ils ne trouvent pas en eux-mêmes des lumières qui les persuadent, négligent de les chercher ailleurs. Cette négligence, en une affaire où il s'agit d'eux-mêmes, de leur éternité, de leur tout, m'étonne, m'épouvante, c'est un monstre pour moi. »

Et c'est, Messieurs, ajouterai-je, un profond malheur. Il faut bien que la foi seule rende heureux, puisqu'on ne se repentit jamais de l'avoir suivie; et que pour l'avoir méconnue, on est triste, inquiet, travaillé de malaise et de peine.

Tous mes vœux vous désirent des convictions assises et paisibles dans la foi : c'est qu'elle a, dit saint Paul, les promesses de la vie qui est maintenant et de celle qui sera un jour.

QUARANTE-DEUXIÈME CONFÉRENCE

LE CHRISTIANISME RAISONNABLE

QUARANTE-DEUXIÈME CONFÉRENCE

LE CHRISTIANISME RAISONNABLE

Messieurs,

Il est impossible, quand on vient enseigner la foi, de ne pas sentir comme posées devant soi à l'entrée des esprits mille difficultés inquiètes qui empêchent le christianisme de s'y faire jour.

Avec le devoir et la conscience de sa mission, le prêtre voudrait voir tomber les obstacles, et s'ouvrir un libre accès, pour faire pénétrer la lumière et la vie.

Après avoir souvent et sérieusement songé à ces difficultés, qui pour un trop grand nombre s'opposent au plus heureux des résultats, à l'admission simple et franche du catholicisme vrai, positif et pratique, il m'a semblé que ces difficultés mêmes et ces raisons d'opposition pouvaient se changer en raisons pour croire; au moins en présomptions favorables et solides du bon droit, sur nos esprits, de la foi révélée par Jésus-Christ et professée par son Église.

Il m'a semblé que ces motifs apparents d'indifférence ou de défection étaient autant de confirmations du caractère éminemment raisonnable du christianisme.

Le christianisme raisonnable, seul raisonnable, et montré tel par les difficultés mêmes qu'on lui oppose, tel est aujourd'hui le sujet de notre Conférence.

Le surnaturel allégué par la foi, impossible à admettre, dit-on ; le libre exercice et le libre progrès de la pensée que la foi arrête; les mystères inexplicables et multipliés qu'elle propose ; les miracles et tout cet ensemble de merveilleux et de révélation divine : ce sont là, si je ne me trompe, les principaux motifs de répulsion pour le positif et le divin de nos enseignements catholiques.

D'où l'on se croit autorisé à conclure ou à supposer que ces enseignements forment tout au plus une langue symbolique et mythique, dont la réalité au fond se trouverait à peu près la même dans toutes les religions et toutes les philosophies ; réalité que, dans sa marche et son travail, la pensée humaine et religieuse développe sous une forme ou sous une autre.

Tel est, je crois, le point d'arrêt, le mur de séparation pour plusieurs esprits ; et si ce n'est pas cela, il n'y a rien à saisir dans ce qu'on allègue de contraire à la foi.

Ces motifs de rejeter ou même de douter sont des motifs d'approuver et d'admettre ; c'est ce que je crois pouvoir et devoir établir en ce moment.

J'ai besoin de toute l'indépendance et de toute la liberté de votre conscience d'homme raisonnable ; je vous la demande, et j'y compte.

J'ai besoin de l'appui présent d'une grâce toute spéciale et forte ; je l'implore et l'attends de la bonté divine.

I. P. Déjà l'année dernière, nous avions, Messieurs, l'occasion de le remarquer, à l'égard de la foi il se fait une exception étrangement injuste.

Dans toute autre science, disions-nous, quand une théorie rend raison des faits, n'en contredit aucun, donne à prévoir les autres, on l'accepte, on l'adopte, on y voit une loi de la nature, ou de l'art, ou de l'humanité ; on la soutient comme vraie. Et si par une prudente et rare réserve on ne lui attribue pas les droits de la certitude absolue, au moins regardera-t-on toujours comme vraiment et uniquement admissible le système qui s'accorde avec les faits. Mais pour la foi, il n'en va pas de même.

On la rejette; et l'on peut dire cependant que, sans l'acte de la foi catholique qui reconnaît la parole divine et révélée, le monde entier est une énigme absurde, tous les faits sont inexplicables et même contradictoires;

Tandis qu'avec l'acte de la foi tout se coordonne et s'explique, autant du moins qu'il suffit pour satisfaire une raison saine et éclairée.

Le surnaturel d'abord est encore repoussé par bien des préventions. Les chrétiens orthodoxes sont rangés sous une dénomination de supernaturalistes, qui au delà du Rhin, et même en deçà, semble provoquer de savants dédains.

Il sera passé et admis en fait de vérité acquise pour plusieurs, que toutes les religions ont employé de la même manière la langue du merveilleux et du surnaturel; qu'aucune sous cette enveloppe n'a possédé des faits positivement et réellement divins; que dans le christianisme, comme dans tout autre système religieux, ce ne peut être qu'un mode de parler conforme au génie de l'homme, et qui récèle quelques dogmes rationnels, seuls acceptables: voilà tout.

Puis sur cette supposition gratuite, sans réfléchir ni approfondir davantage, on se bâtit une large et facile indifférence.

Mais ce n'est que la préoccupation la plus légère et la plus injuste qui puisse penser ainsi.

Toutes les religions parlent de surnaturel, de merveilleux et de divin ; oui : donc c'est dans toutes fiction et mensonge : où est la conséquence ?

Comme si l'on disait :

De tous côtés on rencontre des histoires fausses et supposées ; donc aucune histoire n'est vraie ; car c'est la même chose ; mais avec la foi il y a dispense de logique.

Serait-ce donc illusion et chimère qu'une persuasion de l'humanité entière, à toutes les époques ? Est-il donc si sûr de la prononcer en démence partout et toujours, ou du moins triste jouet du mythe ou de l'allégorie inventée par quelques-uns ? Car c'eût été le secret d'un petit nombre.

N'est-il pas beaucoup plus sage, bien plus raisonnable de dire : Au fond de toutes ces prétentions religieuses à une origine révélée, il doit y avoir pour principe et pour racine un fait vrai, une tradition altérée mais certaine ; car le faux suppose le vrai. L'erreur est le plus souvent une vérité qu'on altère et dont on abuse. De quel côté donc se trouve la plus grande invraisemblance ? Est-ce dans l'admission d'un fait révélé ?

est-ce dans la négation de toute révélation? Mais de plus, et sans vouloir ici démontrer le positif et le réel de nos faits divins, est-il bien certain que le christianisme n'admette le surnaturel et le divin qu'à l'égal des autres religions?

Quoi! on ne daigne pas y voir une différence saillante et essentielle?

La voici la différence :

Ailleurs vous n'avez ni traditions, ni faits, ni témoins, ni histoire digne de ce nom. Dans le christianisme vous avez tradition, histoire, faits, témoignage.

Pour tout autre système, quel qu'il puisse être, système indien, ou persan, ou égyptien, ou chinois, grec, scandinave, dans ce qui est surnaturel, tradition nulle, histoire nulle; ce n'est pas même présenté à l'état de faits environnés de témoignages; il suffit d'entr'ouvrir seulement quelques-uns de ces documents du surnaturalisme païen et de lire. Telles sont aussi du reste les productions plus récentes de l'illuminisme moderne. Au lieu de faits, de témoins, d'histoire, vous avez une vague poësie, une construction fantastique et désordonnée de personnifications divines.

Le christianisme est tout historique, au fond et dans la forme; ses dogmes sont des faits; ses apôtres, ses docteurs sont des témoins; ses traditions, ses monuments, son enseignement, c'est le témoignage et le témoignage de faits accomplis en même temps que divins. Au moins mériteraient-ils l'honneur d'une discussion historique avant d'être proscrits; mais pour un grand nombre l'intitulé seul de surnaturel dispense d'examen et de justice.

Et l'on ne veut pas comprendre que la foi est inattaquable. La foi ce sont des faits; un grand fait surtout: qu'oppose-t-on? Des impossibilités. Des impossibilités contre un fait! On rougirait d'en agir ainsi en toute autre circonstance. Cet homme a tel âge: impossible. Mais voici son acte de naissance, la preuve de son identité: impossible. Ces biens lui appartiennent : impossible. Mais voyez sa possession, ses titres de propriété: impossible.

Nous avons l'acte de naissance, les titres de propriété du christianisme et du surnaturel avec lui; on nous répond : C'est impossible.

Puis l'on ne voit pas tout ce qu'il faut dévorer de fatales conséquences dans ce facile et dédaigneux rejet de la foi divine.

Le surnaturel chrétien, dites-vous, est une ombre sans réalité, un mythe, un symbole, non un fait réel et historique. Soit.

Alors l'Évangile n'est plus qu'un recueil de fictions et de fables, semblables à celles des Védas, des livres Zend, de la Théogonie d'Hésiode, de l'Edda du Nord ; et encore pourra-t-il bien être inférieur à ces merveilleuses conceptions : à la bonne heure !

Alors tous ces grands hommes, ces chrétiens de dix-huit siècles, fermes croyants, témoins traditionnels, héros, saints, honneur de la science et du génie comme de la religion ; ces hommes qui ont cru des faits, enseigné, attesté des faits surnaturels et divins, et les ont attestés vrais dans la seule foi chrétienne, ces hommes ont été une longue série de niais, de cerveaux malades et abusés, qui ont cru voir des étoiles en plein midi.

Et c'est tout cela, si le surnaturel chrétien n'est pas réel et vrai.

Point de milieu ; concluez donc.

Ainsi, pour ne point parler de mille autres, saint Paul, saint Augustin, Bossuet, Fénelon, ces quatre hommes seulement, n'ont pas compris le premier mot du christianisme ; ils n'ont pas su ce que c'est qu'histoire. Pauvres gens à courte vue, ils ont cru au surnaturel positif et réel !

Ils n'avaient pas fait leurs études dans l'Inde ou en Allemagne : c'est dommage.

Gloire au dix-neuvième siècle ; grâces soient rendues aux restaurateurs du mythe. On respire au moins à l'aise, et l'on est ainsi débarrassé du lourd héritage de foi, de science, de génie, de sainteté aussi et de vertu que nous avaient légué ces âges passés du christianisme. Qu'ils reposent en paix! Salut, ère nouvelle! à vous, générations de l'avenir! L'avenir se présente en effet sous de riantes couleurs.

De quel côté se trouve le raisonnable? De quel côté, je ne veux pas même dire le certain, mais au moins le vraisemblable, le parti sérieux et sensé?

Je vous ai donné les deux poids: le surnaturel admis ou rejeté; une seule balance: le bon sens. Choisissez.

Le surnaturel rejeté, viennent toutes les incohérences et les absurdités les plus révoltantes à dévorer :

Un sentiment, une conviction universelle de l'humanité sans fondement aucun ;

Tout ce qui fait l'histoire ailleurs, traditions, faits, témoins, monuments, foulés aux pieds quand il s'agit de la foi chrétienne ;

Tous ces grands hommes, gloire de l'Église et du monde, des dévots imbéciles et abusés.

Vous l'admettez ainsi, si vous ne croyez pas.

Le surnaturel admis dans la foi ;

Alors une révélation du moins admise au milieu de toutes les voix de l'univers qui la proclament ;

Et la vérité, la raison, le sens de l'histoire restitués aux monuments antiques et aux génies témoins des faits divins ;

Et l'effet d'accord avec la cause ; la sainteté, l'ordre, la civilisation, la liberté, les vertus les plus sublimes, venant de leur source, d'une parole réellement divine :

Quelle hypothèse vous paraît fondée et soulage votre conscience ? Je vous adjure de vous le dire à vous-mêmes.

Ne traitez donc pas le surnaturel si légèrement.

Et quant à moi, je l'avoue, s'il me fallait une démonstration nouvelle de sa nécessité, de la nécessité d'une action extraordinaire et révélatrice de Dieu dans le monde, je trouverais cette preuve irrécusable dans les étranges maladies des esprits modernes. Oh ! oui, il faut que Dieu ait parlé ; ou la vérité a péri parmi les voix confuses de cette terre.

Le surnaturel allégué rend donc le christianisme raisonnable, au sens que nous venons d'exposer.

II. P. L'autorité d'une foi divine, dit-on encore, enchaînerait, arrêterait la libre pensée ; l'homme serait sous le joug...

Il faut laisser à l'intelligence son développement et sa lumière ; Dieu lui-même n'a pu donner à l'homme la raison et une volonté libre que pour chercher, comprendre d'abord, puis accepter la vérité, pour l'étendre et l'appliquer par l'énergie croissante des esprits et des âges.

C'est donc une foi immuable s'imposant, une autorité souveraine dictant la foi, qui vous répugnent ; et c'est encore là une haute raison de croire et de se soumettre.

S'il y a un Dieu sage et bon, que lui conviendra-t-il mieux de faire, et à nous de supposer ?

Est-ce de laisser la connaissance et le culte de Dieu, et les rapports religieux, et les pensées d'avenir, d'avenir immortel, aux fluctuations, aux recherches, aux incertitudes des opinions, des passions et des caprices de l'homme ? Oui sans doute, la raison est un beau mot ; mais que la réalité est triste ! Et livrer l'homme sans la foi à la raison, c'est le livrer à toutes les divagations, à toutes les aberrations les plus funestes.

Regardez autour de vous : je ne veux ni histoire, ni antiquité : vous-mêmes, soyez l'expérience et soyez les faits.

Sans une foi imposée et révélée que devient au fond des cœurs l'idée de Dieu, l'idée de l'âme et de la fin de l'âme ? que devient tout culte, toute morale même et toute notion de bien et de mal? N'est-il pas vrai qu'on s'en va s'égarant dans l'athéisme et dans le matérialisme pratiques, malgré les rêves spiritualistes et vaporeux des imaginations en travail?

S'il y a un Dieu juste et bon, il aura donc ainsi laissé l'homme sans guide, sans frein et sans barrière divine? Car la main, la parole divines seules peuvent tracer une route obligatoire à l'homme, une voie sûre; ni un autre homme, ni lui-même ne le peuvent; de quel droit le feraient-ils? La voix de la conscience? Elle est mille fois étouffée, trompée, faussée, détruite. Elle est impuissante seule contre le flot de délire et d'erreur qui nous pousse.

Alors la vie n'est plus qu'un grand naufrage, et le monde une mer indomptée.

Ensuite quand on supposerait subsistants des vérités de religion et de foi, quelques rapports divins; ce n'est pas tout, et ce ne sera rien. Car Dieu, après avoir parlé une fois, se tairait pour toujours. Tout homme deviendrait juge, arbitre tout-puissant de la foi, du dogme et des principes. Alors les barrières sont renversées, l'arène est ouverte; et le champ de la lutte n'offre plus que ruines et désolation. Non, rien n'est debout, rien ne subsiste plus. Considérez la terre classique du protestantisme, et dites-moi quelles doctrines survivent encore à l'heure qu'il est.

Mais pour le catholique la foi est un roc; la doctrine, indestructible. Unité, stabilité, préservatif et remède, tout est dans le dogme de l'autorité de l'Église.

Qu'y a-t-il de plus conforme à la sagesse divine, et de plus nécessaire à établir?

Au fond de l'âme que pensez-vous?

Si Dieu a su fonder une œuvre, une institution, donner la vérité à la terre, devait-il la conserver pure, la défendre inviolable?

Quel moyen? L'autorité dans la foi.

C'est donc chose raisonnable, nécessaire, palpable, de convenance et d'heureux résultats.

Saint Augustin a dit : « S'il y a un Dieu, une providence, il ne faut pas désespérer, il faut croire qu'il a établi une voie et une autorité sûres pour nous porter et nous instruire. Grotius, Mélanchton avant lui, Leibnitz depuis, pleuraient la perte de l'autorité dans la réforme.

Et plus d'une fois en France, hors de France, nous entretenant dans l'intimité de la confiance avec des hommes graves, instruits et sincères, rangés sous les bannières de l'indépendance protestante et philosophique, il nous a été donné d'entendre de leur bouche cet aveu : qu'il n'y avait pas d'autre moyen, d'autre refuge pour échapper à la ruine de toute foi et de toute vérité que l'autorité catholique définissant la religion et la doctrine.

Messieurs, un travail bien remarquable à cet égard se manifeste maintenant parmi les théologiens d'Oxford : fasse le Ciel qu'ils abordent la dernière et juste conséquence !

Oui, donc la foi imposée, une autorité inflexible et souveraine dans la foi, c'est un motif, un titre de plus pour dire le catholicisme rationnel, logique, convenable, nécessaire, sage comme Dieu est sage.

Et c'est précisément parce que ce joug révolte, parce que cette autorité semble lier l'intelligence, qu'elle l'affranchit et la sauve.

Cette autorité vous révolte et vous répugne, vous en avez donc un immense besoin, convenez-en. Car il n'est rien de plus nécessaire à l'homme que de dompter et soumettre la fougueuse indépendance de son esprit et les bouillonnements de son cœur.

Sans autorité, sans frein, l'homme cherche, s'agite, s'enfonce, et bientôt il perdra même la langue de la vérité. C'est ce que nous voyons et où nous en sommes arrivés.

Le surnaturel, l'autorité, deux motifs de répulsion qui sont réellement des préjugés légitimes et de favorables présomptions.

Passons aux mystères.

III. P. Des mystères, des dogmes inexplicables, qui dépassent toute la portée de la raison, voilà de nouveaux obstacles à l'admission de la foi.

Une création, un péché d'origine dans lequel tous naissent enveloppés, une rédemption par le sang d'un Dieu, ce sont des dogmes catholiques. Comment se résoudre à les croire réels, existants, direz-vous, quand l'intelligence leur est si complétement étrangère, quand ils offrent des difficultés, des contradictions insurmontables.

En ce moment, Messieurs, je ne défends pas les mystères en eux-mêmes, c'est un sujet renvoyé à un autre temps et qui appartient à un autre ordre d'idées.

Je ne rappellerai pas non plus qu'il n'y a qu'une seule question à résoudre pour tous les dogmes de la foi : Dieu a-t-il parlé, oui ou non? Car, s'il a parlé, s'il a révélé ce mystère, il faut le croire.

Mais poursuivant mon dessein de présenter autant de préjugés légitimes et favorables dans les difficultés mêmes et les impossibilités prétendues de croire, je dis :

Sans les mystères du dogme catholique tout est

mille fois plus inexplicable, et monstrueux, et contradictoire.

Et dans les mystères du dogme catholique nous sont données des explications seules suffisantes et seules d'accord avec les faits. D'où il suit qu'il n'y a que des raisons pour les admettre, bien loin qu'il y en ait pour les rejeter.

1. Vous fuyez devant la pensée de la création, vous reculez devant cet intolérable mystère qui de rien fait sortir quelque chose par la puissance divine.

Aimez-vous mieux dire que le monde s'est fait tout seul, se gouverne tout seul? qu'aucune cause intelligente ne présida jamais à son origine et à sa durée? que vous vous êtes faits vous-mêmes?

Si l'une de ces deux propositions est vraie, l'autre est fausse. Ou du moins, sans création, il faudra prendre le monde et l'homme sans cause d'existence. Trouvez-vous la question plus facile à résoudre? Comment donc existent-ils? Le monde et l'homme sans cause... Alors sans Dieu ils existent, à plus forte raison sans Dieu peuvent-ils se conduire. Et nous voilà revenus à l'athéisme. C'est qu'entre la foi et l'athéisme il n'y a réellement pas de milieu logique.

La création est inadmissible, je ne la veux pas discuter et prouver; non, soit, rejetons-la.

Alors la matière est éternelle, car elle n'a pas été créée, elle est; il faut bien qu'elle ait toujours été, sans quoi elle ne serait pas. La matière éternelle, et nécessaire par conséquent; sans quoi, et n'ayant pas de cause, elle n'aurait jamais été, si elle n'était par elle-même, par sa propre nécessité d'être.

Matière éternelle, nécessaire, elle est Dieu alors, car il n'y a pas d'idées qui soient plus essentielles à Dieu, qui soient plus Dieu même que l'idée de l'être nécessaire, absolu, indépendant. La matière Dieu! et tout est Dieu. C'est le panthéisme ou l'athéisme. Ils se confondent au reste, car ces deux erreurs n'en font qu'une; elles renoncent à l'idée de cause.

Ainsi, pour reculer devant la foi, on ne reculera pas devant l'éternité de la matière, assertion mathématiquement démontrée fausse et ridicule.

Car enfin la matière existe avec un mode d'existence; ce mode ce sont les phases et les révolutions surtout de la matière, comme celles des grands corps qui se meuvent dans l'espace. Ajoutez, entassez révolutions sur révolutions, vous n'aurez jamais qu'un nombre fini, et tout nombre l'est essentiellement. Ce nombre, s'il est descendu dans le sens direct, on peut le remonter dans le sens contraire. Donc vous l'épuiserez, car vous épuiserez tout nombre en le diminuant successivement d'une unité.

Dans la matière vous avez un nombre fini, épuisé ; donc auparavant est le néant ; et après un commencement une révolution première, donc la création.

Mais non, tout est éternel, nécessaire, sans cause ni agent premier, libre et indépendant : alors tout est illusion, chimère ; individualité, liberté, vice, vertu, bonheur, malheur, intelligence, inertie, tout est un, tout est Dieu ; ou, si vous l'aimez mieux, rien n'est, ni vous, ni moi, ni Dieu, ni ces pierres, ni cette parole ; rien : choisissez.

Gouffre, chaos affreux, l'imagination s'en effraie, le cœur se perd, si vous dites : Il n'y point de création.

Si vous l'admettez, les effets ont une cause ; l'ordre, la sagesse, la magnificence admirables de l'univers conviennent à la puissance, à la sagesse divines ; l'homme a un auteur, un père, un juge. On le sent, par là se trouvent en toutes choses justice et bonté, liberté et raison.

Ce mystère est donc la lumière du jour, qui vivifie le monde intelligent ; plus douce, plus claire et bien plus admissible que les horribles contradictions qui la nient.

Qu'est-ce qui est plus raisonnable, la foi de la création ou sa négation? Qu'est-ce qui sauve de plus de tourments et de ténèbres? Répondez encore.

2. Le péché d'origine, c'est un profond mystère, j'en conviens.

Ne l'admettez pas.

Qu'est-ce que l'homme, le monde, dites-moi?

Dans le monde, le désordre moral et physique : fléaux, malheurs et bouleversements, plaintes cruelles, châtiments et peines. Pourquoi le mal à tel excès?

Dans l'homme, la lutte intestine et perpétuelle du mal contre le bien; révolte des sens, de la chair contre l'esprit; passions rebelles, maladies, chagrins, épreuves, vicissitudes de toutes sortes, avec le sentiment, l'amour de la vertu, du bonheur et de la gloire.

Pourquoi tant de grandeur et de bassesse, tant de force et d'infirmité, et ce cri perpétuel, universel, dominant, de détresse, qui regrette, qui appelle un autre temps, un autre état et une autre patrie?

Qui nous conciliera ces étranges contradictions où dominent la souffrance, le crime, le mal? Qui nous dira le mot de ces mystères vraiment accablants?

Sous un Dieu puissant, juste et bon, l'homme, l'enfant, le vieillard et les nations entières sont voués pour toujours aux combats du malheur et du crime! Et dans quelles conditions défavorables, humiliantes!

Pourquoi?

Sans le péché originel, vous vous perdez encore dans des abîmes.

Une parole de la foi les comble, ou du moins les rend abordables. La cause de cet excès, de ces maux, c'est la désobéissance première et commune, commune aux tristes enfants d'Adam.

C'est un mystère, mais c'est un grand jour qui empêche d'affreuses ténèbres, qui me découvre la source d'une concupiscence impie, la source du désordre extérieur, intérieur, qui m'éclaire sur l'état présent, qui me montre la réparation et l'espérance.

Je ne succombe plus sous des contradictions accablantes, je n'ai plus besoin d'un double principe de bien et de mal, de dualisme. Je vois des coupables punis, mais mille fois secourus, relevés, glorifiés. Dieu est bon et juste, le monde m'est expliqué pour le temps du passage. Je sais ce qu'il m'importe de savoir, j'attends paisible et confiant dans ma foi.

Création, péché originel, mystères dont la présence étonne, mais dont l'absence choque, renverse et désespère; dont l'absence appelle ou l'athéisme, ou le panthéisme, ou le dualisme, ou le plus affreux doute et toutes les erreurs.

L'origine du monde et du mal furent pour le paganisme le sujet et l'occasion de tous les genres de délire.

La foi ouvre seule la voie, elle est la seule explication raisonnable et possible, et d'accord avec les faits.

3. Enfin un mystère de rédemption, le genre humain racheté par le sang d'un Dieu mourant sur une croix; mystère, oui.

Eh bien! sans lui, dites-moi comment s'opère la réconciliation du monde et de votre âme avec Dieu?

Le monde, certainement égaré, coupable, rebelle, privé des rapports divins, comment eût-il dignement satisfait à la justice, à la gloire divines? Comment par de chétives et faibles créatures?

Comment après mes fautes trouverai-je appui, médiation auprès de Dieu?

Car, je l'établirai et le développerai dans peu, l'un des besoins les plus profondément sentis dans le sein de l'humanité et dans le cœur de l'homme, c'est le besoin de l'expiation accomplie, de la réparation obtenue, de la réconciliation opérée.

Comment ce besoin sera-t-il satisfait? Et Dieu encore ici vous aurait plongé dans le vague et le néant, et dans la nuit du doute et de la crainte!

Sans la rédemption révélée, ma raison, mon cœur, tout en moi chancelle encore.

Quand je l'accepte, la lumière et la paix se lèvent sur mon âme; tout se répare et se concilie, et croyant, je vois encore combien ma foi est raisonnable, conforme à la bonté, à la justice divine, à ma nature, à mes besoins. Et c'est ainsi que je trouve toujours la raison arrachée au naufrage et sauvée par la foi.

Mystères, seule explication raisonnable des faits, du monde et de l'âme.

Au moins, au moins pouvons-nous conclure que toutes les présomptions, tous les préjugés légitimes et favorables, toutes les théories sensées, militent pour la foi; et que le christianisme est seul un système raisonnable avec ses mystères et par ses mystères.

IV. P. Mais le miracle est encore la porte fermée pour un grand nombre d'intelligences.

Le miracle, manifestation de puissance et d'intervention divine, extraordinaire et surnaturelle, qu'on déclare impossible, comme si Dieu n'avait pas son langage pour parler à l'homme.

Eh bien, soit, qu'il n'y ait pas eu de miracles, qu'il n'y en ait pas eu.

Jésus-Christ, les apôtres, ont fondé le christianisme sans miracles. Après Jésus-Christ les apôtres le prêchèrent et l'étendirent bientôt par tout l'univers sans miracles.

Sans miracles; donc par des moyens tout humains et tout naturels; la conséquence est inévitable.

Dites-moi quels ont été ces moyens naturels et humains.

Mais ne rêvez pas au lieu de lire l'histoire.

Il faut que vous me montriez dans les monuments et dans les faits ces ressorts puissants dont l'action naturelle changea la face du monde.

La force et le génie m'expliquent tout ce que la nature peut opérer de plus grand.

Les passions et l'abrutissement des sens m'expliquent ce qu'elle peut présenter de plus dégradant et de plus désordonné.

Les illusions et les déportements du paganisme, oui, c'est humain et naturel, je le conçois. C'est la force aveugle et brutale.

L'aveugle et fatal empire du mahométisme, c'est le harem et le cimeterre, la force brute encore, quelques élans de génie si l'on veut, c'est de l'homme.

Le drapeau si suivi, levé par Luther, c'est l'orgueil et l'amour de l'indépendance; y rester attaché est un triste préjugé de naissance, c'est l'homme.

La philosophie délirante, c'est bien l'homme encore; ce sera l'homme aussi, je le veux, que la philosophie perçant à de rares intervalles, comme un rayon solitaire, les ténèbres païennes. C'est l'homme, dans ces brillantes théories, semées de mille erreurs, sans durée et sans Église.

Mais je cherche la place humaine et naturelle du christianisme. Montrez-la-moi.

La force, non; le génie, non plus; les passions, bien moins encore: quoi donc? Et pas de miracles?

Douze pêcheurs juifs ignorants et grossiers s'avisent un jour de prêcher la divinité d'un Juif supplicié, crucifié; et le monde est changé. C'est tout simple.

Seuls, seuls contre tous, ils combattent les passions, les préjugés, la puissance, la philosophie; et le monde les tue; mais il se convertit : c'est tout naturel.

Et le christianisme, la morale la plus austère et la plus pure, les dogmes les plus incompréhensibles, l'autorité la plus inflexible, le christianisme s'établit sur les ruines des voluptés, des délices, et des politiques païennes, à la voix des bateliers galiléens.

Et c'est l'histoire :

Pas de miracles ; soit. Et le monde changé de la sorte sans miracle, seulement par ces quelques ignares pêcheurs de poissons, devenus pêcheurs d'hommes sous la mission de leur maître ; sans miracle, sans acte palpable et surhumain de la puissance et de l'intervention divine !

Vous le croirez ainsi ?

Mais c'est pour moi le plus incohérent prodige, le plus inconcevable miracle, le plus incompréhensible mystère ! Le monde chrétien sans miracle ! le monde païen fait chrétien par des pêcheurs de Galilée ! Saint Augustin avait raison : ce seul fait suffirait à la divinité de la foi, et prouverait plus que les miracles.

Vous retranchez le miracle de l'établissement du christianisme. Alors vous amoncelez sur vous l'impossible, l'inexplicable, le faux évident, le démenti donné à toutes les forces et à toutes les lois si admirablement proportionnées de la nature et de l'humanité.

Vous aimez mieux dévorer cet amas d'invraisemblances ?

Soyez rationnels, logiques. Reportez-vous aux temps, aux lieux, aux hommes et aux choses d'alors. Vous direz avec un récent et courageux historien des Césars : « Pour moi il est démontré que le christianisme ne pouvait pas, ne devait pas commencer. »

Admettez le miracle. Tous les faits, le grand fait s'explique ; l'explication est raisonnable, seule possible. Selon les lois de l'humanité cette révolution ne devait, ne pouvait pas s'opérer ; donc il y a eu une intervention divine, miraculeuse, surnaturelle et positive.

Mais que diriez-vous, si on vous racontait loin d'ici qu'aujourd'hui cette nombreuse assemblée, et toutes les écoles, les académies savantes de cette capitale se sont converties à la voix d'un pauvre prêtre ; que cette foule innombrable d'hommes va désormais consacrer ses forces, ses talents, sa science et son génie à la pratique ardente des vertus natives du christianisme? O rêve d'un moment ! Vous diriez : C'est impossible. Vous auriez raison.

Ainsi était impossible le christianisme ; il existe aujourd'hui, donc il est divin. Car Dieu seul, que je sache, peut réaliser ce qui est impossible à l'homme.

Vous le voyez bien, de sens froid et rassis, réellement, sans le moindre paradoxe, il n'y a, il n'y a à la lettre, de raisonnable, de logique et de facile que les mystères et les miracles. Car sans eux vous roulez dans d'interminables et désespérants abîmes. Je vous adjure d'y penser; mais d'y penser sans préoccupation, dans toute la liberté et l'indépendance de votre raison et de votre cœur.

Le surnaturel non admis, l'humanité a menti, l'histoire est impossible, et les mille splendeurs du génie chrétien n'ont été qu'un jeu caché de fantasmagorie symbolique. Car il n'est rien que je ne puisse et brouiller, et confondre, et travestir à jamais avec la théorie, la préoccupation du mythe. Aussi langue et idées, tout s'obscurcit et se perd avec la vérité.

La foi avec son autorité non admise, Dieu m'a abandonné; il m'a livré à ma perte, m'a rendu la vérité, la vertu comme impossibles. Parmi tous les vents des orages, au milieu des mers déchaînées, je suis sans pilote et sans abri. Autant vaut dire : Il n'y a pas de Dieu.

Les mystères ardus du christianisme rejetés, les effets sont sans cause, l'univers sans auteur, sans conservateur ni sauveur; Dieu est tout, le mal même et le crime; ou Dieu n'est rien : justice, liberté, vains mots; salut, bonheur, impossibles; reste le chaos ou le néant, reste le désespoir le plus inévitable et le plus logique, mort affreuse des âmes à laquelle peut seule nous arracher la foi de la création, de la chute, de la réparation.

Sans le miracle, le christianisme a été et demeure impossible. Or il existe. Messieurs, il faut conclure. Quand on raisonne, ou qu'on croit raisonner, au moins faut-il pousser jusqu'à leurs conséquences dernières la négation, comme l'affirmation de la foi. On voit alors quels faits en sortent ou pour la mort ou pour la vie des intelligences. On voit ce qui demeure uniquement possible et raisonnable. Alors le bon sens, la droiture intime de la conscience vous disent : Croire ; oui, croire, c'est le seul parti à prendre.

Et ne voyez-vous pas enfin que toutes vos impossibilités amoncelées font précisément la gloire du christianisme. Entassez montagnes sur montagnes ; soyez des géants pour les mouvoir et les lancer contre la foi : je vous seconderai. Je répèterai avec vous : Oui, le christianisme est impossible ; il ne doit pas régner... Mais il s'est propagé, et il a vaincu les esprits et les cœurs rebelles ; mais il a régné, il règne encore. Contre lui vous pourrez bien vous élever, atteindre les nues, vous y perdre ; vous n'atteindrez pas les cieux qui l'enveloppent et le protégent. Mais prenez garde : dans les nues on trouve la foudre qui renverse et qui tue.

Faites la guerre encore : déclarez le surnaturel chimère, le miracle folie, les mystères fanatisme ou sottise ; marquez, marquez nos fronts du fer de vos dédains et de vos savantes flétrissures. Nos fronts sont prêts comme nos cœurs ; aussi bien, il y a des cicatrices qui honorent plus qu'une couronne.

Ici je ne crains pas un démenti ; dans cet immense auditoire plus d'un front glorieux marqué par la science et le génie, plus d'un jeune cœur désigné d'avance à tous les triomphes de l'avenir se sont présentés aux stigmates de la foi, les ont reçus, les portent, et les porteront toujours devant les nations pour mieux faire éclater à leurs regards, avec les divines splendeurs de la vérité, tous les bienfaits de la vertu.

QUARANTE-TROISIÈME CONFÉRENCE

L'EFFICACITÉ DE LA FOI

QUARANTE-TROISIÈME CONFÉRENCE

L'EFFICACITÉ DE LA FOI

Messieurs,

S'il n'y avait pour nous dans la foi qu'un intérêt d'opinion et de théorie, s'il pouvait être heureux, indifférent de vivre abandonné à tout vent de doctrine et à tout caprice d'erreur, nous pourrions alors nous-mêmes, cédant à la peine, interrompre nos travaux et nos efforts, quitter la lutte évangélique, et seuls, à l'abri de nos convictions, nous reposer dans la vérité et l'espérance.

Devrait-on s'étonner beaucoup que le prêtre, toujours affermi dans la foi par ses combats, mais profondément attristé par ces résistances opiniâtres, laissât tomber ses bras de lassitude et s'arrêtât en silence devant le mur d'airain opposé à son zèle?

Tant d'insuccès menace si manifestement à la fois et nos plus ardents désirs et nos plus courageux efforts, que tout ce qui est humain dans l'homme le repousse loin de l'arène, et le presse d'aller se taire dans la solitude et prier seul sur la montagne.

Mais non, pas plus qu'autrefois les apôtres, nous ne pouvons cesser d'élever la voix; nous devons obéir à l'Esprit qui nous envoya. Ambassadeurs de Jésus-Christ auprès des peuples, nous devons remplir la mission qu'il nous a donnée, sans l'interrompre, sans nous lasser jamais : *Pro Christo legatione fungimur;* heureux de dévouer nos forces et notre vie à la cause sacrée de la religion et de vos plus chers intérêts; heureux aussi d'être entendus et compris par vous dans des dispositions libres et généreuses.

Entre autres motifs légitimes de se prononcer en faveur du catholicisme, en voici encore un, digne assurément d'être l'objet de vos études et de vos méditations attentives :

L'efficacité même de la foi;

Vue, quant à présent, non pas dans l'établissement du christianisme, non dans ses influences victorieuses sur les peuples, mais dans le secret du cœur, dans l'enfantement prodigieux, la création chaque jour renouvelée d'un cœur chrétien sur cette terre, oui, même d'un seul. La masse des mécréants ne renverse pas ici notre thèse; car la liberté rebelle doit produire des défections ou des répulsions innombrables; et nous n'avons jamais prétendu dire que la foi enchaînât la conviction et avec elle la liberté.

Mais, pour être vrai et juste, nous disons qu'il faut descendre au fond d'un cœur pour y étudier la foi; que, pour la connaître dans sa force, ses fruits, son efficacité, il faut la suivre dans ses opérations immédiates; puisque hors de ce sanctuaire, la foi n'existe pas ou n'existe guère. Allons donc la considérer là où elle est.

Je me propose, Messieurs, aujourd'hui de rechercher les caractères intérieurs de puissance et d'efficacité de la foi sur le cœur de l'homme. Vous pourrez dire ensuite d'elle avec plus de lumière et de sécurité : Elle est fausse, ou Elle est vraie, Elle est humaine, ou Elle est divine. Nous voulons reconnaître l'arbre à ses fruits; c'est la méthode infaillible que nous enseigne l'Évangile.

I. P. Quand on étudie et qu'on recherche le travail de la foi dans le for intérieur, on est inévitablement frappé de ce fait, l'existence du remords dans l'homme qui s'écarte des principes de la foi. Chose étrange : cet homme est fait pour le vrai, pour le bien, la paix intime est sa vie et son bonheur; et il souffre, et il est tourmenté au dedans de lui-même. Quelle mystérieuse contradiction de sa nature! Il rejeta cependant, un jour, nous le supposons, les enseignements de la foi; il brisa tout lien pratique du catholicisme; il est libre aujourd'hui de toute entrave, il peut aller là où le portent les instincts de son âme; et il souffre! La vie est pleine de chagrins, sans doute, chaque jour apporte sa peine; mais ce ne sont ici ni les chagrins ni les peines des communs travaux de cette terre.

Dans l'intelligence un trouble, dans la volonté un malaise secret, dans la conscience une inquiétude, un remords plus ou moins senti, accusent un mal qui vit avec la substance même de l'âme, décèlent une cause d'un ordre supérieur et des plus puissantes. Quel est ce mal? quelle est cette cause?

Messieurs, une idée me suit et m'occupe depuis longues années; elle est pour moi un objet d'observations attentives et réitérées. Je recherche jusqu'à quel point le remords chrétien peut s'éteindre; je recherche si jamais hors de la foi et du catholicisme pratiques, on peut obtenir ce calme réfléchi et tranquille de l'âme, cette joie intime que nous connaissons dans la foi.

Vous pouvez croire que les occasions de nous livrer à cette étude ne nous ont pas manqué.

Victimes abusées des passions et des plaisirs; esprits jeunes et indifférents, jouets de la légèreté et du caprice; vieillards endurcis dans l'impiété, dans le vice et le crime; hommes de philosophie, à système, à conceptions élevées; hommes de science et même de génie; hommes de la réforme instruits et graves, il nous a été facile de tout interroger; et tous les rangs, toutes les positions, tous les âges, dans tous les degrés du caractère et de l'intelligence; et hors de la foi catholique, avant et après des retours à son autorité tutélaire. Il nous a été donné de sonder toutes les natures d'esprit et de conscience. J'affirme que seul à seul, et dans l'abandon d'une conversation familière et confiante, sans exception aucune, à cette question : Étiez-vous donc, êtes-vous réellement tranquille hors de la foi? il m'a toujours été répondu : Non. Et vous vous rendez en ce moment, j'en suis sûr, le même témoignage au fond de vos conciences, ô vous dont la conscience a des blessures à guérir.

D'où naît ce résultat? Quelle en est la source?

Mais voici l'autre face de la question, qui la confirme et qui l'éclaire encore. Jamais parce qu'on s'éloigna des camps de la philosophie incrédule, rationaliste, ou même des rangs de la réforme ; jamais parce qu'on quitta la bannière d'indifférence, d'irréligion ou de licence ; jamais par cela même, le cœur, l'esprit, la conscience ne réclamèrent, ne se récrièrent comme blessés par le sentiment douloureux de la vérité perdue, de la vertu trahie, du bien abandonné.

Non, ce qui est remords, ce qui est réclamation, exigence forte et secrète de la conscience, ne se produit point par l'absence de doctrines philosophiques, irréligieuses, et à cause de cette absence : oh! non, c'est leur présence, c'est l'absence de foi, de foi catholique et de foi pratique, qui en est cause, seule cause efficace.

En sorte que l'on peut, que l'on doit définir la foi pratique : Cette puissance qui seule avec la vertu a l'étonnant privilége de produire le remords par son absence et son oubli.

Définition vraie, dictée par l'expérience et par le témoignage de tous ceux qui furent sincères.

Vous la retrouvez dans la nature de votre âme, dans sa liberté et sa dignité. Car avec la perte de la vertu, rectitude du cœur, vous ne concevez que la perte de la vérité, rectitude de l'esprit, pour pouvoir affliger l'âme dans son sentiment le plus intime.

Sur cette donnée, appréciez donc la valeur de la

foi avec impartialité et courage. Pourquoi l'affranchissement de l'autorité de la foi est-elle une cause de malaise, de trouble intime, de maladie pour le cœur? Pourquoi y aurait-il là une illusion, une erreur invincible qui toujours, partout, envelopperait notre intelligence, solliciterait nos regrets et nos désirs? Ah! si on pouvait le craindre, nous retomberions à l'instant dans le gouffre du scepticisme le plus affreux. Reconnaissons-le, c'est là l'action du seul maître de l'âme, de Dieu qui défend et réclame son droit.

Le remords prouve invinciblement l'existence et l'action de Dieu; l'homme en aurait mille fois vaincu les frayeurs s'il en était l'auteur ou le maître. Loin de la foi le remords existe, et il incline au catholicisme victorieusement; donc c'est Dieu qui par lui incline et porte vers sa parole et son œuvre divine.

Avouons-le, Messieurs, sans circonlocutions ni détours, sans les longs sophismes d'une vie légère, étourdie ou rêveuse, c'est pour le moins un bien fort, un bien grave préjugé en faveur de la foi, d'être obligés de nous dire : Quand la foi nous manque, quelque chose nous manque pour rassurer et comme pour compléter notre être intime.

Au contraire, rien ne nous manque, et nous ne

sentons pas de remords si nous renonçons pleinement aux doutes et aux conséquences de l'irréligion et du rationalisme.

Pourquoi donc, je vous le demande encore une fois, cette différence? Pourquoi ce privilége divin de la vérité pour la foi, si la foi n'est qu'illusion ou chimère?

Pourquoi? si ce n'est que l'esprit sans la foi est le membre arraché de sa place, il s'y remet quand il croit; si ce n'est aussi que Dieu revendique ses droits, selon la parole du prophète : « Qui donc lui résiste, et peut avoir la paix? » *Quis restitit ei, et pacem habuit?*

Saint Augustin disait : « S'il n'y a point de repos dans la conscience, c'est que Dieu n'y est pas. » *Si autem ibi requies non est... quoniam et ibi Deus non est...*

« L'homme, ajoute-t-il, est alors comme celui qui est obligé de fuir sa maison que l'eau ou la fumée envahit de toute part. Il ne peut plus habiter son cœur. » *Habitare in corde suo non potest.* Il y a abaissement de la force morale, vague inquiétude; on se fuit, on redoute de se trouver en présence de soi-même; on fuit la réflexion et le travail sérieux; il faut l'agitation, le bruit, la dissipation continuelle. Voilà l'histoire d'un trop grand nombre d'hommes. Pour mieux saisir la cause de cet état, lisez, Messieurs, relisez l'admirable livre des Confessions de saint Augustin, si savant dans le remords ; vous y verrez la vivante et réelle image d'une âme ballottée par les erreurs et les passions.

Lisez les récits de ces rétractations solennelles, qui de temps en temps viennent consoler nos cœurs et panser nos plaies. Ces hommes égarés par le schisme, emportés par le délire et par le torrent de l'erreur et du désordre, sont-ils revenus à la foi ; ils vous disent à la face de l'univers : « Je déclare qu'au milieu de mes plus grands égarements les remords de la conscience me poursuivaient... »

Pour eux ce fut une démonstration de la vérité, ne le serait-ce pas pour vous ? Quoi ! vous n'y verriez pas aussi la garantie de l'action divine !

Au moins si l'état d'indifférence, de doute ou d'irréligion avait à la mort un moment suprême où les illusions s'évanouissent, une sanction dans le calme réfléchi de l'âme,

Si dans le mourant, quand il a tant besoin de sécurité, il y avait repos, espoir, confiance par le scepticisme, par la philosophie rationaliste, par l'absence de toute foi pratique, ce serait alors présomption contre la foi, je le reconnais.

Mais que l'expérience de chaque jour et le spectacle assidu de l'agonie nous disent bien autre chose! Que les faits parlent ici avec force!

Je m'approche de ce lit funèbre, j'y contemple en silence la victime qu'il porte, et bientôt je m'écrie : Elle est donc divine cette foi contraire à toutes les passions, que la passion seule combat pendant la vie, et qui, la passion tombée, reprend son premier empire; cette foi qu'on n'abandonne qu'après avoir abandonné la piété et la vertu; cette foi qu'on ne se repentit jamais au dernier moment d'avoir préférée au doute, aux systèmes de l'incrédulité; cette foi qui donne seule l'espérance à la mort, qui seule fait regretter de lui avoir été infidèle, et dont on pleure alors la perte, en répétant avec effroi : « J'ai voulu trop tard vous aimer. » *Sero te amavi.*

Oui, elle seule vous console quand tout vous abandonne. Et vos illustrations littéraires et scientifiques les plus belles, vos gloires militaires et politiques les plus éclatantes reviennent les unes après les autres, au terme de la carrière, lui rendre hommage après l'avoir longtemps méconnue, souvent même longtemps outragée.

Pourquoi donc revenir à ces derniers jours, quand tous les jours sont au Seigneur? Chose étrange, Messieurs, que vos opinions humaines!

Elles saisissent leurs victimes, les enchaînent

pendant la vie, leur défendent l'entrée du christianisme. A la mort, elles les abandonnent aux remords, aux angoisses cruelles; et il faut crier au secours près des dispensateurs des mystères de Jésus-Christ. Ils viennent, et ils guérissent toujours, car ils ont et ils ont seuls les paroles de l'éternelle vie.

Mais pourquoi un inévitable repentir à la chute de la vie, quand elle s'écoula vide de foi? Et pourquoi de tranquillité possible qu'en se replaçant sous la loi? N'est-ce pas Dieu qui pose cette condition de guerre et de paix?

Ou Dieu agit ici, ou il se ment à lui-même et se joue cruellement de nous. Dites : Et tout cela n'est pas au moins un motif, une présomption favorable pour la foi!

Premier effet de la foi, le remords quand on l'abandonne.

Mais ce remords a son fruit, autre effet de la foi, que nous allons reconnaître. Il change et convertit le cœur.

II. P. Il y a, Messieurs, un magnifique spectacle donné encore quelquefois aux regards de Dieu et des hommes.

Spectacle supérieur, par l'intérêt qu'il mérite, à celui des bouleversements des États et des révolutions de la nature, et dont la cause demande une force et une action plus puissante.

C'est un effet de la foi, qui ne peut pas être révoqué en doute, dont vous connaissez, dont vous voyez près de vous des exemples.

Quand, lasse d'errer dans le dédale et les tourments du doute, et sur la mer agitée des passions, une âme se tourne enfin vers l'abri tutélaire de la foi, le repentir lui fait pressentir un état nouveau, et elle le salue comme une bienfaisante aurore de paix et de vérité.

Tout à coup une force agit en elle.

C'est plus que le foyer embrasé fondant et faisant couler à grands flots les métaux les plus durs.

C'est plus que cette voix du Seigneur ébranlant le désert et brisant les cèdres du Liban, plus même que cette voix qui couvrit la terre des eaux du déluge.

C'est cette loi immaculée convertissant les âmes, témoignage fidèle de la puissance divine dont parlait aussi le prophète.

C'est cette parole de Dieu vive et efficace, pénétrant, dit saint Paul, jusqu'à la division et jusqu'à la moelle des esprits [1].

---

[1] Hebr., IV, 12.

Une action puissante a saisi ce cœur ; tantôt c'est un coup d'orage, un'dernier assaut du malheur ; tantôt l'étincelant éclat de la vérité ; quelquefois la douceur d'un attrait divin ; toujours une force mystérieuse amie et sœur de la liberté.

Ce cœur passe du trouble à l'espérance, des horreurs du doute à la lumière de la paix. Il est transporté de la passion à l'ordre, de la volupté à la continence, des vices à la vertu. Il échange contre l'orgueil l'humilité, contre l'irréligion la piété, l'autorité contre le schisme.

Vous connaissez bien au monde, Messieurs, un de ces cœurs changés. Et un seul suffit à la gloire de la religion. Écoutez son histoire.

Déchu, dégradé comme le prodigue de l'Évanvangile, comme lui ce cœur dut subir les cruelles étreintes de tribulation et d'angoisse qui pèsent, suivant l'Apôtre , sur toute âme opérant le mal. Non, le vice ne rend pas heureux, il ne sait que donner des leçons bien amères ; mais à qui veut en profiter, elles deviennent ensuite la source de bien douces consolations.

Le jeune égaré, du sein de son humiliation et de sa misère, reporta donc ses regards et son cœur vers la maison du père qu'il avait abandonné, vers

---

1 Rom., ii, 9.

ces inspirations premières et maternelles qui firent longtemps son bonheur le plus pur.

Il hésite, il combat encore, il regarde autour de lui, il craint et s'arrête; il se lève, il retombe; il obéit enfin, glorieux vainqueur de lui-même, à la voix divine qui le presse. Il va se jeter dans les embrassements paternels du Dieu qui le créa; il en reçoit de nouveaux titres de noblesse et d'immortalité. Son âme s'abreuve à une source d'ineffables délices : n'y avez-vous pas puisé vous-mêmes? Tel est l'homme rentré sous l'empire de la foi.

Le monde le voit, et s'en émeut; souvent il s'en indigne et le repousse: mais lui, il s'avance tranquille et fidèle désormais dans la voie de paix qu'il a choisie. Humble héros, il brûle ce qu'il a adoré, et il adore ce qu'il a brûlé. Quelle est cette histoire? Ce n'est point une fable, un songe fait à plaisir, c'est le catholique soumis à sa foi.

Ce sera saint Paul terrassé sur le chemin de Damas, et dont la conversion prouve à elle seule le christianisme; ce sera saint Augustin, le héros du repentir; ce sera le grand roi du grand siècle, et ces milliers d'autres, nobles et illustres conquêtes du repentir et de la foi dans l'Église. Aux temps primitifs de la vie chrétienne, saint Justin, converti lui-même de la philosophie à la foi, écrivit pour les païens, dans sa première Apologie, ces lignes, que je reproduis entières :

« Pour nous, après avoir cru au Verbe, nous avons changé de vie... Nous nous plaisions jadis parmi les infâmes voluptés, maintenant nous chérissons uniquement la chasteté; nous nous livrions aux arts de la magie, nous nous sommes consacrés au seul Dieu bon et incréé; nous préférions pardessus tout les moyens d'acquérir des richesses, maintenant ce que nous possédons nous le mettons en commun et le partageons avec tous les indigents; nous combattions naguère par les haines mutuelles, par les meurtres..., maintenant que Jésus-Christ est apparu, nous sommes les frères, les commensaux de l'étranger, et nous prions pour nos ennemis... »

Nos postquam Verbo credidimus, ab istis quidem discivimus... Et qui olim stupris gaudebamus, nunc castimoniam unice amplectimur; qui magicis etiam artibus utebamur, bono et ingenito nos consecravimus Deo; qui pecuniarum et possessionum vias omnibus antiquiores habebamus, nunc etiam ea quæ possidemus, in commune conferimus, et cum indigentibus quibusque communicamus; qui mutuis odiis et cædibus pugnabamus et cum iis, qui tribules nostri non essent, communem forum ob diversa instituta non habebamus, nunc, postquam Christus apparuit, convictores sumus et pro inimicis oramus [1].

Telle est, Messieurs, l'efficacité merveilleuse de la foi redevenue vivante et active dans un cœur : détruire l'empire du mal ; bannir tout ce cortége impur de passions orgueilleuses, sensuelles, égoïstes ; les remplacer par la douceur, par la charité, par l'innocence des mœurs : œuvre admirable, sensible à tous les yeux et à tous les cœurs.

Mais reconnaissons bien la cause efficace de ce changement étonnant et incontestable, de cette merveilleuse conversion d'une âme, de ce plus grand des miracles.

Je n'ai jamais ouï dire que le paganisme convertît. Le paganisme, amas de cultes démonolâtriques qui se résume en trois choses : la prostitution, la magie, les sacrifices humains. Le paganisme, qu'un Père de l'Église du second siècle a défini par ces mots qu'il appliquait à la mythologie homérique : *Cujus principium et finis mulier* [1] ; paroles que je répète sans les traduire : *Cujus principium et finis mulier.*

---

[1] S. Just. mart., anno 150, *Apolog.* 1, p. 51, D. Edit. Bened. Paris., 1742.

[2] Ὀυ ἀρχὴ καὶ τέλος γυνή. S. Justin, mart. *Orat. ad Græcos*, p. 2, C. Edit. Bened. Paris., 1742.

Le paganisme, que peint encore tout entier ce trait de l'historien Justin : « Rien de plus beau que la *divine préface* des lois de Zaleucus sur la pureté nécessaire au culte divin; les Locriens, ses compatriotes, en avaient si bien profité, que dans une guerre périlleuse ils firent vœu de prostituer leurs filles le jour de la fête de Vénus, s'ils remportaient la victoire [1]. »

Telle était la portée, l'efficacité du paganisme. Pardonnez si j'en parle avec insistance; c'est qu'au fond des choses, et pour laisser de côté les illusions et les paroles artificieuses, il n'y a logiquement dans la vie pratique de l'âme, entendez bien, dans la vie pratique, il n'y a que deux partis : paganisme, ou christianisme; sensualisme, ou foi.

La conversion du cœur. Ce n'est point un fruit qui croisse davantage dans le champ de la philosophie. De fait, toutes les académies, toutes les écoles savantes, tous les discours sonores des professeurs de sagesse humaine, n'ont pas changé les mœurs d'un seul village, d'un seul enfant. Dites-moi maintenant, vous souvenez-vous des pêcheurs de Galilée, ou de ce pauvre prêtre, missionnaire tant dédaigné et décrié? Qu'ont-ils produit au sein

---

[1] Justin, au liv. XXI, c. III. Apud Bergier, *Certitude des preuves du christianisme*, 2ᵉ partie, p. 78. Humblot, Paris, 1767.

des peuples malgré toutes les dénégations intéressées de l'irréligion, malgré toutes les déclamations sophistiques de la philosophie rationaliste? D'où jaillissent la réforme des mœurs, la paix des familles, la victoire des passions? Est-ce de vos théories? Dites-moi, Messieurs, vous-mêmes qui m'écoutez, n'auriez-vous donc jamais senti l'amour de la vertu, de la vérité, que vous inspirait la parole d'un ministre de Jésus-Christ? Comparez-la avec la parole et les leçons du ministre de la raison humaine, du philosophe rationaliste. Efficacité donc plus qu'humaine de la foi au fond des âmes.

Que si votre pensée m'opposait un christianisme non catholique, une foi qui n'est pas ma foi ; la réforme protestante, et des vertus dans son sein, des vertus au sein du paganisme ou du philosophisme, je ne nierai pas ces vertus. Mais je dirai avec Mélanchton, écrivant à Luther : « L'Elbe avec tous ses flots ne me fournirait pas assez de larmes pour pleurer tous les maux qu'engendre la réforme. » Il parlait ainsi à l'origine du protestantisme; qu'aurait-il dit depuis, cet homme que je plains et que je vois combattu au sein de l'erreur par des sentiments d'honnêteté et de probité chrétiennes.

Je dirai encore : Des vertus hors de la foi pratique du catholicisme, il y en aura, je le veux.

Mais qu'immense est la différence des unes et des autres. Comparez : d'une part le bien est conséquence ; et de l'autre le bien est inconséquence.

Vous n'êtes pas catholique. Donc, qui que vous soyez, et si vous raisonnez logiquement, vous allez admettre l'indépendance de votre foi, de votre intelligence ; car hors du catholicisme, je ne sache pas que vous puissiez et vouliez admettre une autorité extérieure dans la foi. Vous jugerez donc, règlerez vous-même vos croyances, et par suite votre morale et votre culte ; libre de juger, d'apprécier, vous vous ferez la religion qui vous conviendra davantage ; vous n'en aurez aucune si vous voulez, ce qui arrive pour le grand nombre ; et vous serez conséquent avec le principe d'indépendance souveraine de votre pensée, une fois la carrière ouverte : heureusement inconséquent avec vos théories quand, retenu comme malgré vous par la conscience, vous garderez un frein. Je rends hommage à vos déviations qui sont un bien, et je les bénis ; mais déviation, c'est inconséquence pour vous. Pour vous l'athéisme serait conséquent et logique ; car votre principe est le moi indépendant qui finit par se faire Dieu.

Posez la foi catholique, j'ai ma loi toute faite. Y porter la main serait un sacrilége ; j'ai mon guide, mon maître hors de moi : j'écoute, je crois et j'obéis. Le bien est pour moi logique et conséquent, tout mal illogique et inconséquent. La différence est totale, elle est essentielle. La foi doit produire le bien ; l'erreur ne le doit pas.

Mais encore cette efficacité d'action dans le changement d'un cœur, car j'y reviens, c'est ma thèse, est-ce un fait commun, un pouvoir banal de toute doctrine ? Voyons.

Je sais et je reconnais que la foi saisit un cœur, le pénètre et le change ; que pour passer du vice à la vertu, des angoisses à la paix, on se tourne vers la foi du prêtre.

Mais pour opérer ce même changement, pour embrasser la vertu et enchaîner les passions, ne va-t-on pas aussi de la foi au rationalisme, de l'Église à la philosophie, du catholicisme à la réforme ? Non, Messieurs, que je sache. Jamais ce glorieux changement du désordre en ordre, de tout genre de mal en bien le plus pur, ne s'est opéré de cette manière. Tout au contraire ; vous en conviendrez dans la bonne foi de vos souvenirs.

Non, pour régénérer une âme, pour la remplir, l'ennoblir par les vertus, on n'a pas ouï dire que l'on eût jamais changé la vie funeste du catholique fidèle à sa foi, pour la vie exemplaire et édifiante du sceptique, du rationaliste, de l'indifférent rêveur, ou même du protestant systématique, mais fidèle aux dernières conséquences de ses principes.

Ce serait le renversement des mots, des choses, des faits.

Pour parler une langue sincère et d'expérience, dites : Le déréglement de vie et de passions quitte et renie le catholicisme ; le règlement de conduite et de mœurs y revient et s'y soumet. Quelle est la raison, le caractère de cette différence? Que prouve ce résultat de ma foi? Je vous le demande et vous adjure de répondre. Car enfin le nier est impossible : la foi catholique seule bouleverse, change en bien tout un cœur, tout l'homme. C'est le fait prouvé par l'histoire, par la conscience que, dans la foi, le bien, tout bien, est une conséquence; le mal, tout mal, une inconséquence; et qu'elle apporte seule avec elle la vertu régénératrice de l'âme.

Comment et pourquoi? Est-ce une force humaine, est-ce une force divine? Il faut résoudre la question.

1° Le paganisme ne convertit pas;

La philosophie ne convertit pas;

Le rationalisme, le doute, les rêves ne convertissent pas.

Voilà toutes les forces humaines essayées hors la foi, toutes les forces possibles. Souvent essayées par l'autorité, par la science, par le génie, sans la foi, elles n'ont rien pu. Et la foi convertit! Il me semble alors que la foi doit être une force divine.

2° Et puis quand cette foi change, convertit un cœur, elle le crée nouveau, le crée catholique, je veux dire chrétien généreux, pur et fidèle.

Mais il faut pour cela, ô homme, dompter ta soif de l'or, abattre ton orgueil, enchaîner ton amour des plaisirs comme ta raison frémissante; n'importe, la foi le fait.

Je cherche à définir cette force unique de la foi, si admirablement créatrice.

C'est en secret et en silence qu'elle se communique à une âme. Elle rejette le vain éclat de la science, de la puissance et du génie de l'homme; elle en a horreur. Et ce qui dans l'homme est insurmontable à l'homme lui-même, elle le dompte et le soumet pleinement. Oui, à elle seule de semblables triomphes!

Je le redis: plus on raisonnera, plus on découvrira dans la foi un pouvoir surhumain.

Je ne connais rien, disait Bossuet, de plus fier et de plus indomptable que le cœur et l'esprit de l'homme; et quand je les vois soumis, quand je vois les passions réprimées, obéissantes, céder leur empire à l'amour divin et à la vie angélique d'une âme vraiment chrétienne, quand j'ai assisté à l'une de ces révolutions intimes et totales que la foi opère au fond d'un cœur, que je le contemple, que je le touche, je suis forcé de m'écrier avec le prophète : *Hæc mutatio dexteræ Excelsi*, ce changement est de la droite du Très-Haut. Le philosophe païen devenu chrétien, apologiste célèbre et martyr généreux de la foi, parlait dans le même sens aux Grecs : Ce qui m'a saisi, vaincu, c'est la divine force extérieure de la foi ; c'est l'efficacité du Verbe.

Car, ajoutait-il encore, le Christ ne fut point un sophiste ; mais sa parole fut la vertu même de Dieu : *Christus non enim sophista erat, sed ejus oratio virtus Dei fuit*[1].

A ce moment béni on sent que la foi devient la force de ceux qui n'en ont pas sur eux-mêmes ; et le chrétien dit pour repousser jusqu'à l'ombre même du mal : Je ne le puis dans ma conscience et dans ma foi.

On aperçoit alors dans cette lumière nouvelle les conséquences cachées de la morale naturelle que la philosophie n'y voyait pas, ce principe inconnu aux anciens, que Dieu s'apaise par un repentir intérieur et sincère ; et la divine gradation de la charité, qui, non contente de ne pas faire aux

---

[1] S. Just., *Apol.*, I, p. 52. B. n. 14 fin.

autres le mal qu'elle veut éviter, les suit de ses bienfaits et de son amour, immole tout égoïsme et chérit par-dessus tout intérêt propre, ceux mêmes qui se font nos ennemis. C'est le travail de l'Esprit créateur sur l'âme, il y réimprime l'image divine qu'elle avait reçue à sa création[1]. Alors il y a en nous le sentiment heureux et salutaire de notre impuissance, le désir de ce qui nous manque, le besoin de le trouver au-dessus de nous-mêmes ; il y a cette tristesse féconde sur le vide de notre cœur loin de Dieu, la faim et la soif de la vérité, une disposition sincère à supposer facilement qu'on se trompe, et à croire qu'on a besoin de secours pour ne se tromper plus[2].

Et dans cette préparation du cœur que vous venez d'entendre, telle que la décrit le cœur de Fénelon, il y a toute une transformation de l'existence. C'est l'œuvre de la foi ; on connaît l'arbre à ses fruits.

Mais il faut juger, pour être juste, par un cœur, par une âme fortement soumise à la foi.

Tant d'âmes incertaines, flottantes, lâches, inconséquentes, ne prouvent rien que la faiblesse, l'irrésolution et la liberté de l'homme.

---

[1] S. Aug., *de Spirit. et Litt.*, c. XXVII.
[2] Fénelon, *Lettres sur la Religion. Christianisme présenté aux hommes du monde.*

Jadis, Messieurs, un cœur agité dont j'ai déjà parlé, dont je parle volontiers, cherchait le lieu de son repos, perdu depuis longtemps.

Dans une de ces révolutions intérieures qu'il nous a si noblement dévoilées, « J'allai trouver, dit-il[1], Simplicien, celui qui avait été assez heureux pour enfanter à la grâce l'évêque Ambroise, et qu'Ambroise chérissait véritablement comme un père. Je lui racontai naïvement les longs et pénibles circuits de mes erreurs. Je lui dis aussi que j'avais lu quelques livres de l'école platonicienne traduits par Victorin, autrefois professeur de rhétorique à Rome, et mort chrétien, avais-je entendu dire...

« Simplicien avait connu Victorin; il avait vécu avec lui dans l'intimité. Il me rapporta ce que je ne veux point taire ici; car c'est une grande gloire de votre grâce, ô mon Dieu. » Vous n'oubliez pas, Messieurs, que je cite les propres paroles de saint Augustin. Il continue ainsi : « Victorin donc, cet illustre et savant vieillard si profondément versé dans l'étude des plus nobles sciences, qui avait lu, apprécié, éclairci un si grand nombre de livres des philosophes, le maître de tant de sénateurs distingués; lui qui même, à raison du succès écla-

---

[1] Aug. *Confes.*, liv. VIII, c. II.

tant de ses leçons publiques, ce que les membres de la cité d'ici-bas estiment comme le comble de l'honneur, avait mérité qu'on lui élevât de son vivant une statue dans le forum, Victorin avait, jusqu'à cet âge avancé, pris part au culte des idoles et à ces superstitions sacriléges qui retenaient encore alors le peuple et presque toute la noblesse romaine... Il faisait plus : de cette bouche qui ne respirait alors que les affections de la terre, il s'était porté le défenseur ardent de ces monstrueuses divinités.

« Et ce même vieillard ne rougit pas de se faire enfant pour suivre Jésus-Christ; il ne rougit pas de courber la tête sous le joug de l'humilité, et d'abaisser son front sous les opprobres de la croix.

« O Seigneur, Seigneur, qui avez incliné les cieux et en êtes descendu, qui avez touché les montagnes et les avez embrasées, par quels moyens donc vous insinuâtes-vous dans ce cœur?

« Il étudiait, scrutait avec soin tous les livres des chrétiens; puis il disait à Simplicien, non pas en public, mais en particulier et en secret : Vous saurez que je suis déjà chrétien. Simplicien répondait : Je ne le croirai pas, je ne vous compterai parmi les chrétiens, que lorsque je vous verrai venir dans l'église du Christ et prendre place avec les autres fidèles. Donc ce sont les murailles qui font les chrétiens, disait Victorin en raillant.

« Même confidence souvent, même réponse, même raillerie en retour.

« C'est que Victorin craignait au fond de déplaire à ses amis, superbes adorateurs des démons; il croyait voir leurs puissantes inimitiés fondre sur lui du haut de leurs dignités éminentes au sein de la grande Babylone ; c'étaient des cèdres du Liban que le Seigneur n'avait pas encore brisés.

« Mais après avoir puisé la force dans une étude assidue et dans l'ardeur des saints désirs, il craignit d'être renié à son tour par Jésus-Christ devant les saints anges, s'il rougissait de le confesser devant les hommes.

« Tout à coup il dit à Simplicien : Allons à l'église ;... il s'y rend ; il est instruit... reçu pour le baptême. Rome s'étonna ; l'Église se réjouit.

« Quand l'heure fut venue de prononcer la profession solennelle de foi, Victorin monta sur un lieu élevé en présence du peuple fidèle. Ce qu'il avait publiquement enseigné dans Rome, ce n'étaient point les vérités du salut, il voulut publiquement professer la foi.

« Quand il parut, un murmure flatteur l'accueillit; et qui donc ne l'avait pas connu? Son nom était dans toutes les bouches au milieu des accents de joie et de reconnaissance, et tous répétaient à l'envi : C'est lui; c'est Victorin! Victorin! A cette explosion d'enthousiasme succède un profond silence pour l'entendre parler.

« Alors le vieillard néophyte prononce avec une noble assurance et une voix ferme et sonore le symbole de la foi véritable.

« Par cette seule lecture le peuple est ému, transporté; tous semblaient vouloir enlever dans leur ivresse le nouveau, l'illustre frère que le ciel leur donnait; ils eussent voulu l'emporter au dedans de leurs cœurs; et ils l'enlevaient par amour, et dans la joie. La joie, l'amour étaient comme les deux bras de cette douce violence. » *Et rapiebant amando et gaudendo; hæ rapientium manus erant.*

Tel est le récit de saint Augustin; vous pouvez tous le lire au livre huitième de ses *Confessions*, ch. II; mais plusieurs doivent faire davantage, je veux dire le renouveler en eux-mêmes.

QUARANTE-QUATRIÈME CONFÉRENCE

LES TYPES DU CHRISTIANISME

QUARANTE-QUATRIÈME CONFÉRENCE

LES TYPES DU CHRISTIANISME

Messieurs,

S'il est un but digne d'être avoué dans les pensées et dans les travaux du sage, si la philosophie et la religion ne sont pas de vains mots, mais recèlent un principe de vie et doivent enfanter un résultat sérieux; si l'activité de notre esprit, les élans de notre cœur, et le besoin religieux qui nous presse, ne sont pas de vaines chimères, il faut reconnaître que ce but, ce résultat, cette vie désirable, c'est la perfection de l'homme.

A sa pénible entrée sur la terre, l'homme, quoique déjà l'œuvre sublime des mains du Créateur, nous apparaît cependant comme à l'état d'ébauche imparfaite; il doit croître, grandir, apprendre, apprendre même la vertu, et dans un progrès lent et successif se perfectionner toujours.

Et si cette loi du progrès n'a qu'un temps pour le corps dans le développement de ses organes, qu'un temps peut-être aussi pour l'esprit dans le développement de ses facultés, il est vrai de dire que pour l'être intime de l'âme, sanctuaire ou résident le bien et la beauté morale, ce temps n'est jamais à son terme.

En ce sens, mais en ce sens seulement, il y a perfectibilité indéfinie; et le vieillard caduc, comme l'enfant du premier âge, peut et doit croître toujours en vertu, en mérite.

L'expression : C'est assez, est un mot rayé par la conscience dans la langue du perfectionnement moral de l'homme : pour lui le travail régénérateur continue jusqu'au dernier moment. Telle est la loi du moins, quoique souvent la liberté l'abjure. C'est la mort qui arrête le travail, et l'arbre reste où il est tombé.

Heureuse l'âme qu'une fidèle et constante culture aura enrichie des fruits de sainteté et de perfection.

Ainsi s'impose nécessairement un but aux méditations, aux efforts du génie, aux recherches graves, aux institutions religieuses et même politiques, la perfection de l'homme, de l'homme qui n'est rien sans les rapports d'union divine.

Que si vous prétendiez mettre de côté cette fin élevée, le perfectionnement individuel et moral, vous démentiriez une loi profonde de notre nature, une condition constitutive de notre existence bornée et imparfaite : la loi de chercher le bien dans le mieux, d'atteindre la fin, le complément de notre être, qui, imparfait ici-bas, souffre de ce qui lui manque, et demande toujours quelque enfantement nouveau. « Toute créature gémit et enfante encore, » disait saint Paul : *Omnis creatura ingemiscit et parturit usque adhuc.*

Aussi, procédant logiquement de ce principe, nous sommes en droit de demander à tout corps de doctrine philosophique ou religieuse : Qu'avez-vous produit de perfectionnement pour l'homme? Et comme on demande au peintre, au poëte, à l'artiste les œuvres capitales qui doivent fixer la mesure de leur génie, de même nous demandons à la philosophie, à la religion les types ou modèles religieux et moraux qu'elles ont produits, afin de les comparer et de les juger.

Nous omettons ici les influences universelles ou nationales, c'est une autre question, et qu'on a souvent traitée. Aussi bien la vertu est chose personnelle, et nous la trouverons dans l'homme individu.

Je voulais esquisser d'abord le type du philosophe et de l'incrédule, reproduire et définir par leur vie et leurs œuvres des noms et des doctrines trop célèbres. Mais malgré moi j'aurais semblé ne retracer que des satires; et n'en voulant point faire, je ne veux point paraître en avoir fait.

J'aime mieux exposer que combattre; restant dans l'ordre d'idées que nous avons suivi cette année [1], je me contenterai de présenter le type catholique dans sa majesté et sa douceur, mais toujours dans sa vérité. Je laisserai, au besoin, vos pensées s'accuser entre elles, suivant l'expression de l'Apôtre; je laisserai à vos cœurs de juger et de conclure, et vous dirai seulement quel peut être le principe qui enfante de tels résultats.

Je choisis trois nobles figures : la vierge chrétienne, le pontife et le héros chrétiens, images vivantes d'une foi plus vivante encore. La vierge, le pontife et le héros, ce sont là mes types du christianisme, modèles de perfectionnement humain par la foi.

Cette Conférence pourra, Messieurs, vous offrir, si je ne m'abuse, un réel intérêt; elle est digne

---

[1] 1840.

d'entrer dans notre série de préjugés légitimes en faveur de la croyance et de la vie catholiques.

I. P. Nous avons à considérer d'abord la vierge chrétienne.

En vain, Messieurs, la légèreté de paroles ou de conduite, en vain des théories publiquement scandaleuses, en vain la licence, l'entraînement et la passion voulurent trop souvent honorer le désordre, transformer et célébrer les excès de l'immoralité.

Au sein des peuples, d'immuables vérités protestent contre les égarements les plus universels de l'homme; l'éternel sentiment du bien moral réclame : et jusque dans les jours honteux du paganisme, quand la licence était consacrée, divinisée, des voix s'élevèrent pour la flétrir. Le poëte lui-même, vous le savez, reconnut dans l'effroyable corruption qui s'appesantit sur Rome victorieuse, le châtiment qui vengeait l'univers vaincu.

L'intégrité des mœurs, quoi qu'on puisse penser et dire, sera toujours nommée la vertu, et vertu signifie force et courage. Toujours les bonnes mœurs feront la gloire la plus belle des nations comme des individus, parce que leur conservation et leur triomphe seront toujours le triomphe et la puissance des facultés supérieures de l'âme, qu'elles exprimeront sa plus noble indépendance, la domination de l'esprit sur la matière.

C'est plus, c'est mieux que la bravoure qui gagne les batailles, qui prend les villes d'assaut, pour emprunter l'expression du Sage dans nos divines Écritures : *Melior est... viro forti, et qui dominatur animo suo, expugnatore urbium* [1].

Et ce que je dis, chacun l'éprouve et le redit au fond de sa conscience, car la vertu comme la vérité se fait rendre toujours les hommages secrets du cœur. Aussi, quand sur cette terre désolée apparaît quelque touchante image d'innocence et de candeur, on sent malgré soi qu'on la révère ; il naît en l'âme une intime et douce émotion, avec d'intimes regrets peut-être. C'est comme un parfum descendu des cieux que l'on respire ; c'est une fleur épanouie parmi les ronces et les épines ; c'est le lis des vallées dont la vue repose, console et réjouit. Charme et bonheur de l'innocence, que ta pensée, ta vie sont trop souvent loin de nous !... C'est que nous touchons, Messieurs, par notre nature déchue, bien plus à la faiblesse qu'au courage, et que dans l'intégrité des mœurs la suavité et la douceur reposent toujours sur l'énergie.

---

[1] Prov., XVI, 32.

Dans cette vertu plus céleste qu'humaine, les grands hommes de l'Église, les Pères ont vu, ont célébré à l'envi la main puissante et salutaire qui arrache le corps même aux ténèbres et le transporte dans une région de lumière ; ils y ont vu le généreux pouvoir qui dompte et soumet les sens, élève rapidement l'esprit vers les choses divines ; le don de Dieu fécond en fruits de bénignité, d'ordre et de science véritables ; le port tranquille d'une paix et d'une sécurité souveraines ; le gage enfin de la liberté et de la joie [1]. Ce sont quelques mots d'un admirable passage de saint Éphrem.

Ces vues pures et hautes de la foi et de la saine intelligence, méditées dans le recueillement et la prière, l'action secrète aussi et spéciale de la grâce divine, ont, dans tous les temps et dans tous les lieux catholiques, séparé quelques âmes de l'état de vie ordinaire, pour les consacrer au Seigneur dans une sorte d'imitation anticipée de la vie angélique.

Que s'il vous était donné d'interroger ces nobles âmes sur leur choix, leur pensée, leurs motifs, elles vous répondraient qu'elles ont suivi, dans la liberté de leur cœur, la voix de Dieu qui les appelait, et que nulle puissance au monde n'a le droit

---

[1] Paranœsis, xxxvi, t. III, græce, p. 132.

de les en plaindre ou de les en blâmer; qu'au reste ce qu'il vous plaît quelquefois de nommer leur sacrifice, est plutôt un immense bienfait reçu d'en haut, et qu'elles goûtent des douceurs qui vous sont inconnues à vous au sein du monde, parmi ses trésors, son tumulte, ses chagrins et ses plaisirs.

Tel et bien plus fort encore, Messieurs, est le langage, telle est la conscience de la vierge chrétienne dans la profession religieuse. État heureux et privilégié, trop souvent mal compris et calomnié, que recommandent si haut l'exemple de Jésus-Christ et celui de la Vierge mère; que les leçons de l'Évangile et les traditions constantes de l'Église nous montrent comme la perfection préférable, à laquelle elle nous invite sans nous y contraindre; état que saint Bernard disait apporter plus de bonheur à l'ange, mais demander plus de courage à l'homme : *Illius felicior, hujus fortior.*

Il y a donc deux caractères dans ce type touchant de la foi catholique : la douceur et la force.

Et d'abord la douceur. La vierge chrétienne cache au dedans de son âme un royaume et une gloire célestes. Au Dieu qui l'appela, comme il appela autrefois le patriarche de la Chaldée, loin de sa maison, de sa patrie, de sa famille; à ce Dieu elle consacra tous les souvenirs et toutes les affections de son cœur. Dans la solitude et le silence elle apprit à parler cette langue du ciel que parlait aussi saint Paul; et de longues et paisibles heures s'écoulent ainsi dans la communication des secrets divins. Par ce commerce mystérieux de l'âme avec Dieu, la prière devient une habitude et comme un acte continu; la source abondante des grâces s'épanche, elle ne tarira pas. Terre bien préparée, cette âme est fécondée par les eaux vives, tous les germes de vertu y produisent leurs fruits bénis; le divin travail de perfection s'y poursuit dans la paix et dans une sûreté constante; cette paix suave et première récompense, est sentie au delà de tout sentiment; et malgré les infirmités, les épreuves, malgré les tristes exigences de toute condition mortelle, l'âme consacrée à Dieu goûte et voit combien le Seigneur est doux; elle voit comment adhérer fidèlement à son amour est la vraie, l'inaltérable félicité. Chaque matin, quand la journée commence, le soir, quand elle finit, ce cœur a le sentiment, la conscience de sa joie et de son bonheur, et l'hymne de sa reconnaissance s'élève vers l'auteur de tout bien.

Aussi, lorsqu'un dessein secret de la Providence conduit nos pas dans ces modestes et pieux asiles où sans interruption la virginité habite et prie, si notre cœur n'est pas faussé par de vains sophismes ou blasé par d'impurs plaisirs, et quand bien même il le serait, nous ressentons l'influence de ces lieux, nous recevons une impression indéfinissable de bien-être, de silence, de paix; et, mus comme sous une impulsion supérieure, nous nous écrions : Qu'on est heureux ici!

Votre raison, se dérobant à ce mouvement sacré du cœur, demande-t-elle le but, le résultat utile de ces existences d'exception, je répondrai sans hésiter : La prière, qui s'interpose en votre faveur entre le Ciel et vous; la prière, qui, par un concert d'hommages et de pures ardeurs, compense aux yeux de Dieu les outrages impies et les clameurs du vice, et fait descendre sans cesse du trône de la justice divine le pardon obtenu par l'expiation et l'amour réparateur.

Je répondrai : En face des débordements du monde immoral, les vertus du cloître protestent, comme la charité chrétienne en face de la cupidité du siècle, comme la digue près du torrent. Et il faut bien pour son honneur, pour la gloire de son nom et de sa foi, que Dieu trouve encore des cœurs qui n'ont pas fléchi devant Baal, qui gardent au Seigneur la foi jurée, qui le servent et qui l'imitent dans toute la perfection des vertus les plus pures.

Et si des vues arrêtées à la surface et fixées à la matière, si de déplorables idées d'athéisme vous empêchaient d'approuver la valeur de ce tribut spirituel et de choix que Dieu prélève sur les âmes, je me tairais, je m'éloignerais de cette chaire, j'irais vous plaindre et demander pour vous cette lumière et cette vie de l'esprit que vous ne connaissez pas.

La virginité chrétienne unit à ce premier caractère de suavité et de douceur une mâle vigueur, la force et le courage.

J'en parlais déjà tout à l'heure, et je n'ai plus à m'y étendre. Le monde, les plaisirs, le bruit quittés quand l'on tient au monde, au bruit et aux plaisirs ; tous les rêves aventureux abandonnés, les séduisantes illusions rejetées comme on effeuille, comme on rejette les fleurs d'une couronne ; souvent la richesse, les talents et la beauté volontairement ensevelis sous la bure et la haire ; l'immolation perpétuée de tout ce qu'on aima, même des plus légitimes jouissances qui ne sont pas Dieu. L'homme animal [1] ne conçoit pas ces choses, je le crois bien : alors il raille, il décrie ; mais je ferai remarquer de nouveau, en restituant les vérités au point de vue de la foi, que c'est précisément dans les prétextes d'inculpation et de satire contre les faits religieux que nous trouvons leurs vrais motifs d'éloge et d'admiration.

[1] I Cor., II, 14.

Quand une âme sensible et ardente, à l'âge et sur le chemin des espérances et des joies de cette terre, brise la voie, dément son âge, sacrifie ce qui charme pour embrasser ce qui répugne, pour se vouer à l'acquisition laborieuse des biens célestes mais invisibles, si elle ne montre pas force et courage, dites-le, qu'est-ce donc que la force et le courage?

Mais à la force dans la virginité elle sait encore joindre la force dans la charité, et porter le zèle jusqu'au prodige. C'est encore un noble trait de ce premier type catholique.

Voyez l'humble et courageuse fille de saint Vincent de Paul; ce n'est pas l'attrait de la fortune, l'attrait du plaisir, ce n'est pas le désir de l'honneur qui attachent et clouent, pour ainsi parler, une vie tout entière aux soins repoussants du pauvre, à l'instruction pénible de l'enfance, au lit dégoûtant du malade, à ces immenses demeures des douleurs et des misères humaines.

La fortune, la vierge chrétienne la quitta, si elle en eut; elle ne veut plus rien posséder pour elle: pas même le vêtement qui la couvre, le pain qui la nourrit. La philanthropie, la charité légale coûtent souvent bien cher; la charité chrétienne donne, mais ne reçoit pas.

Le plaisir, pas plus que l'or, ne pousse ce cœur

au dévouement généreux ; le plaisir s'échange contre la souffrance, la fatigue et le spectacle de tous les maux. Il est bien vrai, la croix a ses délices, mais d'un genre à part.

Enfin qui viendrait ici chercher l'honneur pris pour l'éclat et pour la renommée ? La sœur d'école, la sœur d'hôpital, pas plus que l'âme contemplative et solitaire, n'ont de presse journalière pour enregistrer leurs actes. Elles n'en veulent pas ; vivre et mourir servantes des pauvres, voilà leur ambition.

Nul motif humain ne les pousse donc ; non, rien d'humain ne porte de tels fruits.

C'est la foi vive qui les engendre, la foi pure qui, pénétrant et transformant ces âmes, les voue à la prière, à l'obscurité, à la douleur ; les voue à la chasteté pour les débarrasser de mille sollicitudes, élargir, étendre leurs affections au delà des liens étroits de la famille ; les voue à la pauvreté pour les faire dispensatrices de tous les biens sans en rien retenir ; les voue à l'obéissance pour les unir inviolablement aux volontés divines, afin de mieux chercher, de trouver mieux l'amitié de Dieu, afin de le faire plus connaître, mieux servir, et arracher ainsi au monde ses misérables victimes.

C'est l'œuvre de la foi, c'est la foi seule qui donne cet ange à la terre, le fait vivre de la vie des esprits dans un corps grossier, et le consacre au service exclusif et sacré des âmes.

Énergie dans la faiblesse, douceur dans la force, charité tendre tout héroïque et pure, gloire du ciel, consolation de cette terre, voilà donc la vierge chrétienne. Oui, œuvre de la foi et de la foi seule. Toutes les philosophies sur l'homme, tous les efforts du génie, toutes les variations de la réforme, après tant de bruit, de travail et de pompeuses promesses, n'ont pas su former une seule fille de Charité; et le catholicisme les enfante par milliers. Malgré nos jours mauvais il en peuple vos hôpitaux, vos écoles, vos prisons, vos villes immondes et vos campagnes.

Messieurs, vous voyez ici un immense progrès réalisé, l'esprit vainqueur des sens, la chair réhabilitée parce qu'elle est soumise, la cité céleste conquise, la terre épurée, embellie, consolée par d'angéliques vertus; toute une vie anticipée d'union divine, et les miracles du zèle.

Comment donc la foi ne serait-elle pas la vérité, puisqu'elle est le principe, le seul principe, d'une perfection si sublime?

Je veux rapprocher le pontife de la vierge.

II. P. Le pontife, autre type de perfection par la foi.

Ici, Messieurs, pour vous et pour moi, j'aime mieux personnifier. Entre beaucoup de noms j'en choisis un qui va tout dire : saint Charles Borromée, noble enfant, pasteur glorieux dans la famille catholique.

Il est ici-bas une auguste et pénible mission. Dans la lutte salutaire qu'est venu établir le christianisme pour rendre la vie au monde, dans le travail régénérateur des âmes que la foi entreprit, et qu'elle n'abandonnera jamais, marcher le premier et le premier combattre, prendre une pesante part dans la sollicitude et la conduite des Églises, enseigner, reprendre même ceux qui ont charge d'enseigner et de reprendre les peuples ; en sentinelle vigilante défendre un nombreux troupeau contre l'abus, l'erreur et le relâchement, le nourrir dans la faim et la soif de la vérité ; vivifier les mœurs, maintenir l'ordre et la discipline régulière, être ferme sans rigueur, indulgent sans faiblesse ; père du pauvre, le visiter et soulager ses misères ; se faire tout à tous, se sacrifier pour tous afin de gagner tous les cœurs à l'amour de la religion et de la vertu : ce sont quelques traits qui appartiennent au caractère du pontife et de l'évêque.

Et si encore de graves et difficiles circonstances imposaient de nouveaux et grands devoirs, si c'était pour l'Église une époque de crise, de renaissance et de lutte nouvelle, alors l'admiration s'accroît pour celui qui saura remplir toute l'étendue de son mandat; l'admiration s'accroît, et l'on est forcé de rendre de nouveaux et plus profonds hommages au noble type du sacerdoce catholique.

Quand Charles Borromée parut, le concile de Trente achevait ses immortels décrets. La réforme grondait et menaçait d'envahissements nouveaux. Son esprit pénétrait plus d'un peuple, plus d'une puissance restés cependant catholiques. Des abus dans les personnes, non dans les doctrines, étaient à corriger au milieu d'oppositions violentes et d'habitudes invétérées, le jeune évêque suffit à tout.

Appelé par la faveur, semblait-il, à gouverner avant l'âge l'illustre Église qui eut pour un de ses Pères le grand Ambroise, Charles prouva que les destinations divines n'ont ni âge ni conditions absolues. Il s'arrache aux dangers des cours, renonce à la participation du pouvoir suprême; et pasteur inséparable de son peuple, fidèle au lien qui l'attache à son Église, il ne recherche que les peines et les labeurs de sa dignité.

Il sait que le réformateur véritable commence son œuvre par soi-même; il retranche de son palais tout ce que l'alliance des Médicis et une longue succession de puissance et de faveur avaient accumulé dans sa famille de magnificence et de luxe;

d'immenses richesses deviennent le patrimoine exclusif du pauvre. Il leur distribue ses trésors à pleines mains, et pour lui il se disputera à lui-même le nécessaire. On aura peine à le croire, mais l'histoire contemporaine l'atteste : on veut donner les vêtements usés que le cardinal Borromée vient de quitter, un mendiant les refuse.

Il arme son corps de la haire et du cilice, il couche sur la dure, il se condamne à la plus austère abstinence; durant plusieurs années il vit de pain et d'eau, qui l'ont guéri, disait-il agréablement, de toutes ses maladies. Cependant il saura toujours exercer une généreuse mais simple hospitalité.

Son intérieur est une pieuse et sacerdotale famille dont il est le père; rien n'y paraît que sous l'aspect du travail, de la prière, de l'ordre et de la régularité la plus parfaite; et son palais est ouvert à tous les genres de douleurs et d'infortunes.

Il exerce par lui-même le laborieux ministère de la parole, il parle aux grands, aux riches, aux pauvres, aux petits; il ébranle, il touche, il ramène.

Il visitera assidûment dans leurs vallées, sur leurs montagnes glacées, ce que la réforme lui laissa d'enfants fidèles au sein de l'antique Helvétie. Il se fait tout à tous, et en lui la douceur s'harmonise avec la force.

Il marche toujours vers le grand but de restauration religieuse que la Providence lui a tracée dans l'exécution des décrets du concile œcuménique de Trente.

Une fois qu'ils furent loi sanctionnée par le Saint-Siége, loi irrévocable et souveraine de l'Église, il mit la hache à la racine des abus. Il convoqua les évêques, les prêtres; il sonda toutes les plaies, mesura tous les besoins, appliqua les remèdes; mais ne recula devant aucune résistance, devant aucun pouvoir.

Les officiers de Philippe II prétendent entraver l'action du saint pontife; Charles réclame, ne cède pas, obtient justice. Et ceux mêmes qui s'étaient faits d'abord ses ennemis, ceux qu'avait irrités son zèle, vaincus par l'ascendant de sa vertu, deviennent ses admirateurs et ses amis. C'est le lion au jour du combat et l'agneau dans la victoire.

Cependant parmi les dangers, dans la lutte, dans l'exercice constant de l'héroïsme et du plus infatigable zèle, il est calme, à l'aise comme l'enfant dans la maison paternelle. Nulle crainte ne saurait troubler son âme; il a sa demeure et son appui en Dieu, qu'il retrouve constamment dans un recueillement intime et une étroite union.

Il est occupé à la prière; on décharge une arme meurtrière contre lui, la balle l'atteint, perce ses vêtements, s'arrête et le laisse intact. L'évêque se retourne tranquillement, ordonne qu'on laisse fuir l'assassin, et continue sa prière.

La paix, l'harmonie intérieure de son âme n'avait pas été troublée un seul instant.

Voici que la peste envahit et ravage Milan.

Charles est absent, il accourt. Il demande s'il doit éviter la contagion, si c'est une loi de prudence pour lui que de s'éloigner. On le lui conseille; mais il reste, et confirme par son exemple l'ordre qu'il donne à ses prêtres, sous les peines les plus sévères, de se dévouer au salut de leur peuple.

Puis il se répand et s'épuise en effusions de tendresse auprès des plus abandonnés. Il semble caresser la mort, la réchauffer dans son sein, se donner à elle; mais elle le respecte encore; il console, il soulage, il sauve. Tout son mobilier, jusqu'à son propre lit, sa vaisselle, les vases sacrés, tout est vendu pour les malheureux atteints de la contagion, pour les orphelins que les mourants lèguent au cœur de leur pontife.

Que de choses! et quelle nature de héros!

Jeune encore il avait vécu longtemps, son âme est mûre pour le ciel. Il salue la dernière heure avec joie, il s'y prépare dans une profonde retraite, et meurt toujours invincible, toujours doux et humble, le front serein, le cœur tranquille.

C'est l'évêque, glorieuse image et noble type de la foi catholique. Voilà ce qu'elle peut, ce qu'elle sait produire : mâle et persévérant courage, charité compatissante et tendre, puissance inflexible de bien, volonté indomptable du but à atteindre, attrait enchanteur de la prudence et de la bonté. Elle sait fouler aux pieds toute richesse, toute grandeur, toute gloire humaine, embrasser la douleur, la pauvreté, l'humiliation, brûler de la soif des âmes, de leur régénération, de leur salut.

C'est au-dessus des proportions de l'héroïsme humain, c'est le saint, l'évêque catholique. On le vénère, on le place sur l'autel dressé en l'honneur du Dieu vivant et véritable, qui manifeste en lui toutes les richesses de sa gloire, pour parler avec saint Paul.

Et je demande à la philosophie, à la réforme leur pontife, leur prêtre, cette grande figure de force et de charité surhumaines. Elles me répondent : Nous ne l'avons pas.

Vous ne l'avez pas! vous enseignez, vous guidez les peuples, et vous ne leur donnez pas le pontife et le prêtre pour les réchauffer et les guérir! Vous leur servez pour pâture d'inintelligibles théories, le doute désespérant d'une raison impuissante et sans mission; l'indifférence, le vague, le rêve, les contradictions de l'erreur. Ils n'ont rien avec vous pour étancher la soif qui les dévore. Personne, point d'homme qui les mène aux eaux vives.

Point de sacrifice, de culte, ni de croyances fixes, point de règles dans la pratique du devoir et de la vertu.

Vous n'avez pas le pontife! vous n'avez pas donné au monde un Charles Borromée! La foi lui en donna plusieurs. Que dis-je? il est immense le nombre de ses saints et généreux imitateurs.

Je me confie avec sécurité à cette fécondité puissante, et je m'écrie : Non, elle ne peut pas errer, elle ne peut pas périr cette foi qui donne de tels pontifes; en elle réside la force immortelle de Dieu!

Si l'on voulait étudier ces caractères que forme la foi et les traits héroïques qu'elle enfante, ah! qu'on sentirait bientôt où se trouvent la vérité, la grandeur d'âme, la vertu, où se puisent le secours de Dieu et un bonheur inaltérable.

La vierge, le pontife, j'ajoute le héros.

III. P. Le type du héros, je le dis sans détour, est pour moi saint Louis.

Et afin de me borner et de mieux fixer ma pensée et la vôtre, je ne veux pas m'arrêter à contempler en lui le législateur prudent, le magistrat du peuple, le grand roi. Puisque la bravoure est surtout ce qui caractérise les héros, j'aime en cet instant à voir surtout la plus brillante vaillance, compagne et fruit d'une angélique sainteté.

Un préjugé récent et d'une date bien triste veut que la piété exclue le courage. Cette étrange erreur fit son entrée parmi les opinions humaines, il n'y a guère plus d'un siècle. On se prit alors à penser ou du moins à supposer et à dire que la piété n'appartient qu'à des cœurs pusillanimes; que le brave devait joindre au cynisme un autre genre de force, l'impiété. Auparavant, et même sous les ombres épaisses du paganisme, la religion sanctionnait, rehaussait la valeur; et vous vous rappelez peut-être ce grand capitaine de l'antiquité qui disait, qui savait ses soldats invincibles, quand ils avaient offert des victimes aux dieux.

C'est que le grand acte du soldat, sacrifier sa vie sur un champ de bataille, n'est plus qu'une ardeur belle, mais vaine, un orgueil irréfléchi, si, au motif du terrible honneur des combats, il ne joint pas le religieux dévouement de l'âme, l'amour religieux de la patrie; si ce n'est pas une immolation de son être faite au Seigneur, Dieu des armées, par le sentiment profond du devoir.

C'est un acte religieux alors, et ce que la religion a de plus grand et de plus beau, un véritable sacrifice; mais alors aussi par l'énergie des convictions religieuses, c'est l'élan d'un cœur plus fort que la mort et une émulation plus dure que l'enfer, comme s'expriment nos Livres saints : *Fortis ut mors dilectio, et dura sicut infernus œmulatio.* Qui pourrait arrêter, intimider un courage animé, entraîné par des pensées éternelles ?

Telle fut la valeur guerrière des nombreux héros du moyen âge, celle qui donna les gloires militaires les plus belles au seizième, au dix-septième siècle, plus tard encore. Quel homme instruit aurait la simplicité de croire que la bravoure et la gloire sont nées au dix-neuvième et au dix-huitième siècle, précisément quand la foi s'est affaiblie ? Et à cet égard j'aurais bien des choses à vous dire... Mais je me borne, Messieurs, à vous parler du courage dans saint Louis.

Je voudrais vous dépeindre cette grande image du courage uni à la sainteté, comme je la vois dans mon âme; que Dieu me donne sa grâce et son esprit.

Je considère d'adord le caractère de sainteté.

Qui dit sainteté a déjà nommé deux choses : par la foi, l'épuration de l'âme de tout alliage des passions terrestres; et, par la foi, l'inviolable fermeté dans le bien.

Pour des esprits attentifs, c'est cependant, Messieurs, un digne objet d'étude et de méditations sérieuses que le cœur d'un roi ennemi jusqu'à l'horreur du faste et du plaisir, grand et magnifique cependant quand il faut l'être; mais toujours simple, modéré et sévère à lui-même dans ses goûts; qui, dévoué plus qu'aucun autre aux soins et aux intérêts de l'État, plus que nul autre aussi porte dans les affaires le regard de la foi; qui, toujours profondément recueilli, toujours fidèle à la pensée de Dieu au dedans de lui-même, vit constamment et se nourrit des sentiments de la piété la plus naïve et de la vertu la plus pure.

Tel se présente à nous saint Louis, perfection étrange d'après les pensées ordinaires des hommes; mais qui n'en est pas moins réelle et historique, et que nous voyons dépeinte dans les plus touchants détails par des témoins oculaires et par les récits contemporains.

Formé par les mains de Blanche de Castille, saint Louis se rappelle toujours la leçon dite et redite à son enfance, et toujours il chérit avant tout l'innocence des mœurs. Il porte pour la garde de son cœur, sous son vêtement royal, un cilice; et afin de conserver au milieu du monde la séparation du monde et de ses prestiges trompeurs, il donne de longues nuits à la prière au pied des saints autels. Aussi jamais le souffle corrupteur des passions ni leurs tumultueuses vicissitudes ne vinrent détruire l'ordre, la pureté, l'harmonie céleste de cette âme royale.

Supérieur à l'inconstance et à la faiblesse, saint Louis mérite que Joinville, son véridique et judicieux historien, le nomme la meilleure tête de son conseil, éloge si honorable pour un prince. Et Bossuet l'appelle : « Ce roi le plus saint et le plus juste qui ait jamais porté la couronne. » L'Anglais Hume, qui n'est pas suspect, veut bien accorder dans son langage à saint Louis les qualités d'un grand patriote et d'un philosophe véritable. Et Voltaire, l'inconcevable Voltaire, n'a-t-il pas décerné au saint roi le plus éloquent et le plus religieux éloge [1] ?

Nous voyons donc ici le saint ; et ce qui frappe, c'est l'alliance de la candeur la plus naïve et de la vertu la plus douce, avec une inviolable fermeté dans le bien.

Fermeté qui ne dévie jamais ; sa conduite, sa personne sont calomniées, suivant une voie de providence que les saints doivent subir. Lui, il ne s'émeut point, ne change pas ; il demeure con-

---

[1] Voy. Voltaire *Apologiste*. Paris, Méquignon Junior, 1826, p. 373 et suiv., chap. III.

stamment semblable à lui-même, et la calomnie se tait.

Fermeté qui recherche, punit les abus, quels qu'ils soient, qui s'applique fidèlement au soulagement des peuples. Le comte d'Anjou, frère du roi, entraîné par d'impétueuses passions, opprime ses vassaux ; le comte d'Anjou est condamné, les torts sont solennellement redressés.

Fermeté dans la justice, que saint Louis rend lui-même à tous ses sujets ; et sans parler de ces royales assises du chêne de Vincennes, l'éloge du grand saint se fera aux âges suivants, quand les peuples mécontents demanderont que la justice soit rendue comme sous le règne de saint Louis.

Fermeté dans le bien, qui imprime au loin le respect et la confiance ; souvent les étrangers viendront choisir l'arbitre de leurs différends bien plus dans l'éminente vertu du chrétien que dans la dignité du roi.

Et ces tristes esclaves de l'islamisme, que saint Louis combattit si vaillamment et vainquit si souvent ; eux-mêmes, le tenant dans leurs fers, le voulurent pour juge et pour roi. Il les avait subjugués par ce courage et cette justice qui exigeaient qu'au péril de leur vie ses officiers reportassent au camp barbare un argent pris injustement.

Le Vieux de la Montagne lui-même, avec ses hordes d'assassins, n'envoya-t-il pas à saint Louis son témoignage de vénération et de crainte?

En un mot, c'était une impression universelle, c'était l'universelle acclamation de l'admiration et de la confiance. Là n'arrivent pas les vertus, les grandeurs humaines. Non, c'est quelque chose de plus, l'hommage victorieusement arraché des cœurs par la foi qui triomphe dans la sainteté de ses enfants.

La pureté des mœurs, la piété touchante, les longues prières, les humbles exercices de pénitence, les pratiques de la foi, voilà ce qui forma saint Louis, ce qui donna à la France et au monde cet indomptable héros.

Quand la piété a pénétré une grande âme, elle la trempe, la transforme à sa manière, et nous contemplons alors le plus noble et le plus illustre type de vaillance, la vaillance chrétienne.

Bien jeune, saint Louis dut combattre, bien jeune il fut soldat intrépide. Témoin le pont de Taillebourg, qu'il força presque seul, à pied, se jetant avec toute l'impétuosité de son courage au plus fort de la mêlée, et couronnant ses exploits par la déroute complète de l'armée de Henri III d'Angleterre.

Saint Louis était saint!...

Pour preuve de sa religieuse valeur, je citerai les six années de travaux, de fatigues, de combats, de victoires et de revers, car les revers font aussi les héros ; six années passées en Afrique et près des saints lieux, terre d'oppression pour les chrétiens que saint Louis voulait délivrer. Combien de fois le saint monarque ne dut-il pas à sa force d'âme personnelle le succès de ses armes et la persévérance des efforts? La victoire de la Massoure entre autres est célèbre, c'est un des beaux faits d'armes de nos annales, quoiqu'il précède de bien peu la captivité de saint Louis. Le roi s'y couvrit de gloire, et Joinville, saisi d'admiration pour son courage, écrivait de lui : « La puissance de Dieu a doublé ses forces. »

Voulez-vous savoir comment saint Louis rendait compte de cette mémorable journée dans une lettre célèbre qui nous a été conservée ? « Les infidèles, dit-il, vinrent avec toutes leurs forces fondre sur notre camp. Dieu se déclara pour nous. Le carnage fut très-grand de leur côté. » Voilà tout.

Ce n'est plus dans cette langue qu'on raconte les victoires : Dieu se déclara pour nous!

Saint Louis était saint!...

Prisonnier, malade et toujours héros, il priait continuellement ; et les barbares étonnés avouaient, dit Joinville, que « c'était le plus fier chrétien qu'ils eussent jamais vu. »

Son calme, son sang-froid invincible ne l'abandonne pas plus alors que dans le feu des combats : c'est qu'il n'est abandonné ni par sa foi vive ni par sa piété touchante.

Un soldat du soudan assassiné ose présenter au héros le cœur ensanglanté de son prince. Il demande sa récompense ; saint Louis ne répond qu'en détournant la tête avec horreur ; le séide insiste et le menace, bizarre caprice, de le tuer s'il ne l'arme à l'instant chevalier. « Fais-toi, chrétien, répond saint Louis, et je te ferai chevalier. » Et ces hommes de sang de s'arrêter stupéfaits et de tomber à ses genoux.

Je ne cite que l'histoire contemporaine : saint Louis était un saint !.... Consentez à l'entendre.

Pensez-vous enfin que la piété puisse s'allier au courage, qu'au lieu d'abaisser elle relève et anime les généreux élans de l'âme ; pensez-vous qu'elle sache faire battre un cœur, le faire tressaillir de courage à la pensée du champ de bataille, où se recueille au péril de la vie, non pas la vaine fumée d'un périssable honneur, mais la gloire d'une palme immortelle?

Si vous le sentez ainsi, j'en bénis Dieu. Mais pourquoi faut-il qu'aux jours où l'on aime à bercer son cœur d'héroïques souvenirs, il semble qu'on se berce d'un rêve, qu'on poursuit l'idéal d'une beauté fantastique, quand on veut contempler l'union vivante de la foi et de la vaillance? Est-ce que le divorce a été prononcé? Elles étaient unies en saint Louis. Dans mon amour ardent pour ma patrie, souvent l'image du soldat chrétien, du guerrier religieux et brave, se présente à mon cœur; elle y apparaît sous l'auréole de la plus brillante gloire. Ah! que je la voudrais toujours unie, inséparablement unie à la piété, à la vertu! Elle l'est, Messieurs, malgré les dédains et les froideurs des hommes, malgré les aberrations de leurs hommages. Oui, toujours cette grande image du héros, héros complet, que la foi seule a pu former, planera sur nos jugements et sur l'histoire; et même aux âges de légèreté et d'injustice, ce type de gloire et de vertu forcera le suffrage de l'honneur et de l'admiration.

Toujours, toujours de nobles exemples, de grands témoignages empêcheront l'abus de prescrire, et nous aurons encore à rencontrer de dignes émules de saint Louis: un Jean Sobieski, par exemple, qui, prosterné avec son armée, à genoux, sur la montagne de Marie, et servant lui-même à l'autel du sacrifice, se préparait ainsi à une inconcevable victoire. Depuis, une voix guerrière et chrétienne a su dire : « C'est là que le grand visir a été vaincu. »

Messieurs, la religion est grande et belle, malgré l'indifférence et les préjugés. Relevez-la dans vos cœurs, car elle ne forme pas mal les héros; comme elle ne forme pas mal, non plus, le type auguste de la vierge angélique et du pontife apôtre.

Au moins remercierai-je Dieu d'avoir pu vous parler de ces fruits de nos croyances catholiques, car ces fruits ne viennent pas en d'autres terres.

Messieurs, ma prière en finissant est que vous daigniez vous interroger quelquefois vous-mêmes dans le calme et le silence. Si alors la vie de la foi ne vient pas féconder en vous tous les nobles sentiments, tous les nobles attraits du bien, de la vertu, du talent et de la gloire, même en songeant à ses glorieux et vrais modèles, je consentirai à me taire et à déposer mes plus chères espérances.

Si, au contraire, vous trouviez la foi touchante et belle, et souverainement féconde et profitable, vous êtes bien près de la connaître vraie, et vous devrez enfin avouer que la fausseté, le rêve, l'illusion, n'ont pu longtemps, n'ont pu constamment et seuls produire une telle majesté d'héroïsme, de sainteté, de vertu et de courage. Ce fut l'œuvre de la foi; généreux et fidèles sous son action divine, vous en reproduirez la gloire, en vous préparant des jours plus heureux, un avenir moins redoutable, un espoir plein de confiance et d'immortalité.

QUARANTE-CINQUIÈME CONFÉRENCE

LES GARANTIES DE LA FOI

QUARANTE-CINQUIÈME CONFÉRENCE

LES GARANTIES DE LA FOI

Messieurs,

Rarement de nos jours, il faut le reconnaître, rencontre-t-on dans les esprits sérieux une opposition avouée au christianisme.

Pour satisfaire au besoin religieux, comme pour obéir à une sorte d'impulsion générale, on se dira, on se croira même peut-être chrétien et catholique.

On prendra ainsi le change sur des dispositions que je nommerai volontiers généreuses; au lieu d'écouter sincèrement l'Église et son grave témoignage, ce qui serait la marche sûre, on se livrera aux illusions et aux spéculations arbitraires, pour arriver à quelque forme d'idées religieuses et de christianisme à son usage.

Il y aura un christianisme du passé, un christianisme de l'avenir. Quelques enseignements chrétiens que l'on garde ou que l'on rejette, peu importe ; on y verra toujours une même et égale vérité. C'est ainsi qu'on ne daigne pas tenir compte de la vérité absolue et révélée du christianisme catholique, du nôtre. Le positif de la foi s'élude plus qu'il ne se combat ; on rêve un je ne sais quoi de transformé, d'indéfinissable, qui oblige à fort peu de chose, qui flatte et caresse de vagues penchants de religion, et en définitive on est le jouet des tristes fluctuations d'un rationalisme sceptique, sans appui, sans but, sans résultat.

Que produit-il en effet dans les âmes, sinon la fatigue et le vide, les ténèbres et le malaise ? La foi manque, et avec elle manquent aussi les consolations et les garanties véritables, dont cependant notre cœur sent l'immense besoin.

Nous trouvons donc une raison légitime de conclure en faveur du catholicisme positif et vrai, dans les garanties qu'il donne seul, et qui seules assurent à l'âme le repos et la sécurité, la consolation et la confiance. Exposer sincèrement quelques-unes de ces garanties de la foi, et y trouver un nouveau préjugé légitime pour la vérité catholique, tel sera le sujet de cette Conférence.

I. P. Tant que les mille voix du témoignage chrétien ne seront pas détruites parmi nous, cette question : Le catholicisme est-il vrai, est-il faux ? non résolue pour un cœur, le tient dans l'incertitude et la souffrance. Le dogme catholique a trop de vie encore pour qu'il ne sollicite pas souvent la pensée. C'est une nécessité de notre nature intelligente.

Nous en connaissons, nous, une autre raison : la grâce agit et presse ; Dieu combat au dedans de l'homme pour la vérité de sa parole. Il fait sentir la peine quand il trouve la résistance. Action réelle quoique souvent méconnue.

Non, ce n'est pas être heureux que de vivre ainsi.

Tel est l'état de ceux qui se livrent à ce travail religieux, et qu'on peut dire être en recherche d'idées religieuses. Pour eux se vérifie le mot de l'Écriture, travail et douleur, *labor et dolor*.

Mais que penser de ces hommes qui ne cherchent pas, qui ne veulent pas chercher le mot décisif de la vérité catholique ? Quant à la vie de foi, ils dorment, sommeil fatal, plein d'agitations et d'angoisses, ou ils se dissipent et s'évaporent dans les vaines préoccupations du siècle, ou ils se laissent entraîner au torrent des passions et des plaisirs ; et quelquefois une même existence réunit tous ces maux.

Alors l'âme se débat indécise ; elle veut et ne veut pas, elle sait et ne sait pas ce qui lui manque. Car toute pensée de foi ne lui est pas constamment étrangère, et l'ignorance ou le dégoût des choses de Dieu n'empêchent pas de les regretter et de les désirer quelquefois. C'est le malaise de l'obscurité et de la nuit où l'on voudrait encore rester.

Tant de questions capitales sont à résoudre par la question de foi; on les laisse néanmoins, on se condamne aux ténèbres, il y a souffrance. C'est l'infortuné privé des bienfaits de la lumière.

On tâtonne, on se lasse, on se dégoûte; et parfois un sombre désespoir enfantera de fatales pensées de suicide.

Le temps, qui pèse cruellement, nous traîne ainsi vers le terme; les années s'accumulent, une voix secrète et mal étouffée vous répète encore : Où vas-tu bientôt aboutir? Un mot heureux vous sauverait : Je crois.

Car au sein de la foi l'âme trouve la sécurité, et la sécurité la mieux garantie.

La foi arrête seule toutes ces pénibles oscillations du doute et de l'indifférence; elle donne à l'âme la fixité et le repos, cette conscience de la possession de la vérité, le premier et le plus doux des biens.

Et quand même la foi, ne déroulant pas à vos

yeux tant de preuves et de témoignages divins, ne vous présenterait pour se faire accepter que cette paix immuable de l'esprit, il la faudrait accepter ; car enfin cette foi, cette acceptation d'une parole révélée, sera toujours le seul moyen au monde pour sortir de la tourmente, le seul refuge pour échapper au naufrage. Quel autre en effet avez-vous jamais trouvé ?

Souffrez donc, Messieurs, que je vous expose dans la langue catholique cette garantie que la foi vous donne de la fixité de ses convictions, et que je vous dise sa génération dans nos âmes. Vous en pouvez demander au besoin la confirmation et l'explication à ceux qui en firent l'expérience, si vous-mêmes vous ne l'eûtes jamais, ce bonheur. Car ici comme toujours l'expérience est le grand maître.

La grâce, action de Dieu, toute remplie de suavité et de force, pénètre au plus intime de notre intelligence et de notre cœur, quand nous n'opposons point d'obstacle. Elle y répand ce que nous nommons dans l'école théologique des habitudes ou dispositions infuses, entre autres le don de la foi, don de Dieu, lumière intérieure et douce qui nous incline à croire, et nous rend certaines, existantes, manifestes, les choses invisibles et divines, ainsi que s'exprime saint Paul : *Fides sperandarum substantia rerum, argumentum non apparentium*. La foi est comme un œil ouvert à la vérité céleste, ou bien même comme la lumière bienfaisante de l'âme. Éclairée et tranquille parmi tant de mystères, ce qui l'étonne c'est qu'on puisse ne pas croire.

Tandis qu'aux esprits incrédules, raisonneurs, agités, malencontreux, enchevêtrés sur la route, il faut toujours, disait Clément d'Alexandrie, des pierres et des arbres à toucher, *increduli... manibus revera petras et quercus apprehendentes* [1]; tandis qu'ils ramènent tout à la terre, et ne laissent rien au ciel, *ex cœlo... omnia trahunt in terram;* ne voulant admettre comme existant que ce qui se voit ou se pèse, et se palpe, le croyant fidèle, au contraire, est guidé par un esprit intérieur dans les chemins de la patrie supérieure et invisible.

Ce qui ne tombe pas sous les sens lui devient comme sensible; il soutient l'aspect de l'invisible comme celui du visible, pour emprunter une nouvelle expression de saint Paul; et cette vue produit en lui un profond repos. C'est une lumière fixe et calme, c'est un état fixe et réfléchi, qui ne saurait être une illusion. C'est un sentiment intime dans lequel l'âme se rend compte à elle-même

---

[1] Clem. Alex. *Stromat.*, l. II, p. 365. A. Lutetiæ, 1629.

d'elle-même et de son propre bien-être. Mais tous n'ont pas, direz-vous, le don de la foi.

Messieurs, un penseur énergique, Pascal, a écrit ces paroles remarquables : « Vous dites que vous ne pouvez pas croire... (que vous n'avez pas le don de la foi...) Travaillez à vous convaincre... par la diminution de vos passions. Apprenez la route de la foi de ceux qui étaient tels que vous et qui présentement n'ont aucun doute. En quittant vos passions vous aurez bientôt la foi. C'est à vous à commencer. Je ne puis pas vous donner la foi, mais vous pouvez quitter les plaisirs et éprouver si ce que je dis est vrai [1]. » Ajoutons : Vous pouvez prier. La leçon est claire, elle est sûre ; parce que les obstacles étant écartés, la lumière divine arrive avec ses douces clartés, mais aussi avec sa fixité et son repos.

Le Sauveur, dans l'Évangile, exhorte plusieurs fois à choisir un lieu pour s'asseoir, *sedete hic, sedete in civitate..., prius sedens computat...* Il demande aussi qu'on se repose, *requiescite pusillum...* Nous en avons tant besoin ! Et l'Apôtre ne voulait pas que nous fussions toujours comme des enfants volages et agités, *ut jam non simus parvuli fluctuantes.* Cette assiette tranquille de l'âme, cette

---

[1] Pascal apud *Chrétien par sentiment*, 1re partie, c. VIII, t. I, p. 333. Note. Paris, Lambert, 1764.

fixité de l'âme dans la foi, elle est le fait de l'action intérieure de la grâce divine. Et certes ce don n'est pas au-dessus du pouvoir de Dieu, au delà de sa bonté. N'est-il pas notre premier besoin?

La foi, outre son principe divin de la grâce, vient encore appuyer et fixer nos esprits sur des motifs inébranlables de certitude dont je n'ai ici que peu de mots à dire.

Quand un homme libre de passions, de préjugés et d'entraves, le cœur rapproché de Dieu par l'élan de la prière, sait étudier tranquillement les premiers et les grands faits du christianisme, envisager mûrement cette auguste suite d'apôtres, de docteurs, de saints illustres, de savants, de martyrs et de héros, qui dès l'origine et uniformément rendirent de si éclatants témoignages à la divinité de la foi, à tous ces faits positifs, surnaturels et divins de révélation en Jésus-Christ; quand seulement il parcourt quelques pages des Pères si éminents des deux ou trois premiers siècles, alors et en bien peu de temps, avec la grâce divine toujours présente, il trouve le lieu de son repos, la pierre angulaire et inébranlable de la foi.

Je relisais naguère, en songeant à nos Conférences, ces monuments primitifs du christianisme; j'y cherchais, le dirai-je, ô mon Dieu! comment il faut parler de la vérité de la foi en des temps de confusion et de chaos moral; et pénétré d'une émotion profonde, je me disais : Comment ne pas croire en présence de ces lignes antiques mais toutes vivantes encore, si claires, si explicites, si incontestablement historiques?

Quelques lettres de saint Ignace martyr, de saint Clément pape, quelques apologies de saint Justin, d'Athénagore, de Tertullien, les livres de Clément d'Alexandrie suffisent assurément, Messieurs, quand on ne repousse pas ce qu'il y a de plus authentique dans les monuments, les écrits et les faits. Oui, ces quelques lignes suffisent pour se convaincre de la vérité, de la réalité d'une foi divine et révélée.

Là, point de supposition possible de mythe, de fiction ni de développement de progrès humain; c'est l'histoire palpable, c'est l'Évangile divin révélé, historique; ce sont des faits.

Au siècle même des apôtres ou aux siècles voisins, en face des fureurs liguées de la philosophie et de la puissance païenne, ce sont des philosophes mêmes, devenus chrétiens de païens qu'ils étaient, des hommes de savoir et de génie, qui pour s'attirer... quoi?... la pauvreté, l'opprobre et les derniers supplices, s'adressent aux empereurs, au sénat, au peuple, aux académies de Rome, leur racontent non des théories, non de vaines théories, mais des faits, les faits merveilleux du crucifié qu'ils ont vus ou qui sont confirmés pour eux par les plus présents témoignages. Ils les racontent avec calme, ils les attestent avec serment, et ils les soutiennent dans les plus affreux tourments.

Comment ne pas croire, à moins d'appeler folie le bon sens, la science, la sainteté, le génie, les mieux caractérisés, les plus certains dans ces temps si éclairés de l'histoire? Telle est la garantie de la foi.

Et c'est avec un imperturbable sang-froid que, touchant de tous côtés à la divinité, à la réalité historiques de la révélation évangélique, on éludera sans cesse le oui ou le non, sur le positif, le certain et l'obligatoire de la foi!

On s'égare en chemin, puis l'on s'arrête mécontent au fond de soi-même et sans doctrines religieuses dans des opinions vagues et mal assises.

Oh! que vous trouverez une situation d'âme bien différente dans la foi!

Avec la foi, malgré les soins et les vicissitudes de la vie, malgré tant d'assauts et de mécomptes, avec la foi l'âme vit posée et tranquille au dedans d'elle-même, dans la lumière et dans la paix. Elle n'entend que de dehors le triste bruit des agitations et des erreurs humaines. Elle plaint ceux qui en restent les jouets malheureux, et élève jusqu'au ciel l'hymne de sa reconnaissance.

Appuyée, assise fidèlement sur la base antique du témoignage catholique, elle comprend, elle répète ces belles paroles du philosophe martyr de la foi, s'adressant aux païens du second siècle :

« Venez, instruisez-vous. Soyez comme moi, puisque j'étais comme vous... Par le Verbe..., par la parole de la foi, les passions une fois chassées, l'âme arrive à un état de parfaite sérénité. Dégagée des maux qui assiégent ici-bas nos têtes, elle tend vers Celui qui la créa. » *Accedite, docemini; estote ut ego, quoniam et ego eram ut vos... Per Verbum..., cupiditate expulsa, tranquillitatem et serenitatem anima consequitur. Soluta autem malis quæ cervicem ejus circumfluunt, ad eum abit qui ipsam condidit* [1].

Vous voyez, Messieurs, que depuis dix-huit siècles la langue et l'expérience chrétiennes n'ont pas changé. Elles vous disent : repos, fixité dans la foi, dans la foi seule ; et par l'action divine au fond de l'âme, et par la preuve de l'expérience, et par les témoignages et les faits de l'histoire.

Cette garantie véritable, qui ne se trouve pas ailleurs, comprenons-le, est le fruit très-paci-

---

[1] S. Just., *Orat. ad Græc.*, p. 5, C. Edit. Bened., Paris, 1742.

fique de justice que promettait saint Paul : *Fructum pacatissimum... reddet justitiæ;* est la demeure déjà permanente dont parlait Jésus-Christ, *manete in me.*

Et vous me permettrez, pour conclure cette partie de mon discours, d'appliquer aux vagues opinions de nos jours ce que l'immortel Bossuet disait de la réforme : « Ce vertige des hérétiques (disons des opinions) est un grand spectacle aux humbles de cœur. Ils apprennent à mépriser, avec la science qui enfle, l'éloquence qui éblouit ; et les talents que le monde admire leur paraissent peu de chose, lorsqu'ils voient tant de vaines curiosités dans les savants, tant d'inconstance et d'illusion parmi ceux qu'on appelle beaux (grands) esprits. Ils déplorent les misères de l'esprit humain, et ils connaissent que le seul remède à de si grands maux est de se détacher de son propre sens, qui varie toujours, pour ne s'attacher qu'à l'esprit de l'Église, qui ne changea jamais [1]. »

Messieurs, être fixé, ne plus changer, c'est la force, c'est le caractère de l'Église ; elle le fait par sa foi immuable et victorieusement garantie au fond des âmes.

---

[1] Bossuet apud *Chrétien par sentiment*, par le P. Fidel, t. I, p. 326. Note. Paris, 1764. 1re partie, c. viii.

La foi fixe l'âme, et parce qu'elle commande et qu'elle console, et parce qu'à l'action intérieure de la grâce divine elle joint l'action extérieure de l'autorité, et parce qu'elle établit les convictions sur l'immortelle base des témoignages et des faits.

La foi fixe l'âme, parce que tout bien porte vers elle, et que tout bien revient par elle; et voilà pourquoi jamais, jamais, répétons-le, on ne changea de religion pour devenir meilleur, si ce n'est pour être catholique.

La foi fixe enfin l'âme, parce que c'est l'acte d'un grand courage, et c'est l'éclat d'une grande lumière.

Une autre garantie du catholicisme réclame encore votre attention.

II. P. Si nous étudions attentivement les idées et les pratiques religieuses des peuples dans tout le cours des siècles et sur tous les points de l'univers, un fait doit singulièrement nous surprendre.

Aussi loin que remontent les monuments de l'histoire, aussi rapprochés de nous qu'ils puissent être, partout et toujours nous voyons qu'un besoin inévitable et universel posséda les peuples.

Il leur faut de nombreuses et perpétuelles victimes, il faut qu'un sang abondant coule et couvre la terre pour honorer la Divinité.

Que signifie cet unanime et expressif langage, la voix du sang?

Dans Athènes savante et polie, trois cent soixante-cinq sacrifices étaient offerts durant l'année: chaque jour avait le sien; Platon, en rapportant cet usage au livre des Rois, l'approuve pour sa république [1]. De plus il veut que des chants lugubres et accentués accompagnent à certains jours l'immolation des victimes, en sorte que la cité soit puissamment émue. Ce sont là ses paroles [2].

Pourquoi des larmes et des victimes à la fois? Comment se fait-il qu'une telle religion et une telle politique soient sanctionnées par la bouche du plus grave des philosophes?

Et il ne fait en cela qu'exprimer le sens religieux le plus marqué du monde ancien et de tout le paganisme.

Car de toutes parts un cri de terreur religieuse accompagne cette destruction mystérieuse et sacrée de ce qui a vie.

Voyez encore. Les pénitents et les prêtres de l'Inde et du Japon s'acharnent contre leurs propres

---

[1] *Legum Dial.* 8^s, princ., p. 887, interp. J. Cornario Basiliæ, 1561.
[2] *Ibid.*, *Dial.* 7^s, p. 874.

corps et se dévouent à des tortures volontaires qui font frémir.

Mais on va plus loin. L'homme, comme transporté par un vertige de fureur, croit ne pouvoir mieux apaiser et servir certaines divinités que par l'immolation de victimes humaines, et souvent des victimes qui lui sont les plus chères.

Porphyre a réuni dans un de ses ouvrages les preuves de l'universalité de cet homicide chez les païens [1].

Abus affreux, excès lamentables, mais qui doivent remonter à une disposition naturelle et instinctive de l'homme, et qui l'accusent d'avoir étrangement corrompu ses voies.

Toute la religion judaïque, vous le savez, est une religion de sacrifice. Il y a le feu perpétuel de l'holocauste, et l'hostie pacifique, et l'hostie pour le péché; toujours le sang et l'immolation. « Presque tout, disait saint Paul, est purifié dans le sang, suivant l'ancienne loi. » *Omnia pene in sanguine mundantur* [2].

Le catholicisme lui aussi est tout entier dans la croix de Jésus-Christ, sacrifice sanglant du Calvaire.

---

[1] Porphyr., *de Asbtin.*, l. II, p. 202 et seq. apud D. Calmet, in Levit., xviii, 21. Comment.
[2] Hebr., ix, 22.

Des douleurs, une mort, un supplice, du sang, c'est là que se trouve la plus grande gloire de Dieu selon les enseignements de la foi.

La souffrance volontaire et d'ardentes imitations de la croix du Sauveur auront aussi toujours été un des nobles fruits de sainteté dans l'Église.

Puis enfin, à côté de cette pensée et de cet acte sans cesse renouvelé des institutions religieuses, dans toutes les sociétés, comme on l'a souvent remarqué, le bourreau, la guerre, les châtiments et les fléaux, autres sortes de sacrifices imposés et subis.

Quel est le sens, quel est le but de cette grande loi des consciences? Une vue d'ensemble, prise non pas à la légère, mais avec l'attention la plus profonde, nous montre l'humanité tout entière comme un grand coupable voué à la peine, et cherchant à satisfaire une justice supérieure et vengeresse.

Or ce ne peut pas être un effet de hasard, de caprice, de fureur volontaire, et parce que la liberté de l'homme repousserait la souffrance jusque dans sa seule image, et parce que l'universalité, la constance de ces propensions, de ces mœurs décèlent une cause indépendante de l'homme.

Il y a donc toute une haute nécessité dans cette

double idée commune au genre humain : Sacrifier et souffrir. Or, la même loi se retrouve dans l'individu au fond de la conscience.

Si le sentiment intime de l'homme ne l'accusait lui-même, ne lui parlait d'un Dieu irrité, d'une justice divine qu'on pût et qu'on dût apaiser, toute l'histoire religieuse de l'humanité serait à jamais inexplicable. Le besoin de tous ne vient-il pas du besoin de chacun?

Je conçois ainsi le besoin violent de sacrifice, de souffrance et de sang; et jusque dans les excès les plus monstrueux je découvre la vérité, et j'en bénis son auteur.

L'homme coupable est une âme en peine qui cherche le lieu de son repos et ne le sait plus retrouver. S'il vit encore sous les impressions religieuses de sa nature, s'il n'en a point encore brisé l'énergie à force de sophismes ou de mollesse, s'il n'a pas encore entièrement étouffé la voix de sa conscience, il sentira le besoin de l'expiation, de la réparation. Il s'élancera vers ce qui la promet, comme le coureur volant dans l'arène pour atteindre le but et saisir la couronne; ou il se dévouera comme le soldat qui se jette au plus fort du carnage pour sauver sa patrie.

Vous trouvez donc le vrai avec l'abus chez l'homme païen ou sauvage, et vous avez le vrai sans l'abus dans l'homme catholique; mais l'un et l'autre crient, toujours de concert : Il faut expier.

Malheur à la conscience qui croirait avoir rompu le joug de cette loi !

« Ce ne serait pas le calme, mais le naufrage, » disait saint Augustin ; ce serait le dernier accès de la maladie qui éteint le sentiment. Et d'ailleurs n'y resterait-il pas toujours un trouble et un malaise intime? Oui, tout nous crie : Il faut expier.

Dans cette loi de l'expiation est la haute raison de l'histoire, la raison de l'état du genre humain, de ses souffrances et de son culte sanglant; dans cette loi est aussi la raison du christianisme; il faut que l'expiation et la réparation soient accomplies ici-bas par les souffrances, ou bien léguées à l'éternité.

Messieurs, vous ne révoquez pas en doute l'universelle loi d'expiation, j'en suis sûr ; et j'arrive aux garanties que la foi seule nous donne de son exécution entière : car c'est là mon but.

On peut dire que l'antiquité chercha surtout la solution de la question qui nous occupe. Comment expier? Elle s'efforçait de multiplier, de diversifier ses rites expiatoires, afin d'arriver à cette solution capitale. Vains efforts! Le mode assuré de réconciliation de l'homme avec Dieu restait un aussi grand mystère qu'il était un grand besoin pour la conscience.

Dieu a seul ici le droit de dicter ses conditions ; il est l'offensé et le maître ; or l'antiquité païenne n'entendait plus sa voix.

C'est de ce besoin nécessaire, immense de l'expiation dans l'état présent de l'humanité, que les docteurs catholiques ont conclu la nécessité d'une révélation. Il faut une révélation divine pour être positivement assurés que Dieu nous reçoit à merci, que le péché peut être remis, que le travail de désordre si intime et si certain du vice en nous peut être réparé. Il faut une révélation divine pour faire connaître les conditions et le mode de cette réparation ; car à Dieu seul de les déterminer, à Dieu, Juge et Roi suprême. S'il ne tient pas du ciel cette révélation et cette assurance, l'homme, cet être chétif, coupable, isolé sur la terre, se livre à tous les excès pour étouffer ses craintes ; il massacre, tue, dévore les victimes ; il s'agite dans le sang et dans des crimes plus affreux que ceux dont il cherche l'expiation. Troublé, incertain, il ne la trouve pas ; bientôt naissent le désespoir, le fatalisme aveugle ; et la carrière s'ouvre à tous les déportements.

Aussi entendez-vous ces voix païennes descendant des plus hauts degrés de la philosophie : Il faut que Dieu vienne. Je les comprends; elles déchirent mon âme au souvenir de tant de maux, et de leur fatale impuissance à trouver l'expiation.

Beaucoup encore reconnaissent sa nécessité, en paraissant la repousser. On se fortifie contre ses doutes; on veut dormir, on ne dort pas, ou bientôt un réveil pénible ramène la grande question : Comment s'assurer le pardon et la réconciliation divine?

La question, tandis qu'elle se pose vivante et terrible, obscure et insoluble au sceptique, au rationaliste rêveur, à l'indifférent qui veut sommeiller, elle se présente en même temps claire et facile, paisible et douce au seul catholique, au catholique de foi et de pratique.

Ainsi l'expiation est nécessaire ; et il faut à l'homme la révélation certaine d'une expiation suffisante, acceptée de Dieu au plus haut du ciel.

Je prie, je considère, j'étudie, j'interroge : hors du christianisme catholique nulles données, nulles garanties à cet égard, nulles ; mais le christianisme catholique me l'offre cette certitude de l'expiation, garantie par les faits éclatants, par les raisons invincibles qui garantissent le christianisme lui-même.

Permettez-moi, Messieurs, de vous retenir sur ce point de vue.

Je veux, je cherche l'expiation. On me parlera d'une religion spéculative, d'une conscience philosophique, ou d'un christianisme rationaliste et libre; car vous me dispensez du paganisme antique; je m'adresse au paganisme nouveau, idolâtrie de l'idée et des sens, ou culte de je ne sais quelle civilisation avancée; mais où me conduisent-elles ces religions? Au doute. Grande merveille et consolation efficace! Que je regarde au contraire l'institution catholique si ancienne et si immuable: elle m'offre le sacrifice d'abord; elle me présente ensuite le signe, le dogme auguste d'une réparation divine; j'y vois le rite expiatoire de chaque jour et de chaque instant, un tribunal, un prêtre assis; mais pour juger et absoudre, au nom du Dieu vivant. Ailleurs je ne vois point de sacrifice; et je ne vois ni rite, ni condition expiatoire sensible.

On me dit que le culte intérieur suffit, que le langage intérieur de l'âme avec Dieu suffit. Suis-je donc un ange en fait de religion, pour n'avoir plus ni sens, ni organes, ni rapports, ni garanties extérieures?

Incroyable contradiction! en religion, dites-vous, l'homme est intérieur, et doit être dégagé des sens; une religion intérieure suffit: et vous le plongez ensuite pour tout le reste dans la matière et les sens!

Le catholicisme seul connaît bien la nature humaine : il parle au cœur, à l'esprit, et il sait aussi parler aux sens. Ses garanties, ses vertus, sa grâce intérieure, sont liées indissolublement à des actes, à des conditions, à des signes extérieurs et sensibles; de là dans la foi ces institutions sensibles de la réconciliation. En les rejetant, en n'admettant rien d'extérieur et de sensible, vous livrez tout, par une funeste conséquence, aux sens, aux penchants sensibles que rien n'arrête et ne modère. C'est l'histoire et le fruit de vos religions intimes. Et si le catholicisme lui seul fait l'homme spirituel et intérieur, c'est précisément parce qu'il saisit les sens, les organes et tout l'homme, pour les soumettre à la loi de l'esprit.

Expiation sensible; elle doit l'être, et elle ne l'est que pour le catholique.

Maintenant je résume et je dis dans la sincérité de mon cœur :

Il me faut des garanties d'expiation; il me les faut, je n'ai de repos qu'avec elles. Dieu, s'il existe, n'a pu me manquer dans ce besoin qu'il m'imposa lui-même. Donc, oh! oui, la religion qui m'offre le plus de garanties et d'assurances, la seule qui m'en offre est la religion vraie, divine.

Cherchons donc; voyons. Hors de l'Église catholique, je ne trouve rien à cet égard : tout est vague; incertain, arbitraire. Il n'y a que vide et angoisses.

C'est donc la foi catholique qui les renferme; elle est donc divine.

Mais la confession, cette condition de la réconciliation avec Dieu, est, direz-vous, un préjugé insurmontable contre l'Église. La confession soulève la révolte ou le dédain : quelle honte, quelle répugnance elle inspire! Oui, je l'avoue, c'est une peine, une invention étranges, et rien ne coûte plus à mon orgueil froissé. Cependant il doit en être ainsi : si je n'y trouvais que facilité et douceur, je douterais. Mais dès que ma nature en souffre vivement, c'est l'action et la réaction puissantes du repentir; c'est l'instrument merveilleux de la douleur en mon âme; c'est une peine, une expiation admirablement combinées pour me ployer et m'affliger sous la main puissante de Dieu; donc c'est l'acte véritable, efficace d'expiation, puisque ailleurs la réparation et l'expiation sont nulles en comparaison.

Ainsi la confession, ce rite sacré de pénitence, qui est pour vous un préjugé contre la foi, parce qu'elle est peine et humiliation, est pour moi par là même précisément un préjugé légitime et favorable pour la foi.

Ce qui flatte et caresse peut venir de l'homme;

ce qui abaisse, punit et épure mon cœur, vient de Dieu.

Et je vous l'assure en vérité, c'est un de mes puissants motifs pour croire, et pour embrasser souvent avec joie cette pénitence catholique. J'en ai tant besoin pour purifier mon âme et pour vivifier mon ministère !

Voilà donc un préjugé à jamais légitime pour la foi dans cette unique et admirable invention de l'expiation catholique. Et quelle puissance humaine, je vous le demande, l'eût jamais pu inventer, l'eût pu jamais établir ?

Après le sacrifice vient le repos, la consolation. Disposition et action toutes divines encore; car c'est Dieu seul qui frappe et qui console; les lois humaines punissent, frappent; elles ne relèvent pas, elles ne consolent pas.

C'est un baptême laborieux que la pénitence, disaient les Pères; ils ajoutaient aussi : C'est la planche après le naufrage; c'est le port dans l'orage.

Nous donnerons, en un mot qui définit son premier effet dans les âmes, l'expression du plus nécessaire et du plus vrai bonheur de la vallée d'exil et d'épreuve : La pénitence, c'est la conscience acquise de l'expiation accomplie.

Je vous ai parlé, Messieurs, de nos deux garanties: dans la foi, une lumière qui fixe l'esprit, dans la foi, une expiation qui donne la sécurité au cœur, c'est-à-dire un repos intime et un bonheur véritable.

Se pourrait-il donc que nous fussions alors dans le faux avec la foi? Le bonheur dans le faux!... Souffrez qu'en finissant je vous interpelle par le droit de mon ministère, et que je vous demande vos plus sérieuses réflexions.

Ce n'est pas ici pour elle-même que nous cherchons la vérité, c'est pour être heureux par elle. L'amour du bonheur est plus ancien, plus intime en l'homme que l'amour de la vérité, il marche partout le premier. Celui qui aurait trouvé la félicité, aurait trouvé par là même la vérité, ou il serait exempt de la chercher; il aurait atteint sa fin réelle, essentielle : bien inutile alors de s'agiter dans la poursuite et dans l'analyse du moyen qui la donne.

Me sentir être heureux, est plus doux, plus sûr pour moi, que de nourrir péniblement un sec espoir de le devenir à force de douter et de raisonner.

Dieu me devait une voie mieux tracée.

L'Évangile, la foi du catholicisme pratique procure un vrai bonheur. C'est le fait intérieur le plus certain que nous attestent le témoignage et la conscience; vos consciences le reconnaissent et tous en conviennent. Voilà le point d'où il faut partir.

Quand donc, par impossible, la foi ne serait pas par elle-même la vérité, il me la faudrait estimer et admettre par-dessus tout; il en faudrait inspirer l'amour et la pratique à tous les hommes. Car enfin la foi rend heureux.

Mais, encore une fois, l'homme véritablement et imperturbablement heureux, heureux par la vertu, par la paix, par la victoire de ses penchants, n'est pas, ne peut pas être trompé. Non, non, cet homme n'est pas trompé.

Si sa foi était alors, pouvait être fausse, ce serait le seul cas depuis la création du monde où l'intérêt de la vérité se trouverait d'intelligence avec celui des passions, et où toutes les garanties de vertu seraient jointes à l'erreur. Alliance étrange, concert inexplicable; le vice et la vérité ne gardent nulle part un si parfait accord.

Ah! Messieurs, une doctrine est bien forte contre tous les raisonnements et tous les doutes, quand elle a pour elle la vertu, le sentiment du vrai bonheur, le calme immuable de l'âme parmi tant d'orages, et toutes les consolations et les joies de la conscience.

Telle est la foi, la foi seule. La proclamer fausse ou douteuse est allumer une guerre violente et intolérable entre l'intelligence de l'homme et son cœur ; c'est briser, mettre en opposition ce que Dieu a uni, dans son éternel amour, le bien et le vrai. Puissiez-vous dès ce jour vous en convaincre, sentir que le joug est doux à porter dans la foi, et que la vérité seule donne des fruits de lumière et de paix !

QUARANTE-SIXIÈME CONFÉRENCE

LA RELIGION DU CŒUR

QUARANTE-SIXIÈME CONFÉRENCE

LA RELIGION DU COEUR

Monseigneur,

Quand nous nous présentons dans cette chaire pour défendre la vérité catholique, nous cherchons d'abord à éclairer l'intelligence et à satisfaire la raison; il est juste, il est nécessaire de mettre en présence la philosophie et la foi : la philosophie, qui trop souvent a voulu se poser dans le monde comme l'adversaire et l'ennemie de la foi, quand elle eût dû marcher compagne fidèle et fidèle amie; c'est ainsi, Messieurs, que, dans les Conférences qui ont précédé, j'ai tâché de vous présenter les considérations les plus propres à établir que la foi catholique était éminemment digne d'une raison éclairée, et qu'elle remplissait toutes les conditions et toutes les exigences légitimes de la philosophie. Cependant je ne puis pas oublier cet intime besoin de l'âme, qui est sans cesse en présence des spéculations et des théories de la pensée; je dois me souvenir que l'existence de l'homme ici-bas est bien plutôt renfermée dans son cœur que dans sa raison. J'ai besoin de me rappeler devant vous que les considérations les plus puissantes peut-être en faveur de la religion de Jésus-Christ et de l'autorité enseignante de l'Église, c'est que l'une et l'autre remplissent et satisfont l'intime besoin du cœur de l'homme.

Aussi, Messieurs, j'ai pensé que dans ces jours qui déjà nous rapprochent du terme de la carrière, et précèdent le moment précieux du recueillement et de la retraite, j'ai pensé que j'établirais mieux encore les droits éminemment raisonnables de la foi, si je la montrais comme étant seule capable de remplir les besoins de vos cœurs.

Ainsi, Messieurs, je tâcherai de vous le faire entendre dans la sincérité, dans la simplicité de mes propres convictions : oui, la foi catholique, et la foi catholique seule, est véritablement la religion du cœur.

Si vous n'avez pas une religion du cœur véritable et pure, vous en aurez nécessairement une fausse et coupable. Il vous faut inévitablement un culte vers lequel se portent la liberté et l'énergie de votre volonté. Vous savez, sans que je vous le dise, où vont s'égarer les désirs du cœur de l'homme. Je m'arrêterai à ces deux points, qui me semblent constituer la noble dignité de la religion du cœur. La foi catholique est pour l'âme le repos bienfaisant et complet de la vérité, la foi catholique est l'ordre établi dans les affections du cœur. Ce sont les deux réflexions qui vont nous occuper.

Repos dans la vérité, ordre dans les affections, voilà, Messieurs, ce qui peut seulement ici-bas constituer le bonheur de l'homme, et ce qui peut seulement aussi remplir l'immensité de vos désirs.

I. P. Quand j'ai à vous parler du repos bienfaisant et complet de la vérité, que la foi catholique peut seule procurer au cœur de l'homme, ne croyez pas que je vienne ici établir une comparaison facile entre tous les excès de l'erreur, tous les égarements du vice, et les vertus, les garanties que la religion peut seule vous offrir : non assurément. Mais pour faire ici mieux ressortir les avantages de la foi catholique, je vais mettre en présence, choisir et opposer tout ce que la pensée humaine nous offre de plus pur et de plus élevé ; j'invoquerai le génie le plus sublime de l'homme, le génie cependant sans la foi, sans la soumission catholique, sans les convictions du christianisme ; j'appellerai ensuite le génie chrétien, le génie catholique, et je vous demanderai, Messieurs, où se trouve le repos de la vérité.

Le génie, la pensée dans ce qu'elle a de plus élevé hors de la foi, Messieurs, après avoir bien cherché, je ne trouve, pour la personnifier devant vous, rien de mieux que la philosophie de Platon. Assurément ce fut un génie élevé entre tous les génies ; et si la philosophie postérieure au christianisme a pu sembler dépasser les enseignements du philosophe d'Athènes, c'est qu'elle prenait à l'Évangile, en le blasphémant trop souvent, ces avantages qu'elle ne voulait pas reconnaître. Mais Platon peut nous apparaître aussi comme placé au faîte de l'intelligence humaine, et nous offrant la personnification de la pensée dans ce qu'elle peut avoir de plus sublime séparée de la foi.

A Platon j'opposerai un génie chrétien, un noble et religieux philosophe qui m'a semblé avoir plus d'un rapport avec l'oracle de l'antique Grèce : ce sera Fénelon. Nous étudierons ces deux hommes, et nous verrons où se trouvent le repos de la vérité, le bien-être de l'homme et de son cœur.

Platon, on l'a dit avec raison, est un de ces hommes, un de ces écrivains dont on parle le plus, et qu'on lit le moins. J'ai voulu, dans des moments de loisir, sans doute trop rapidement écoulés, le relire et l'étudier ; j'y ai apporté toute ma conscience, je vous assure, et je vais vous rendre compte du fruit de mes études. Je n'ai pas trouvé, Messieurs, dans ce philosophe, dans ce génie, que j'appellerai sublime ; je n'ai pas trouvé, ce que saint Paul exprima si bien, la parole vivante, *sermo vivus;* et la vérité doit l'être. Je n'ai pas trouvé la parole efficace et féconde, *sermo efficax;* et la parole qui enseigne l'homme doit avoir la fécondité. Je n'ai pas trouvé ce bien-être et ce bonheur de l'âme qui se sent assise dans le séjour du vrai.

J'ai pris Fénelon, je l'ai lu avec ma conscience et avec mon cœur ; j'y ai trouvé la vie, j'y ai trouvé l'efficacité féconde, j'y ai trouvé un indicible bien-être. Alors, Messieurs, j'ai facilement conclu, et vous allez, je l'espère, conclure avec moi que ce repos de la vérité, de la vérité vivante, efficace, bienheureuse, ne se trouve que dans l'enseignement catholique.

Si nous parcourons ces leçons tant vantées de la philosophie sans la foi, et j'entends ici sans une autorité qui définit la foi, on est frappé à l'instant même de je ne sais quel balancement incertain et continuel de la pensée : c'est l'incertitude dans les mots, l'incertitude dans les recherches, l'incertitude dans le but même qu'on s'est proposé ; il n'y a rien de compris, rien d'assis : c'est un homme qui marche, seul, à tâtons dans les ténèbres, et sur un sol mouvant qui se dérobe sous ses pas. D'abord et au sommet de ses pensées, j'aperçois la notion de Dieu, de Dieu l'Être infini, l'Être unique. Et je l'avoue, le voyageur qui avait recueilli en Orient les antiques traditions, en avait rapporté des idées magnifiques sur l'unité divine.

Je reconnaîtrai facilement à cet égard un esprit supérieur dans Platon ; mais je vous dirai qu'il est pour moi démontré jusqu'à l'évidence la plus palpable que Platon, dans tout ce qu'il peut enseigner de raisonnable touchant la nature même divine, n'a été qu'un interprète, hélas ! souvent incomplet et infidèle des traditions orientales et mosaïques, et, comme on l'a très-bien dit, il n'a été souvent que Moïse parlant grec, *Moyses attice loquens*. Cependant, si je l'étudie dans la notion de l'être, dans la distinction qu'il établit entre Ce qui est, τὸ ὄν, et Ce qui a été fait, τὸ γινόμενον, je ne trouve qu'incertitudes, faiblesses de la raison et définitions vagues ou incomplètes. La création, qui seule peut séparer véritablement la notion de la Divinité de la notion du monde matériel tout entier, n'est pas réellement enseignée par Platon, quoique, à cet égard, il ait encore cependant conservé quelques idées du dogme oriental. Là, pas plus que dans aucun autre philosophe séparé de la foi, je ne trouve clairement fixée cette notion de Dieu. Je ne la trouve point pure, je ne la trouve point complète. Il y a je ne sais quelle âme du monde, je ne sais quelle âme substantielle, je ne sais quelles émanations de la Divinité qui sont peut-être Dieu lui-même. Il y a je ne sais quelle multitude d'anges, de génies et de démons, car c'est ainsi que Platon parle, et auxquels cependant il décerne les honneurs de la divinité. Non, vous le chercheriez en vain, la notion de Dieu n'est pas fixée dans ce philosophe.

Ajoutons, Messieurs, que hors de la foi, dans ces leçons de la pensée humaine, il n'y a pas d'autorité dominante, il n'y a pas l'autorité de Dieu, établie dans l'intelligence. C'est la raison qui cherche, c'est la pensée qui s'établit, c'est l'intelligence qui veut dominer, c'est la science qui s'épuise en vains efforts; mais je ne trouve pas là la pierre angulaire de l'édifice à élever, ni le pilier contre lequel je puis appuyer ma faiblesse.

Si au contraire je parcours ces pages immortelles, et si tendrement, si noblement philosophiques où notre Fénelon nous a parlé de Dieu, de son existence, de sa nature, de ses attributs, de ses œuvres, ah! à l'instant tout se trouve complétement fixé : des profondeurs des divins mystères jaillissent d'augustes et rayonnantes clartés qui semblent les dévoiler à mes regards; je sens une autorité tutélaire sur laquelle je m'appuie comme sur une colonne inébranlable.

Je ne marche pas seul, je n'éprouve pas ce balancement incertain des nuages, ces fluctuations causées par le combat du doute et de la vérité. Je suis là avec mes dogmes définis; je marche, j'avance, mon âme s'ouvre à la vie véritable.

Je vous adjure, vous tous qui m'écoutez, si quelquefois une fausse philosophie a pu vous séduire et vous entraîner, si ses illusions ont gagné vos cœurs, eh bien! deux livres à la main, Platon dans l'une et Fénelon dans l'autre, lisez, comparez, réfléchissez : où trouverez-vous la vérité vivante, et la vie? La vérité vivante, ce sera, Messieurs, la notion de Dieu entièrement fixée; la vie, ce sera l'autorité de Dieu rétablie dans l'intelligence humaine. C'est la foi seule qui possède ce double trésor, parce qu'elle est la soumission essentielle à la parole de Dieu qui enseigne.

Mais ce n'est pas tout encore pour trouver la vie et le repos auxquels j'aspire; avec cette vie de la pensée que donne surtout la notion et l'autorité de Dieu bien fixées, pour l'intelligence humaine, il faut que je trouve la vérité féconde; comme ces fleuves qui, descendant du sein des montagnes, fertilisent les vallées que parcourent leurs eaux majestueuses, il faut que l'enseignement donné à l'esprit et à la conscience, y produise le bien et les vertus dont ils ont besoin.

C'est encore ici, Messieurs, une lecture, une étude sincère que je vous demande. Prenez tous ces docteurs les plus célèbres du genre humain, qui ont été, ou qui ont voulu être séparés de la foi; demandez-leur le bien dont l'humanité a besoin; demandez-leur ces vertus domestiques, ces vertus de l'État qui sont le plus noble apanage d'un véritable citoyen; cherchez auprès d'eux cette efficacité vraiment féconde, qui établit au dedans de la conscience la lutte contre le mal, la supériorité du bien, et le triomphe de la vertu. Ah! ces livres stériles, ces livres désastreux à la main, et ici je ne veux pas blâmer, je veux me plaindre seulement, je le dis: non, non, je n'y trouve rien qui puisse me rendre meilleur et féconder en moi le germe puissant du bien que Dieu y a mis.

Dites-moi, après avoir étudié quelques-unes de ces doctrines, en êtes-vous devenus meilleurs? Avez-vous senti dans vos cœurs quelques élans pour le bien, pour les sacrifices que la vertu exige? Non, non, j'en suis sûr: et au contraire, ces doctrines ont plus d'une fois désolé vos consciences, attristé vos cœurs, à la rencontre de ces erreurs grossières, de ces ignominies monstrueuses, de cet enseignement abject, placés presque toujours à côté de la philosophie la plus sublime.

Je n'ose pas dire ce que j'ai trouvé sur tant de pages du divin Platon, parler de ce vice philosophique, qu'il autorise, souiller ma bouche et vos oreilles de ce que saint Paul a flétri avec tant de force et d'indignation.

Eh bien! puisque nous cherchons le repos de la vérité et de la vie, quelle sera donc la vertu, l'efficacité pour le bien de cette parole que je trouve en quelque sorte inséparablement liée aux vices et aux égarements les plus honteux?

Prenez notre philosophe chrétien, Fénelon, présentant à son royal élève, sous la parabole païenne, les enseignements les plus augustes et les plus vrais. Prenez-le, même dans ces descriptions que l'on a reprochées à tort, suivant moi, à la gravité de son ministère; prenez-le dans son immortel poëme, lorsqu'il décrit les illusions et les entraînements des passions du cœur de l'homme; et vous y verrez le sage, vous y verrez le croyant, vous y entendrez cette philosophie efficace et féconde flétrissant le vice, même alors qu'il est revêtu de son charme le plus séduisant, recommandant le combat et le triomphe de la vertu ; et alors, je sens, oui je sens que mon cœur, en harmonie avec le sien, trouve son repos ; je sens que cette doctrine est la vérité, parce qu'elle satisfait à tous les besoins de ma conscience.

C'est ici, Messieurs, le lieu de vous présenter une remarque qui doit vous frapper. J'ai lu, relu Platon ; j'ai consulté encore, dans le besoin de ma conscience, pour vous parler et vous instruire, beaucoup d'autres philosophes. Eh bien ! je vous le dis avec vérité et sans prévention aucune, en la présence de Dieu qui m'écoute, jamais je n'ai trouvé dans un philosophe de la gentilité, ni dans ces hommes prétendus sages, qui se sont séparés du sein de l'Église, jamais je n'ai trouvé la parole et l'épanchement du bonheur. Platon, il n'était pas heureux ! Des philosophes heureux, il n'y en a pas ; il n'y en a pas un qui ait exprimé son bien-être et son bonheur, pas un qui du fond de sa conscience et de son cœur ait pu faire monter jusqu'aux voûtes célestes l'hymne joyeux et reconnaissant de la vérité et du bonheur.

Au contraire, j'ouvrirai quelques pages de Fénelon, celles que vous voudrez : ses lettres de la familiarité la plus intime, ses enseignements les plus élevés, ou ses traités qui peuvent seulement paraître littéraires ; eh bien ! là vous entendrez l'écho d'une âme qui est heureuse, vous entendrez retentir ce témoignage d'une conscience qui habite au sein de la vérité, qui la possède, qui la goûte, qui, ravie de ses charmes, l'aime chaque jour davantage. Oui, c'est là seulement que je puis trouver et l'expression et surtout la satisfaction de ces besoins que je porte en moi. Hélas ! Messieurs, nous sommes trop souvent contraints de nous débattre ici sur des doctrines purement spéculatives, et de lutter quelquefois avec beaucoup d'ardeur, j'en conviens, contre les erreurs opposées à la foi. Aujourd'hui j'aime mieux m'entretenir avec vos cœurs, descendre au fond de vos consciences, y trouver les raisons véritablement vivantes qui prouvent la vérité de ma foi et l'autorité de mon Église. Eh bien ! tant que vous êtes restés séparés de Jésus-Christ et de son Église, ce glorieux édifice bâti des mains du Très-Haut dans l'univers chrétien, vous n'avez pas eu le repos de la vérité, le principe d'une vie intime, la vérité vivante, si je puis parler ainsi. Vous n'avez pas eu l'efficacité de la vérité féconde en vertus ; et, avec elle, la paix, la joie, le bonheur intime du cœur. Si vos consciences vous rendaient le témoignage contraire, j'y consens, démentez-moi, même à la face des autels du Dieu de vérité.

Ainsi, en comparant la philosophie séparée de la foi et la foi catholique, les dogmes les plus élevés de la première et les enseignements de la seconde, vous ne trouvez que dans la foi le repos de la vérité et ce qui peut constituer le bonheur de l'homme. Vous n'aurez pas davantage, hors de la foi catholique, l'ordre des affections; c'est ce que je vais dire.

II. P. Ici, Messieurs, je voudrais vous offrir, comme je viens de le faire tout à l'heure dans la philosophie humaine, dans les élans du cœur humain séparé de la foi, quelque chose de sublime et d'élevé, de semblable à Platon sous le rapport de l'intelligence et de la pensée. J'ai cherché consciencieusement le sentiment dans les philosophes..., les philosophes n'ont guère de sentiment. Il y en a dans les poëtes, il y en a de très-élevés, de bien doux. Mais dans la philosophie, dans ces enseignements qu'on prétend devoir remplacer pour l'humanité entière la religion chrétienne, le christianisme catholique, je n'ai pas trouvé le sentiment élevé et pur. Cependant je produirai encore une personnification frappante des deux doctrines.

Certes, dans les rangs du christianisme, les

âmes vraiment grandes, les cœurs généreux et tendres ne manquaient pas à mes souvenirs et à ma pensée. Mais dans les rangs de la philosophie païenne ou postérieure, il est bien difficile de trouver un nom qu'honore le sentiment le plus noble de l'humanité.

Messieurs, faute de mieux, permettez-moi d'en nommer un qui eut au fond du cœur quelque franchise, qui sut exprimer quelquefois noblement les sentiments de la nature et les défendre avec courage, mais, hélas! qui nous épouvanta par ses contradictions et par les déréglements de la pensée et du cœur. Je veux nommer Jean-Jacques Rousseau. Quand je parle de l'ordre des affections comme constituant le bonheur de l'homme, il semblera à plusieurs que choisir ce terrible philosophe, c'est prendre l'homme dont le caractère excessif pouvait le mieux servir ma cause, faire ressortir le triomphe de ma foi. Mais, je le répète, j'ai cru faire le choix le plus exact comme le plus significatif.

J'opposerai à Rousseau un véritable philosophe, le cœur et le génie chrétiens de saint Augustin. Tous deux, Messieurs, ont cru devoir raconter au monde l'histoire de leurs égarements; tous deux, partant d'un point de vue fort différent, se sont faits ainsi les apôtres des doctrines qu'ils enseignaient. Dites-moi, de quel côté déjà aimeriez-vous mieux vous placer pour goûter le vrai bonheur?

Messieurs, pour que l'ordre des affections existe dans un cœur et que l'homme soit heureux, trois choses sont nécessaires : la première, l'institution du repentir réparateur opposé à la faiblesse de l'homme ; la seconde, l'esprit de sacrifice opposé à l'égoïsme ; enfin la troisième, l'amour du souverain bien, la divine charité.

1. Examinons ensemble. Il faut sur la terre l'institution du repentir réparateur, que je nommerai, pour plus de simplicité, l'institution du repentir. Notre âme est comme un torrent qui tend à descendre et à porter au loin de désastreux ravages. Il faut que ses eaux soient ramenées et renfermées dans des digues salutaires qui lui tracent le cours d'un fleuve utile. S'il n'y a jamais eu sur la terre pour l'homme ce que j'appelle l'ordre établi, l'institution, l'organisation du repentir, eh bien, vous livrez son cœur à toute la fureur de ses passions délirantes. En voulez-vous un exemple ? Hors de la foi, dans les rangs de la philosophie, connaît-on l'ordre du repentir ? Célèbre-t-on le repentir qui réconcilie et répare, comme une institution utile? En a-t-on fait la garantie du bonheur des individus et des nations? Et cependant le mal couvre la terre, le désordre

l'inonde, le crime nous ravage et nous désole. Quel en sera le remède, le frein, si vous ôtez le repentir, son ordre et son institution salutaire pour la réparation du mal?

J'entends un homme, et c'est le philosophe de Genève; il tient un cynique langage, il étale honteusement les scandaleuses garanties de la passion. Je retrouverai quelquefois, je l'avoue, des lueurs de vérité, des restes de sentiment pour la vertu, quelque franchise et quelque sincérité en faveur des droits de l'humanité. J'apercevrai quelquefois, comme dans un lointain obscur, des traces de vertu; mais le repentir, jamais. Jamais le retour du cœur, jamais cet ordre qui se rétablit dans une conscience, ces douloureux regrets qui pleurent et qui réparent, qui ramènent au bien et à la vertu, qui voudraient effacer jusqu'au souvenir d'un passé où la conscience fut sacrifiée, et la majesté divine si indignement outragée. Cependant, Messieurs, c'est là le premier besoin de l'âme; tout le désordre est dans le mal moral qui va chercher le bien créé au mépris du bien incréé, tout le désordre et tout le malheur de l'humanité est dans cette inclination, cette conversion vers la terre et ses tristes, ses honteuses jouissances. Pour qu'il y ait ordre et bonheur rétablis dans le cœur, il faut des efforts courageux et violents, se retirer du précipice, s'arracher aux séductions, combattre et se reporter ainsi victorieusement dans le sein de Dieu et dans la possession de la vertu.

Lisez, à côté des *Confessions* de Jean-Jacques, si vous avez eu le malheur et le tort de les lire, lisez, je vous en conjure, le récit que saint Augustin a voulu lui-même faire de sa vie; entendez le cri d'une âme qui fut, elle aussi, étrangement désordonnée; voyez les recherches, parmi toutes les opinions humaines, de ce génie sans cesse en travail et dévoré par la soif de la vérité. Lisez ces égarements d'un cœur que toutes les passions ont traversé. Il ne rougira pas de vous raconter sa lamentable histoire, il le fera avec cette liberté que donnait une langue parlée par les païens, et que la délicatesse de notre propre langue ne supporte pas quelquefois. Cependant sous ce récit, dans ces tableaux, dans les sentiments qu'il exprime, dans ce retour présenté sous des images si touchantes et si vives, vous retrouvez cet ordre, cette institution du repentir, vous voyez ces combats. Ce sera votre histoire peut-être. Ah! que ce soit, et sans retard, l'histoire de ceux qui m'écoutent et qui n'auraient pas encore fait triompher la vertu dans leur cœur.

Vous sentirez que là se trouve l'ordre pour la créature intelligente et libre qui a péché. Vous entendrez saint Augustin vous dire qu'il est doux pour lui de pleurer : *Dulce mihi erat flere;* et que ces douces larmes, ces bienheureux regrets ont été les instants les plus chers de son existence. Vous l'entendrez rapporter les paroles de sa mère, indiquer l'influence et la puissance de ces prières maternelles; et peut-être votre cœur sentira-t-il aussi à son tour qu'après de si longs égarements il est temps de revenir et de rétablir l'ordre en lui-même. L'ordre du repentir, vous le retrouvez tout entier dans saint Augustin; mais il n'est pas dans le philosophe sans la foi : et alors le cœur manque de la première condition pour son repos et son bonheur.

2. Je cherche dans les enseignements de la philosophie, dans tous les efforts de la pensée et de l'intelligence humaine loin de la foi catholique, ce qui doit détruire, au sein de l'humanité, son ennemi le plus manifeste, l'égoïsme ou l'amour et la domination du moi, le culte des intérêts personnels. Je le cherche, et véritablement je ne le trouve pas. Quelquefois j'entends exposer de généreuses et pompeuses théories; mais les résultats, les fruits, je ne les rencontre pas; et si je parcours ces pages éloquentes et quelquefois brûlantes du philosophe de Genève, grand Dieu! quelle misanthropie, quelle haine des hommes! Ah! comme

son cœur est mal à l'aise! comme il vit seul! comme il s'isole! Et vous savez quelle a été sa triste fin. Sans doute il se trouvera hors des rangs catholiques des vertus morales et véritables, des services rendus à l'humanité; mais ces prodiges de dévouement, ces conquêtes de la charité chrétienne sur l'amour désordonné du moi, cet héroïsme du sacrifice, ah! vous ne les trouverez pas hors de la foi. Interrogez les annales des bienfaiteurs de l'humanité, comptez, si vous le pouvez, appréciez leurs œuvres, et demandez-vous qui les a produites. A la tête de toutes les institutions utiles, de tout ce qui favorise une sage et véritable liberté, de toutes les pensées généreuses qui sont venues en aide à l'humanité souffrante, de l'affranchissement de l'homme esclave, vous trouverez la foi chrétienne. Avant elle, dans les régions désolées du paganisme, je ne vois rien de cet esprit de dévouement et de sacrifice; c'est la foi catholique, la foi chrétienne qui inspire au cœur un saint mépris des choses de la terre, lui fait fouler aux pieds richesses, plaisirs, honneurs, comme une fange indigne d'arrêter ses regards.

Quand la foi catholique possède un cœur, alors il n'y a plus de gloire qu'on s'attribue à soi-même. Dans une humilité sincère, on renvoie toute louange et tout honneur au Dieu de qui descend tout don parfait, alors même qu'on se sacrifie à tous les génres de bien.

Quand la foi catholique règne dans une âme, elle place les intérêts de Dieu au premier rang, et elle lui sacrifie avec joie tous les siens propres.

Quand la foi catholique règne dans une âme, elle lui inspire cet esprit de sacrifice pour le bien de ses semblables. A la vue de cet éternel avenir s'approchant à grands pas, rien ne coûte pour éclairer ceux qui dorment dans les ténèbres de la mort, rien n'arrête pour les arracher aux maux qui les accablent. Donnez-moi une âme véritablement chrétienne, placez-la au foyer domestique, au sein de la famille; placez-la aux conseils de l'État, à la tête des affaires et de la fortune publiques; chargez-la de dispenser les trésors de la science et du génie, elle vous apparaîtra comme les gloires que la religion vous présente, comme Augustin, ce génie entre les plus beaux génies, comme Bossuet, comme Fénelon, ou bien comme Suger, comme Vincent de Paul, dont l'influence fut si grande, si salutaire, sur le gouvernement de la patrie.

N'est-ce pas là en vérité l'honneur et la gloire de l'apostolat catholique?

Au contraire, cherchez l'esprit de sacrifice loin

de la foi, de la religion pratiquée, aimée, dans un cœur, vous ne le trouverez pas ; et je vous répèterai ici ces paroles de Rousseau : « Fuyez, fuyez ces désolantes doctrines qui portent et qui recèlent la mort. »

Rattachons encore à la foi catholique cet esprit de sacrifice qui produit la chasteté chrétienne. A cette foi seule de donner les généreuses dispositions qui nous arrachent aux influences de la chair et du sang, et qui par de glorieux combats établissent en nous un empire préférable à celui des plus illustres conquérants, le règne d'une vie chaste et pure dans un corps sensuel et grossier.

3. Enfin, Messieurs, sous l'inspiration de la foi catholique il y a la divine charité. C'est dans ce feu divin qu'elle consume un cœur à la gloire de Dieu lui-même, et que, complétant ainsi l'ordre de ses affections, elle l'établit dans un bonheur véritable.

L'amour de Dieu, principe et perfection du bonheur, c'est ce que la philosophie n'a jamais su ni enseigner ni comprendre. Ah ! sans doute, je trouve dans la philosophie antique de profondes recherches, de nobles efforts pour arriver à la connaissance, à la possession du souverain bien. Platon nous dit à cet égard de belles paroles. Il nous montre le souverain bien avec des lumières qui ne lui appartenaient pas : il le fait consister dans l'imitation de Dieu, dans la ressemblance avec Dieu. Il ne disait pas tout encore : le souverain bien, c'est le souverain amour de Dieu, c'est la souveraine possession de Dieu par la charité. Cette faculté puissante que nous avons d'aimer devient le principe et la source perpétuelle de nos désordres et de nos malheurs, si par les inspirations de la foi, par les combats de la vertu, nous ne savons pas la reporter en Dieu, l'appliquer au souverain bien, seul digne d'être aimé pour lui-même.

L'homme, qui ne cherche pas Dieu, qui ne s'arrête pas en Dieu, s'adresse à tous les êtres de l'univers, à toutes les satisfactions de l'esprit et des passions; il dit : Est-ce toi? Est-ce toi? Et chaque créature de lui répondre : Non, ce n'est pas moi. Puis, quand après tous ces égarements coupables il revient à son Dieu, vie de son intelligence et de son cœur, il trouve enfin le repos et le bonheur dans la divine charité. Quel tressaillement, quelle reconnaissance, quelle joie, quelles effusions de cœur! Lisez, Messieurs, les épanchements du cœur d'Augustin dans ses Confessions, dans ses Soliloques admirables, lisez et goûtez.

Messieurs, je parle en ce moment un langage qui vous est peut-être étranger; je vous suppose dans une région que vous n'habitez peut-être pas encore. Puissiez-vous tous y parvenir ! Mais gardez-vous de croire que vous arriverez jamais au bonheur tant que vous ne comprendrez pas les enseignements augustes de la foi, et ce premier commandement du Seigneur : « Vous aimerez votre maître, votre Dieu. » Et c'est ce que la philosophie n'a pas compris. Cherchez donc l'amour de Dieu dans Rousseau ! Ah ! Messieurs, je vous répèterai ces paroles de Fénelon : « Si Dieu était cette prairie émaillée de fleurs, s'il était ce ciel parsemé d'étoiles, s'il était ce père, ce frère, cet ami, s'il était cette beauté périssable et fragile, nous l'aimerions ; et parce qu'il est le trésor infini de toutes les perfections, parce que toute beauté n'est qu'un épanchement de ses rayons, alors notre cœur demeure froid et stérile. »

Puissiez-vous tous, Messieurs, dans ces jours laborieux et saints qui vont suivre, rétablir au fond de vos cœurs et posséder à jamais cet ordre d'affections, l'ordre du repentir, l'ordre du sacrifice et l'ordre de l'amour qui cherche Dieu. Ah ! dans la solitude et le silence, loin du tumulte et de l'agitation du monde, vous vous retrouverez vous-mêmes, vous trouverez votre âme naturellement chrétienne. Vous sentirez bien mieux alors quelle est la dignité de votre nature et votre destination véritable, la destination de votre cœur, fait pour s'unir à Dieu au sein d'une béatitude infinie. Vos jours, qui furent traversés par tant d'orages, redeviendront alors plus purs et plus sereins ; et s'il vous arrivait encore, pendant que vous habitez la vallée de larmes, de rencontrer les vicissitudes et les peines, du moins vous aurez le remède près de vous et l'appui consolateur dans l'infortune.

Fasse le Ciel qu'un seul au moins de ces cœurs égarés auquel ma parole pourra parvenir, daigne sur ma promesse en faire l'heureuse expérience ! Je lui affirme, au nom du Seigneur, que jusqu'au terme du pèlerinage il ne s'en repentira jamais. Que dis-je ? il bénira le jour qui l'aura rendu à sa foi, à son Dieu, à son bonheur pour le temps et pour l'éternité.

LE DOGME

QUARANTE-SEPTIÈME CONFÉRENCE

L'IMMORTALITÉ

SANCTION DE LA LIBERTÉ

QUARANTE-SEPTIÈME CONFÉRENCE

L'IMMORTALITÉ

SANCTION DE LA LIBERTÉ

Monseigneur,

Les faits qui se réalisent chaque jour dans la société et dans l'homme, les vicissitudes perpétuelles du monde moral, l'économie tout entière du gouvernement de la Providence, tel qu'il se manifeste dans les phases diverses de l'ordre social et de la vie humaine, expriment bien clairement sans doute la grande loi, la loi divine de la liberté de nos âmes. Nul esprit de bonne foi, nulle conscience sincère, au seul aspect des contradictions qui se succèdent sans cesse parmi les hommes, ne peut s'empêcher de le sentir et de le proclamer; oui, assurément l'âme est libre.

Mais il est une autre loi, complément et sanction de la première, expression comme elle des faits de la vie présente; loi souveraine qui appartient aux rapports établis entre Dieu et l'âme par le lien religieux; loi qui nous révèle la raison et le but de l'action divine dans le gouvernement de cet univers, la raison et le terme aussi de l'activité libre de l'homme dans le passage du berceau à la tombe.

Loi qui console dans les maux, promet les vrais biens, et dont le souvenir trop souvent éteint dans nos pensées par le vent des opinions et des passions, doit être, Messieurs, ranimé au foyer des méditations attentives.

Cette loi est l'immortalité de nos âmes.

Je la nomme loi, parce qu'elle fut une institution permanente décrétée librement par la volonté divine, et parce qu'elle résulte pour nous de la suite et de l'ensemble des faits qui composent l'état présent de l'humanité.

Vous me permettrez donc, à l'entrée de la carrière, de rapprocher ces deux idées, la liberté et l'immortalité; de montrer l'une comme le complément et la sanction nécessaires de l'autre. L'immortalité de l'âme humaine, sanction de sa liberté, considération importante, qui fera le sujet de cette première Conférence.

J'aime en cet instant à reporter vos pensées sur

ces graves fondements de nos espérances chrétiennes, inébranlable assurance d'un monde meilleur, et d'une vie que les épreuves ne doivent plus traverser, que la mort ne doit plus être appelée à finir comme l'heure désirée de la délivrance.

Aussi bien le temps est venu, ce me semble, de rapprocher de plus en plus les enseignements de cette chaire de la langue et de l'expression catholique elle-même. Le temps est venu ; j'en ressens profondément le besoin dans mon cœur, et, si je l'ose dire, dans le vôtre. Ma parole sera donc en quelque sorte plus positivement chrétienne, et ce sera, Messieurs, vous rendre devant Dieu et devant les hommes un solennel hommage, car vous l'êtes vous-mêmes devenus davantage.

J'invoque donc avec confiance l'appui de mon Dieu, qui seul a soutenu ma faiblesse dans une carrière déjà bien longue[1]. Je me place humblement sous la bénédiction du Pontife et dans l'heureux accord de votre constante bienveillance avec la sienne.

I. P. Quand je médite attentivement sur la nature de l'être intelligent et libre, je suis d'abord étonné de la destinée qui lui est faite ici-bas.

---

[1] Année 1846, la dixième des conférences de Notre-Dame.

Mon âme a commencé. Il y eut un jour, de longs jours dont il faut dire : Je n'étais pas alors ; un jour dont nous disons : J'étais, je suis.

Ma sortie du néant est pour moi le plus admirable des prodiges ; la merveille de mon commencement me prouverait seule qu'il y a un Dieu. Car je n'étais pas, je suis ; il faut bien qu'il y en ait une cause intelligente et souveraine, une cause plus puissante que l'être et la vie, puisqu'elle les donne : et cette cause ne peut être que Dieu.

Un premier acte de la toute-puissance de Dieu aura donc tiré du néant un être supérieur à ce monde visible par la sublimité de l'intelligence, seul capable sur cette terre de s'élever jusqu'à lui, de l'étudier lui-même, seul fait pour devenir l'image de la Divinité en ajoutant librement au prix de l'existence le prix de la vertu.

Par un second acte de sa toute-puissance, Dieu aura uni le plus noble des êtres à l'être le plus vil ; il l'aura renfermé dans l'étroite prison d'un corps dont les besoins le flétrissent, dont les infirmités l'accablent, dont les penchants le pervertissent.

Et quand l'esprit, ce qui pense en nous, quand ce principe intellectuel de vie aura tout fait pour la matière, quand il l'aura servie et vivifiée, quand il aura tout supporté par elle et pour elle, l'instant où il pourrait briser sa chaîne pour n'être plus que lui, pour jouir de toute sa grandeur et de toute sa liberté, pour recevoir le dédommagement de ses maux ; l'instant qui devrait être celui de son triomphe, serait-il donc précisément celui que Dieu aurait choisi pour opérer un troisième prodige de sa toute-puissance en l'anéantissant? Dieu n'aurait-il pas su, n'aurait-il pas pu établir la juste sanction de l'immortalité? L'ouvrage serait-il détruit parce que le chef-d'œuvre allait se dégager et paraître ? Mais pourquoi donc alors me faire capable de tant de grandeur? Pourquoi me donner la noble faculté des désirs et des pensées immortelles? Pourquoi l'invincible besoin d'un affranchissement et d'une gloire durables? Car si la liberté de l'homme n'a pas son complément et sa couronne dans la mort même, Messieurs, quoi qu'on dise ou qu'on fasse, elle ne l'aura jamais.

Pour mieux nous en convaincre et mieux comprendre qu'à la liberté humaine, telle qu'elle existe et s'exerce ici-bas, fut attaché, comme justification de Dieu et consolation de l'homme, le sceau d'une immortelle sanction, nous devons nous rappeler la nature de la loi religieuse, qui est la loi première de notre âme et le devoir souverain de sa liberté.

La religion est une loi, qu'on la considère soit dans l'ordre naturel, soit dans l'ordre surnaturel et révélé, ce caractère lui appartient essentiellement.

Loi veut dire lien, et la religion est ce qui lie l'âme à Dieu.

Mais de plus dans la loi il y a deux choses : l'autorité et l'obligation. L'autorité qui impose l'obligation, l'obligation qui est imposée; et nous retrouvons éminemment l'une et l'autre dans la religion. En effet, la religion, dans sa notion la plus précise, est pour l'homme la loi de tendre à sa fin, qui est Dieu même, ainsi que nous l'avons bien des fois établi dans cette chaire.

Vous y trouvez l'autorité, et l'autorité suprême; Dieu qui impose, qui ne peut pas ne pas imposer la fin divine, savoir, la vérité souveraine à connaître, le bien souverain et parfait à aimer, seule béatitude possible de l'âme intelligente et libre.

Nous l'avons développé souvent encore.

Vous avez aussi par là même l'obligation la plus absolue d'y tendre. Obligation fondamentale qui est le devoir et la source de tout devoir, qui est le principe de la différence entre le bien et le mal; car il ne peut y avoir de mal que dans l'opposition même à cette loi. Et sans ce principe, toute base de moralité pour les actions humaines manque à la conscience.

Autorité, obligation suprêmes et absolues,

vous trouvez donc dans la religion tout ce qui constitue la loi et la loi par excellence : tendre à Dieu pour arriver à le posséder un jour. Oui, la religion est une loi.

Toute loi, Messieurs, vous le savez, doit porter avec elle une sanction, ou bien elle n'est pas loi. Il suffit d'énoncer une idée si évidente et si élémentaire. Que deviendrait en effet l'état social le mieux conçu, si après avoir déposé dans un code les plus beaux principes et les plus sages prescriptions, on n'y ajoutait aucune sanction, aucun moyen d'en presser et d'en exiger l'exécution? Ce ne serait plus alors que de vaines théories, d'impuissantes exhortations: semblables à ces codes pompeux de morale, élaborés quelquefois par la philosophie humaine; autant en emporte le vent, car ils n'ont pas de sanction.

Point de sanction, point de loi : la chose est trop claire pour nos sociétés humaines, et nous n'avons point à nous occuper des sociétés angéliques. La religion est la loi souverainement imposée à la liberté humaine ; elle aura donc nécessairement une sanction : la conséquence est inévitable.

Les raisons les plus pressantes ajoutent encore une force nouvelle, s'il est possible, à cette nécessité.

Puisque l'homme est libre, il est capable de bien et de mal, de mérite et de démérite, de soumission et de révolte, dans l'ordre religieux et moral comme en tout autre. Sans une sanction, et je ne la dis pas en ce moment immortelle, sans une sanction, c'est-à-dire sans des récompenses et des peines divines, qu'aurez-vous pour garantir l'exécution du pacte divin de religion, de ce pacte intime entre la conscience et Dieu? Qu'aurez-vous pour défendre la loi religieuse contre les écarts de l'indépendance, contre la lutte ardente de l'orgueil et des passions? Que vous reste-t-il, si vous supposez toute sanction nulle devant la liberté humaine? Pour accomplir une loi tout intérieure et religieuse, je ne vois plus alors qu'un seul mobile possible : l'amour du beau, de l'honnête et du vrai, puisque vous retrancheriez la sanction, toute sanction quelconque, comme nous le supposons.

Une fois levé pour toutes les consciences, comme cela peut-être a lieu momentanément par un effort violent pour quelques-unes, une fois levé le sceau de la sanction des récompenses et des peines divines; avec le seul amour du beau, de l'honnête et du vrai, avec l'amour platonique de la vertu, même avec l'amour du Dieu bon mais sans espérance et sans crainte, dirigez donc, Messieurs, vers leur fin les âmes si violemment agitées, contenez-les dans le devoir religieux et moral, arrêtez la fougue des penchants, domptez l'impatiente indocilité du cœur de l'homme! L'utopie serait par trop forte. Et quoi qu'il en soit de la puissance et même de la nécessité des motifs désintéressés, nécessité que je reconnais en certains cas et en certains temps, il n'en est pas moins vrai, autant qu'une chose peut l'être, autant qu'elle peut être sentie dans la conscience, que, tous, nous sommes liés invinciblement au besoin de notre propre béatitude; que, dans l'ordre habituel et commun des affections humaines, les motifs les plus puissants d'agir sont la crainte des maux et l'espérance des biens; que notre vie entière se passe par instinct, par nature, et même par raison, à fuir les uns, à rechercher les autres; qu'ainsi, pour saisir l'humanité dans ce qu'elle a d'universel et de réel, il faut absolument à la loi religieuse, qui est par excellence la loi de la liberté humaine, joindre la sanction des récompenses et des peines.

Cette sanction fut donc établie; ou Dieu n'a pas su faire une loi, ce qui est plus absurde encore qu'impie.

Tertullien a dit dans son énergique concision : « L'homme est intéressé; Dieu le récompensera, mais aussi il le punira. »

Dieu doit à sa bonté d'exciter par le vif attrait de la félicité promise, et la faiblesse, et le courage de l'âme au fort de ses combats.

Il doit à sa justice de dédommager des généreux sacrifices qu'impose la religion, de punir aussi les obstinés contempteurs de ses volontés.

Il doit à sa sainteté d'exprimer efficacement l'horreur infinie du mal en le punissant, l'amour infini du bien en le récompensant : Dieu se doit, Messieurs, à tous les titres la sanction des lois qu'il voulut imposer à la liberté humaine.

Dieu existe : trois fois saint, il a donné à l'homme une loi sainte, une loi religieuse. Cette loi, lien essentiel entre l'homme et Dieu, Dieu l'aime nécessairement; nécessairement il en veut, il en demande l'exécution. Et cette loi divine, l'unique source et l'unique mesure du devoir, n'aurait aucune garantie divine d'exécution, aucune sanction divine de peine ni de récompense ! aucune !

Dieu règne au plus haut des cieux : l'œil de sa providence s'étend à tout; c'est là un de ses attributs essentiels. Il voit l'immoralité et le désordre couvrir la terre; il entend les cris infâmes de brutales orgies; il voit se cacher dans l'ombre des crimes qui n'ont pas même un nom; il voit au grand jour sévir des mains parricides, des divisions intestines déchirer le sein des familles, des luttes barbares ensanglanter les États; il voit partout l'injustice, le parjure, le blasphème; il voit les autels abandonnés et la religion outrageusement et sans cesse violée.

Et puis, nul châtiment, nulle sanction divine contre de tels forfaits! Vous punissez, avouez-vous; mais si Dieu ne punit pas, de quel droit punissez-vous vous-mêmes? Dieu punit donc aussi, puisque vous en sentez vous-mêmes le besoin, et que vous en consacrez dans vos lois le droit et le devoir.

Ici-bas la vertu vivra de sacrifices et de larmes; elle endurera tous les maux pour témoigner sa fidélité au Seigneur; la piété filiale, conjugale et maternelle aura ses martyrs et ses héros, la probité ses victimes, la foi ses laborieux vainqueurs; la religion enfin montrera à la terre ces vierges angéliques dont la conversation est au ciel, et qui ont su garder une âme pure dans un corps de boue.

Et point de sanction, point de récompense divine! Que signifie alors la liberté? Que sert-il de pouvoir choisir entre le bien et le mal?

Il y a un Dieu qui vit et règne; un Dieu qui est bon, qui est juste, qui est saint. Vous le croyez. Et il verrait du même œil l'innocence et le crime, l'homicide et la charité, la foi et l'impiété, le bourbier du vice et le pur éclat de la vertu! Il verrait donc du même œil la brute et l'homme; il les aurait donc lancés l'une et l'autre sur cette terre pour y vivre à l'aventure au gré d'aveugles penchants, puisque vous dites qu'il n'y a pas plus de sanction pour la liberté de l'homme que pour l'instinct de la brute.

Alors, point de gouvernement providentiel et moral : à quoi bon? Point de justice ni de juridiction divine; point de haine du mal, point d'amour du bien efficacement exprimés pour diriger l'homme; point de puissance suprême exercée par Dieu même : tout devient indifférent et permis, toute barrière est rompue; ni bien, ni mal; ni vice, ni vertu : pas de loi divine pour la liberté humaine, pas de religion réelle par conséquent, pas de bonté, de justice ni de sainteté divines : donc pas de Dieu, pour tout résumer en un mot.

Mais Dieu est : nécessairement il aime le bien, hait le mal; il récompense l'un, punit l'autre : il y a donc pour la liberté humaine une sanction de récompenses et de peines divines; c'est ce qu'il fallait d'abord bien établir.

En quel temps? Ah! ce n'est pas dans la vie présente; c'est ce qu'il faut préciser maintenant.

II. P. Il existe donc, Messieurs, de toute nécessité, une sanction de la loi divine et des devoirs qu'elle impose à la liberté humaine ; nul doute possible à cet égard.

Mais si l'on en cherche l'application et l'exercice, certes on ne les trouvera pas dans cette vie.

Demandez-vous seulement avec sincérité à vous-mêmes, si l'ordre existe ici-bas, l'ordre qu'on pourrait définir la liberté dans la paix ; si toutes les infractions de la grande loi morale et religieuse sont réparées ; si la sainteté de Dieu est justifiée et vengée ; si toute justice est rendue au bien, au mal, et si la fin de toutes choses est obtenue.

Poser cette question, c'est la résoudre. Non, répondez-vous. Et c'est la vérité. Il y a donc une autre vie, et cette autre vie ne peut être que l'immortalité ; la conclusion est nécessaire, car il faut la sanction et une sanction suffisante.

1. Quand on a bien conçu le besoin et la tendance de l'âme, on voit que sa destination suprême confiée aux efforts de sa liberté ne peut être que la possession même de l'infini : ce vrai au delà duquel il n'y a plus de vrai à connaître, ce bien au delà duquel il n'y a plus de bien à aimer : telle est la fin de l'homme ; jusque-là il cherche.

Mais apparemment elle n'est pas encore atteinte, Messieurs, cette fin ici-bas ; et vous n'avez pas vu, je pense, d'homme qui pût sérieusement se dire : Je connais toute vérité, et je jouis de tout bonheur. Un tel langage serait celui de la folie ; il a été celui de quelques gnostiques, de quelques illuminés ou quiétistes de bas étage : ce n'est pas le vôtre.

Il y a donc une autre vie, et une vie immortelle, puisque l'homme a été créé pour atteindre sa fin, c'est-à-dire le complément parfait de ses facultés et de son être, dans la possession entière et parfaite du vrai et du bien, unique et souverain objet des efforts et des libres combats de l'âme.

2. D'ailleurs, et pour en venir à une raison pratique, quelle serait la sanction actuelle qui retînt dans ses bornes légitimes l'étonnant pouvoir donné à l'homme par sa liberté? Car il faut absolument une sanction.

Serait-ce ce qu'il est convenu d'appeler les biens et les maux de la vie?

Assez grande, il est vrai, paraît la somme des maux qui pèsent sur l'humanité; la plainte est dans toutes les bouches; faible et petite sera toujours la plus grande somme des biens.

Ces biens ne comblent pas les désirs du cœur; il est vide encore quand il abonde, il cherche toujours quand il possède, puis ces biens nous échappent et s'évanouissent comme l'ombre. La plénitude et la réalité sont ailleurs, l'expérience le crie assez haut.

De plus, les biens sont-ils tous donnés à la vertu, refusés au vice? Tous les maux pèsent-ils sur le vice et sont-ils étrangers à la vertu? Non assurément, souvent c'est l'opposé ; il y a pour le moins un égal et indifférent partage.

Toute justice n'est donc pas accomplie encore, la sanction de la liberté est ailleurs.

3. L'État, il est vrai, punit et récompense; il le doit, puisqu'il doit porter des lois. Tant il est vrai qu'à la loi se rattache nécessairement la sanction! Ainsi les récompenses et surtout les peines décernées par les lois humaines sont utiles, elles sont nécessaires. Et qui en doute?

Toutefois, nous savons assez qu'elles n'atteignent point les mœurs privées, qu'elles ne pénètrent point jusqu'à la liberté intérieure de la conscience, sanctuaire fermé aux législateurs de la terre.

Il s'agit ici du devoir intérieur et religieux imposé à la liberté humaine, et qui doit avoir sa sanction; cette sanction ne se trouve pas, ne peut pas se trouver dans les lois de l'État.

Et quand une société en est venue à ne plus avoir d'autre appui de l'ordre, d'autre moyen de répression, d'autre principe de morale que ses lois pénales et sa force armée, la conscience a péri, malheur à ce peuple!

Cependant il y aura toujours, quoi qu'on fasse, certaines formes de lois, de peines, de justice publiques. C'est là un hommage d'imitation forcée rendue à la puissance et à la justice souveraines de Dieu, source et type auguste de tout pouvoir et de tout ordre légal. C'est proclamer hautement, sans qu'on le veuille, que la puissance divine, avant toutes les autres, doit avoir ses lois, sa justice et ses peines; et c'est une reconnaissance implicite de l'existence de cette sanction ailleurs qu'ici-bas.

4. Un autre genre de témoignage involontaire et forcé nous vient en faveur de l'immortalité d'où l'on devait, ce semble, le moins l'attendre : du suicide.

Le suicide! mais c'est une protestation de matérialisme et de néant; il dit : Plus rien après la vie, mourons.

Il dit bien plutôt : Pas de bonheur dans la vie; il n'y a pour moi que chagrins amers et cuisantes infortunes, mourons.

Point de bonheur dans cette vie, et l'âme en est altérée! C'est une soif qui la brûle, que l'auteur de la nature, en la lui donnant, doit satisfaire sous peine d'être contraire à lui-même; ce sera donc ailleurs, et dans un monde impérissable et meilleur.

Mais l'insensé ne veut pas attendre, il ne veut pas combattre et vaincre pour mériter la couronne et le repos. Par lassitude et par faiblesse il usurpe le droit de se donner la mort, ce droit qui ne lui appartient jamais. Son crime consommé échappe dans le temps à la peine; cependant la peine doit atteindre le crime. Dans cette vie, c'est impossible, puisque le crime a terminé la vie; c'est donc ailleurs encore qu'est la peine. Et le suicide prouve aussi à sa manière la sanction immortelle.

5. Croirait-on trouver dans la paix de la vertu, dans le remords du crime une sanction suffisante?

Il y a, Messieurs, dans la vertu une paix intime et secrète, une joie douce de la conscience; elle surpasse tout sentiment, comme s'exprimait saint Paul; et celui qui la possède la préfère mille fois aux joies fausses du vice. Heureux qui sait se bâtir au dedans de soi-même une demeure tranquille! il y vit comme sous un tutélaire abri, et semble n'entendre que de loin les orages qui désolent la terre.

Cependant, pour être vrai, il faut dire que cette paix de la vertu, toute réelle et intime qu'elle est, est souvent bien amère à la nature. Souvent elle n'est que la patience dans de vives douleurs, la constance dans de pénibles épreuves; la vertu exige de douloureux sacrifices. Vertu, le mot l'indique, c'est dans la vie mortelle courage et combat. Elle est d'ailleurs le moyen, non pas la fin; le travail, non pas le repos; elle est encore le combat, non la palme de la victoire; ce n'est **pas la** sanction, et il nous faut la sanction de la vertu elle-même.

Le crime, le vice ont leurs remords, peine réelle et inévitable, oui.

Remords du crime, ils ne sont pas l'ouvrage de l'impie; bientôt et à jamais il les aurait vaincus s'il leur avait donné naissance. Ils sont la voix de Dieu qui trouble et qui menace.

Mais l'impie va mourir : que se passe-t-il?

Il est déchiré de craintes secrètes, de regrets et d'angoisses cruelles. Et quel moment Dieu choisit-il pour redoubler la force des remords? Le moment où le remords devient le plus inutile, totalement inutile, si la sanction d'une autre vie n'est qu'une chimère, car l'impie va mourir; il n'y a plus dès lors de châtiment à craindre, de réparation à faire; c'est le moment où les crimes n'ont plus besoin de frein, parce qu'il devient impossible d'ajouter à leur nombre. L'impie va mourir, et alors quel est le but du remords?

Ainsi Dieu n'aurait pas d'autre moyen pour punir le scélérat que d'appeler l'erreur à son aide, que de l'environner de frayeurs folles et mensongères.

L'instant où Dieu redoublerait ses menaces, serait celui où il est près de remplir tous les vœux de l'impie en le plongeant dans le néant, qui seul peut le soustraire à la vengeance divine.

Il serait donc le Dieu de l'illusion, des contradictions et de l'imposture. En vérité l'athéisme n'est-il pas préférable à ce théisme sacrilége?

Le remords est donc un gage d'immortalité.

Voyez-y, Messieurs, l'appel de la justice divine au temps de l'épreuve et du passage, mais non la peine de cette justice éternelle. Voyez dans le remords l'avertissement d'un père bien plus que la peine d'un juge; il a aussi ses douceurs véritables dans les larmes réparatrices du repentir.

6. La sanction divine de la liberté est, Messieurs, dans l'immortalité, ou bien voici mon langage :

« Moi, faible mortel, je ne veux pas que l'homme qui m'a servi perde le fruit de ses travaux. Celui que j'éprouvai recevra de ma main le prix de sa constance. Je déteste le crime, et je n'ajouterai pas à la hardiesse du méchant par l'espérance de l'impunité. Je chéris la vertu. Je me suis affligé de l'oppression du juste, il eût triomphé si ma puissance eût secondé mes vœux. Je ne suis point cruel pour mon ami, je ne lui ravis point l'existence.

« O Dieu, m'as-tu donc fait plus juste que toi? Je t'ai aimé; pour toi, que de désirs mon cœur a réprimés, que de plaisirs je me suis refusés, que de passions j'ai domptées, que de combats j'ai soutenus, et tu vas m'anéantir!

« J'ai vu l'impie heureux; fier de ton oubli, il levait la tête; ses plaisirs se suivaient avec ses jours; il était respecté, puissant, redouté. Voilà ce que tu fis pour le crime. J'ai vu le juste vivre dans le mépris, l'indigence et l'infirmité; il mourut. Voilà ce que tu fis pour la vertu. Et l'instant où le juste allait te demander sa récompense, l'instant où les forfaits du méchant appelaient ta vengeance, est celui que tu prends pour confondre le juste et l'impie dans le même abîme, pour engloutir dans le néant tous les crimes et toutes les vertus! Tu fais donc des prodiges pour apprendre à te haïr! Et quel sera mon crime, si je me dis meilleur que toi? »

Ou plutôt, Messieurs, quel n'est pas le crime de ces affreuses doctrines qui inspirent logiquement de pareils blasphèmes?

Au moins, si Dieu se fût montré en quelque manière favorable à la vertu; s'il avait pris soin d'en aplanir les voies ; s'il l'avait rendue, je ne dis pas triomphante, mais facile à suivre, je concevrais encore qu'elle a pu lui être chère.

Mais il a donné au vice tous les attraits, et tous les obstacles à la vertu.

Tu veux être méchant, ô homme, c'est facile. L'auteur de la nature a tout fait pour cela. Il ne te reste qu'à te livrer à ce tempérament pétri de tous les vices, à cette exaltation de colère et de haine qui ne s'apaise que dans le sang, à cet esprit léger qui te fait voler de la vérité au mensonge, de la vertu au crime. Abandonne ton cœur à ses penchants les plus anciens, les plus naturels ; laisse éclore et se produire le germe à jamais fécond des passions. Sois adroit, si tu es faible ; hardi, si tu es puissant. Le Dieu qui te donna l'être t'arme de ces ressources pour cacher tes crimes et pour braver sa loi.

Vois au contraire ce que Dieu fit pour t'éloigner de la vertu ; il en a hérissé toutes les routes d'épines et de difficultés. Ce sont les sens, qu'il faut soumettre ; les passions, qu'il faut briser ; les désirs, qu'il faut étouffer ; le cœur, auquel il faut sans cesse déclarer la guerre. De la part des hommes, ce sont les mépris, les railleries, les sarcasmes, les persécutions qu'il faut endurer. Cette vertu, les richesses la fuient, les plaisirs la corrompent, les louanges l'aveuglent. Et Dieu se fait un jeu cruel de la laisser sans espoir! Au lieu d'animer le juste par ses promesses, il lui annonce qu'à la mort ses peines, ses travaux, ses combats, sont perdus, qu'aucune différence ne le sépare de l'impie, et qu'il l'anéantit comme lui. Le tyran le plus féroce en fondant un empire eût-il plus fait pour le crime, eût-il moins fait pour la vertu? Épouvantable blasphème! Il y a donc une autre vie. L'âme est libre, elle est immortelle; tout s'explique, sa condition présente est dans le combat. L'éternité, Messieurs, vaut bien ce prix.

Cherchez tant que vous voudrez, interrogez avec soin tout l'ordre providentiel, le gouvernement des choses divines et humaines; réunissez tous les souvenirs du passé, toutes les connaissances du présent, contemplez la longue durée des âges, les immenses plages de l'un et l'autre hémisphère, et ces multitudes innombrables qui les couvrent. A cette vue sondez bien votre cœur, pesez et jugez.

Il faut à la liberté humaine, à la loi religieuse une sanction; ou bien Dieu n'existe pas, nous l'avons assez compris.

Il faut, Messieurs, que l'honneur de Dieu, que sa bonté, sa sainteté, sa justice soient vengés et rétablis; il faut l'ordre enfin restitué, le bien récompensé, le mal puni, ou Dieu n'est plus Dieu.

Mais je n'ai devant les yeux qu'un vaste et permanent tableau d'injustice et de désordre, je ne vois que changements et bouleversements continuels, qui s'entre-choquent comme les vagues d'une mer en courroux. J'entends sans cesse retentir à mes oreilles les plus étranges abus de langage et d'idées, le mal nommé bien, et le bien nommé mal.

Le règne du faux enraciné, les vérités diminuées, obscurcies, niées ; l'égoïsme et les intérêts matériels absorbant seuls la libre énergie de l'homme, les forces supérieures et morales de l'âme abaissées et captives sous le joug de la mollesse et de la lâcheté ; en mille lieux, de mille façons diverses, la religion dénaturée, calomniée, foulée aux pieds comme une vile poussière. La pureté des mœurs honnie et disparaissant, le vice insolemment heureux, le scandale triomphant, des scélérats travestis en gens d'honneur ; une vie de sacrifice, de privations, de souffrances, compagne inséparable de la piété méconnue, outragée ; l'immense majorité du genre humain condamnée par les nécessités mêmes de l'état social à traîner une pénible existence sous le poids du travail et de la misère ; des flots tumultueux d'erreurs et de passions qui s'agitent, se heurtent et ébranlent tous les fondements de l'ordre et de la stabilité des empires : voilà le spectacle que nous donne la terre.

Alors ma foi se réveille, bien loin de chanceler comme celle de ce philosophe païen : Non, non, se dit-elle, tout n'est pas fini avec la vie.

Du sein des générations s'élève continuellement un cri d'enfantement, suivant le mot de saint Paul; elles se pressent toutes dans l'espoir d'un immortel avenir. La création entière gémit jusqu'à ce qu'elle arrive à son terme; par ses douleurs, par ses agitations, par son désordre même, elle demande, elle poursuit le jour de la délivrance; du fond de la vallée des larmes elle l'appelle et l'invoque; elle appelle la paix, la gloire, la liberté, la justice divine, qui ne sont pas de cette terre; elle soupire après le jour providentiel des réparations nécessaires et immortelles, le grand jour du Seigneur.

Il viendra, Messieurs, ce jour où vous serez jugés et confondus si vous l'aviez méconnue, où vous serez récompensés et bénis si vous fûtes croyants et fidèles. Il viendra, ne l'oubliez pas, car votre âme est immortelle.

QUARANTE-HUITIÈME CONFÉRENCE

LA TRINITÉ

QUARANTE-HUITIÈME CONFÉRENCE

LA TRINITÉ

Monseigneur,

On a voulu quelquefois concentrer systématiquement toute l'histoire dans la marche et l'influence de certaines idées dominantes aux diverses époques de l'existence des peuples. Les faits, les révolutions subies, les civilisations développées ne seraient ainsi que la forme et l'exposition des opinions et des idées ayant cours dans l'intelligence humaine.

J'admettrais ce principe dans une juste mesure; mais je pense qu'il cesse d'être vrai quand on veut, comme il arrive souvent, en faire une règle exclusive et absolue. On a pour lors d'avance une forme arrêtée des faits dans laquelle on les force bon gré mal gré de rentrer, et qu'ils doivent exprimer comme un effet exprime sa cause, ce qui place bien souvent l'histoire dans le faux.

Cette injustice systématique a été commise par exemple à l'égard du christianisme, et commise doublement, quand on a voulu caractériser philosophiquement l'histoire de son établissement et de ses dogmes.

Ainsi on a voulu prétendre que le christianisme ne fut qu'un produit, un progrès des opinions dominantes de la philosophie; et la philosophie dominante lui fut diamétralement opposée, car l'épicuréisme présidait alors à la société romaine, à tel point que les comédiens dominaient dans Rome, au rapport de Sénèque, de Suétone et de Tacite. On a voulu prétendre aussi que les dogmes et les mystères chrétiens n'étaient que des formules tirées des philosophies orientales ou grecques; et ce furent ces philosophes, au contraire, qui combattirent la foi avec acharnement, et fournirent à l'hérésie antique ses armes, ses formes et l'appui d'une résistance opiniâtre.

Les faits nés des idées humaines et philosophiques furent ici, à vrai dire, le combat de l'hérésie contre le christianisme; la foi des mystères est alors un fait qui n'a son type et sa raison que dans des idées et une force supérieures à l'humanité tout entière.

J'ai cru, Messieurs, que je pouvais vous en offrir une nouvelle preuve.

Après vous avoir parlé jusqu'ici du besoin, de la nature, de la certitude et de l'obscurité de la foi, je dois aborder enfin son objet, nos mystères et nos dogmes eux-mêmes.

J'ai donc résolu aujourd'hui, avec le secours de la grâce, de vous parler de l'incompréhensible Trinité, le premier, le plus auguste des mystères catholiques.

Pour remplir ce grand devoir avec plus de fruit et d'intérêt, il m'a semblé que nous pouvions considérer ce dogme comme un fait dont l'origine et la durée au sein du christianisme sont une histoire.

Cette histoire, nous la trouverons tracée pas à pas et successivement par les erreurs mêmes qui attaquèrent la foi de l'Église en ce point.

L'erreur nous enseignera ainsi elle-même la vérité dans ce qu'elle attaqua sous toutes les formes.

L'erreur nous montrera sa mère la philosophie humaine ; et la foi remontera toujours pour nous à la prédication révélée des pêcheurs de Galilée et de leur Maître, comme à sa source.

Sur le mystère auguste de l'adorable Trinité, deux erreurs capitales résument ici toutes les autres et pour tous les temps : le sabellianisme et l'arianisme.

Nous en étudierons l'origine, puis les phases diverses et les transformations jusqu'à nos jours.

I. P. La doctrine orthodoxe sur le mystère de la Trinité peut, Messieurs, se réduire aux données théologiques suivantes :

Il n'y a qu'un Dieu, qu'une seule et même nature divine, simple, indivisible dans la plus parfaite unité.

Il y a trois personnes distinctes dans la nature divine : le Père, le Fils, et le Saint-Esprit.

C'est-à-dire que l'essence divine, une, simple et identique, appartient à trois, subsiste en trois; de sorte que l'unité de nature n'empêche pas la pluralité des personnes, et que la pluralité des personnes n'empêche point l'unité de nature.

Chaque personne divine est véritablement Dieu ;

Les trois personnes divines sont parfaitement égales en tout ;

La nature divine et les trois personnes ne sont pas quatre, ne constituent pas ce qu'on pourrait nommer une quaternité, mais bien une trinité.

Le Père n'a point de principe qui le produise; le Fils est engendré par le Père seul; le Saint-Esprit procède du Père et du Fils, mais non par voie de génération.

Quoique toutes les opérations extérieures, toutes les œuvres de Dieu *ad extra*, comme parle l'école, appartiennent par indivis et soient communes aux trois personnes de la très-sainte Trinité; cependant ni le Père ni le Saint-Esprit ne se sont incarnés, mais le Fils seul. Il y en a une raison dogmatique dans le fait révélé : l'incarnation divine accomplie est la subsistance personnelle du Verbe seul dans l'une et l'autre nature divine et humaine.

Enfin les trois personnes, quoique réellement distinctes entre elles, sont consubstantielles, coessentielles et un Dieu unique; non à cause d'un consentement de volonté seulement, non comme collection réunie, ce qui ne ferait que l'unité morale; mais à cause de leur mutuelle union de subsistance dans une même nature, ce que les théologiens appellent circuminsession ou inexistence, et ce qui emporte et renferme avec une indivisible trinité de personnes, selon le langage théologique encore, une indivise unité de nature, *individua Trinitas, indivisa unitas;* voilà pourquoi le Fils de Dieu disait : « Mon Père et moi sommes une même chose. » *Ego et Pater unum sumus.*

Tel est, Messieurs, sommairement l'énoncé catholique du dogme de l'adorable Trinité; et nous avons dû vous l'apporter dans les termes consacrés eux-mêmes.

Deux de ces termes sont à définir, nature et personne.

La nature, l'essence ou la substance, quand il s'agit de Dieu, ont la même signification.

L'essence ou nature, c'est la raison même constitutive de l'être, ce par quoi il est ce qu'il est, et non pas autre.

La personne, c'est une nature intelligente et individuelle, complète, et terminée en elle-même ; la personne est ce qui peut dire moi, *ego* ; c'est le maître et le propriétaire des actions de la nature individuelle ; la personne seule dira : Ces actions sont les miennes.

Vous savez bien d'avance, Messieurs, que nous ne venons point vous expliquer cet impénétrable mystère ; nous prétendons au contraire et nous professons ne pouvoir, ne devoir ni l'expliquer ni le comprendre.

L'Église de Jésus-Christ enseigne et définit le dogme de la Trinité ; son autorité infaillible divinement instituée m'est garant de l'existence et du sens de la révélation divine en ce point ; ainsi je crois la Trinité enseignée par l'Église parce que Dieu l'a révélée : telle est la foi du catholique. Et l'âme s'arrête et se repose en paix dans la foi.

Mais l'erreur indocile s'agite et travaille sans cesse ; son travail attentivement médité enseigne, prouve et confirme le mystère ; cette conférence doit essayer de le montrer à l'aide des documents historiques.

L'école ancienne d'Alexandrie, vous le savez, Messieurs, était, même avant la naissance du christianisme, un foyer renommé d'enseignement philosophique. Ses doctrines avaient pénétré jusque chez les Juifs et les Samaritains, et ne contribuèrent pas peu à en faire des ennemis de la foi chrétienne et des corrupteurs de ses dogmes.

A la naissance du christianisme, l'école d'Alexandrie ne pouvait rester spectatrice oisive. Ce fut alors que s'opéra dans cette école un mélange confus de doctrines orientales, grecques et chrétiennes sur la Divinité. Les docteurs juifs y préludèrent; Aristobule et Philon sont restés célèbres. D'autres continuèrent la succession sacrée, comme ils l'appelaient modestement [1].

Autant qu'on peut analyser leur système ou plutôt le chaos de leurs élucubrations ténébreuses et incohérentes, on trouve une sorte d'unité divine reconnue. Encore est-ce à vrai dire un Dieu sou-

---

[1] Leland, *Dém. Évang.*, t. II. Paris, 1769. P. 1, c. xxi, § 4, p. 567.

verain, comme dans Platon, un principe suprême et incréé, non proprement le Dieu unique [1].

De l'être principe, du Dieu suprême, les uns faisaient sortir par voie de création ou de génération, plus souvent par émanation avec les Orientaux, le principe inférieur et secondaire qui avait graduellement tout produit, ce qu'admettaient aussi les Basilidiens, les Nicolaïtes et Appelles, au rapport de saint Épiphane et de Tertullien [2]. D'autres voulaient des productions de dieux ou de génies à l'infini, comme les Valentiniens dans leurs innombrables éons. Ceux-ci tiraient deux principes du premier, l'intelligence, *mens* λόγος ou démiurge, et l'âme du monde, *anima;* c'était la triade, qu'on est convenu de nommer platonicienne, venue certainement par des traditions altérées de l'Orient antique et de la religion ou patriarcale ou mosaïque, qui connurent plus ou moins confusément la Trinité véritable et révélée. Ceux-là enfin tenaient pour un double principe, comme Manès; ou pour trois dieux, comme Marcion, au rapport de saint Cyrille de Jérusalem [3].

---

[1] De Gérando, *Hist. de la philosophie,* t. III, c. xx et xxi, p. 287, 317 et 403.
[2] S. Epiph., *Hær.* 24, 25 et 44. Tert., *de Præscr.,* c. vii. Petau, *de Trinit.,* l. I, c. vi, § 1.
[3] S. Cyr. Hieros., *Catech.,* xvi.

Tous les nombres étaient philosophiquement parcourus et épuisés pour composer la Divinité.

La philosophie se fatiguait impuissante autour du mystère au lieu de croire et d'écouter l'Église déjà établie; et l'Église par la voix des apôtres ou de leurs successeurs proscrivait toutes ces erreurs philosophiques. Elles étaient donc opposées à sa foi; la foi était donc différente de ces doctrines, différente de toute la philosophie; point capital à remarquer. L'Église ne retrouvait pas dans la philosophie l'unité absolue de la nature divine avec la trinité des personnes distinctes; elle gardait ce qu'elle avait reçu d'ailleurs. La philosophie enfantait l'hérésie, l'Église condamnait l'hérésie.

Dès le premier siècle Cerinthe, Ebion, plus tard Artémon et Théodote, les Nazaréens, pour mieux sauver apparemment l'unité divine et réserver la divinité au Père, déclaraient Jésus-Christ un pur homme ou bien un ange.

Pour mieux concilier toutes choses, d'autres, surtout au second siècle, en particulier Cerdon, Marcion et Saturnin, admirent la pluralité, au moins la dualité des principes divins.

L'une et l'autre erreur fut condamnée comme hérétique par l'Église des temps apostoliques.

Praxéas, contemporain de Théodote, dans une

erreur qui ne manquait ni de logique ni de philosophie humaine, réunit ces idées, et conclut que Jésus-Christ, le Fils de Dieu, n'était point distingué du Père, puisque autrement, lui semblait-il, il aurait fallu reconnaître deux principes avec Cerdon, ou accorder à Théodote que Jésus-Christ n'était point Dieu. C'était le commencement du sabellianisme, qui voulait admettre, non la distinction, mais la confusion des personnes dans l'unité divine.

Au reste, suivant saint Ignace d'Antioche, martyr à la fin du premier siècle, la même hérésie avait déjà paru de son temps; il en parle dans sa lettre aux Tralliens:

Praxéas fut condamné par l'Église comme Théodote et Cerdon, avec eux tenu pour hérétique, et ne fit point de secte.

Nous avons encore un livre entier écrit par Tertullien contre Praxéas.

L'Église chrétienne alors, au premier et au second siècle, croyait donc distinctement deux choses : 1° La consubstantialité du Verbe et des personnes divines; car elle croyait qu'il n'y avait qu'une substance éternelle divine, infinie, et que néanmoins Jésus-Christ était vrai Dieu comme le Père; Ebion, Cerinthe, Cerdon et Marcion, qui avaient nié l'un ou l'autre, étaient hérétiques.

2° L'Église croyait alors à la trinité des personnes distinctes dans l'unité divine, aussi positivement qu'à la divinité de Jésus-Christ, puisqu'elle réprouvait Praxéas, qui confondait les personnes entre elles.

Que sont donc tous les systèmes des rationalistes modernes? des ariens et des sabelliens nouveaux? Ils sont vieux comme les plus vieilles hérésies.

Vers le milieu du troisième siècle, Noetus d'Éphèse enseigna de nouveau l'erreur de Praxéas, au rapport de saint Augustin et de saint Épiphane [1]. Et peu d'années après parut Sabellius, plus connu que ses prédécesseurs, et qui donna son nom au sabellianisme.

Paul de Samosate, contemporain de Sabellius, Photin, disciple de Paul de Samosate, les Priscillianistes ensuite professèrent des erreurs qui leur firent adopter celles de Sabellius.

Il pouvait bien y avoir, il y eut en effet des différences dans l'énoncé de leurs doctrines; mais leur philosophie était la même : c'était le sabellianisme, ou la raison humaine voulant enfermer l'essence divine dans ses conceptions étroites, et retranchant de l'unité de nature toute réalité de

---

[1] Aug., l. *de Hær.*, c. XXXVI. Epiph., *Hær.* 57.

personnes distinctes. C'était plus intelligible en effet et plus commode; la raison comprenait, ne croyait pas; il n'y avait plus de mystère.

Le sabellianisme ne reconnaissait donc en Dieu qu'une seule personne, laquelle cependant, à cause des opérations et des effets divers, s'appelait Père, Fils et Saint-Esprit. Père, comme principe créateur; Fils, comme s'étant incarné; Saint-Esprit, comme sanctifiant les âmes : de même, disait-on, qu'un seul et même soleil a la vertu d'éclairer, d'échauffer et de produire.

Et l'on crut sans doute avoir fait ainsi merveille, avoir réformé à la fois le platonisme d'un côté et la croyance chrétienne de l'autre, pour les améliorer et les unir; c'était de l'éclectisme alexandrin, en grande vogue alors, et qu'on se plaisait à allier avec l'illuminisme des gnostiques.

Ce temps ressemblait donc un peu au nôtre, Messieurs, beaucoup même, je pense, quant au travail d'erreurs philosophiques et quant aux abus caractéristiques d'une civilisation avancée, entre autres quant à une certaine hésitation en présence de la vérité. On veut, et l'on ne veut pas; on croit, et l'on ne croit pas. Il manque une chose, le courage. Cependant que fait-on de bien sans courage? Le savant dans l'étude, le héros dans la guerre, le chrétien dans la vie, doivent reconnaître le but, y viser, puis s'élancer vaillamment pour le saisir. Voyez le vaisseau construit sur le rivage : tout est prêt, il doit être mis à flot ; un moment solennel précède, la prudence a tout disposé, il faut la force ; le vaisseau est lancé ; il se précipite au sein des eaux ; il semble saluer de son hommage et la foule et les mers étonnées. Les mers déjà reconnaissent en lui leur dominateur et leur roi, qui s'en va affronter au loin les flots et les orages. La voie ouverte, la foi reconnue, il faut, Messieurs, s'élancer au loin avec elle ; mais toujours dans ce navire heureux que dirige la main divine, l'Église de Jésus-Christ.

L'Église donc, jadis comme aujourd'hui, inflexible dans sa foi, rejetait tout ce qui n'était pas le mystère même de l'incompréhensible Trinité. Elle disait au rationalisme ancien : Vous ne pouvez rien dans le champ des traditions divines et révélées. Saint Denis d'Alexandrie, siégeant comme évêque au centre même de la philosophie dominante, et dans le lieu aussi où par suite le sabellianisme s'était répandu, saint Denis d'Alexandrie dut combattre et combattit en effet cette erreur avec un zèle ardent. Il en écrivit longuement au pape Denis, et tint à Alexandrie un synode où Sabellius fut condamné. La même hérésie fut proscrite dans plusieurs autres conciles du troisième et du quatrième siècle; dans ceux de Milan et de Sirmium tenus contre Photin; dans ceux de Saragosse et de Tolède, du même temps; enfin dans les deux premiers conciles œcuméniques de Nicée et de Constantinople, au quatrième siècle.

Les Pères, organes des traditions et de la vérité catholiques, ont fortement réfuté le sabellianisme; entre autres, Tertullien, saint Cyprien, saint Épiphane, saint Augustin, saint Basile, saint Léon.

Saint Augustin regarda le sabellianisme comme éteint au commencement du cinquième siècle [1].

Il est donc clair, d'après la note d'hérésie unanimement décernée aux opinions sabelliennes [2], que dès l'origine l'Église catholique a soutenu que le Père, le Fils et le Saint-Esprit ne sont point des noms différents donnés à la nature divine à cause des différents effets qu'elle produit; ni trois substances non plus, ou trois êtres d'une nature distincte, puisque déjà aussi la pluralité des principes divins séparés avait été condamnée. La croyance de l'Église sur la Trinité était donc alors au premier, au deuxième, au troisième siècle, dont nous avons rapporté les monuments, telle qu'elle est encore aujourd'hui: trinité de personnes, unité de nature. L'hérésie se leva, l'hérésie passa, la foi

---

[1] *De Hær.*, c. IV.
[2] V. Petau, *de Trinit.*, l. I, c. VI; et *Theol. Wiceburg.*

demeure. C'est quelque chose cependant, quand il s'agit du triomphe d'un incompréhensible mystère sur toutes les exigences, sur toutes les résistances d'une raison indocile.

Le sabellianisme, reproduit un moment par Abélard au douzième siècle, ne se montra plus jusqu'au temps de la réforme, qui devait réveiller tant d'erreurs.

Servet, brûlé par Calvin; les deux Socin, cruellement persécutés par la réforme, parce qu'ils appliquaient trop logiquement son principe du libre examen; tout ce qui depuis arbora le drapeau de la raison libre et souveraine, tous les rationalistes modernes de l'Allemagne, sont véritablement unitaires ou sabelliens plutôt qu'ariens.

Voici leur principe commun d'erreur : expliquer le christianisme d'une manière intelligible à la raison. Alors tous les mystères sont retranchés. Il n'y a qu'une personne en Dieu, et le Père, le Fils, le Saint-Esprit ne sont point des personnes divines, mais tout au plus de simples attributs de Dieu. C'est le sabellianisme lui-même.

Jésus-Christ, suivant les mêmes doctrines, n'est plus qu'un pur homme, et c'est ce qu'il avait été convenu de nommer le nouvel arianisme : nous en parlerons tout à l'heure.

Ce qu'a voulu aussi de nos jours Hermès dans

sa théologie prétendue catholique, n'est point facile à deviner, et il est douteux que l'auteur s'entendît lui-même. Mais il est certain qu'il a gravement erré dans son rationalisme en nommant les personnes divines des effets de la nature même de Dieu, *effectus :* parole inusitée dans toute la théologie catholique, et qui, si elle a un sens, doit rentrer dans le sabellianisme, suivant lequel les personnes divines étaient seulement des opérations ou des effets divers de la Divinité; ou bien conduire à un grossier trithéisme, d'après lequel la Trinité consistait en trois dieux distincts et effectifs. Un mot suffit pour fixer la position du dogme catholique de la Trinité relativement au sabellianisme.

Que nous a dit l'histoire de la philosophie? Qu'elle enfanta sans cesse des explications variées, contradictoires, de la substance divine et de l'adorable Trinité. Mais l'Église dès l'origine, l'Église dans tous les temps proscrivit tout ce qui n'était pas sa foi sur ce dogme capital, tout ce qui n'était pas la Trinité des personnes dans l'unité de nature.

D'où venait alors la foi de l'Église, d'où venait la croyance à ce mystère? Ce n'était pas de la philosophie, qui par l'hérésie désolait l'Église, et que l'Église condamnait dans l'hérésie; c'était donc de cette source primitive et pure d'où naquirent et l'Église et le christianisme, de la révélation même du Sauveur, qui, conservée d'âge en âge dans les canaux fidèles de la tradition et sous le rempart de l'autorité, nous apporte encore aujourd'hui une foi toujours la même, parce qu'elle fut donnée au monde par la parole et les œuvres divines.

Ah! supposez, Messieurs, pour le mieux sentir, qu'une de nos jeunes intelligences rebelle à la foi du grand mystère, car il s'en trouve encore; supposez que, remontant le cours des siècles, elle eût à débattre son opposition et ses doutes avec l'un de ces génies calmes, saints et profonds qui ont illustré l'enseignement catholique.

« Quoi! dirait le jeune incrédule à l'une des plus hautes personnifications de la science et de la vertu, à cet esprit de lumière si limpide et si pure nommé à bon droit l'Ange de l'école, saint Thomas: Quoi! vous croyez à la Trinité! — Oui, j'y crois, et je serais prêt à donner ma vie pour ma foi. — Mais c'est là du fanatisme. — Je suis profondément tranquille et recueilli. — Une raison éclairée ne peut admettre une pareille croyance, trois ne faisant qu'un. — Ma vie fut consacrée à l'étude en même temps qu'à la prière, et les longues années de méditations attentives sur les sciences divines et humaines n'ont fait que m'attacher plus inviolablement à la foi de l'adorable Trinité, parce que Dieu la révéla. Nous ne disons pas que trois font un, nous affirmons la trinité des personnes et l'unité de nature; il n'y aurait contradiction qu'en disant à la fois trinité de nature et unité de nature, ce que nous ne disons pas. — Vous ne connaissez donc pas les difficultés, les objections? — Je crois les avoir présentées avec plus de force que vous-même, vous en pouvez juger; nous répondons à toutes, mais on ne peut d'ailleurs faire aucune objection contre la parole divine constatée. — Quelque passion secrète ne vous déguiserait-elle pas le motif de votre dévouement si ardent pour la foi? — Je ne vois pas quelle passion dominerait mon cœur. L'ambition? j'ai renoncé avec joie aux distinctions du monde et de l'Église, et je n'y ai pas même trouvé un sacrifice à offrir à Dieu. L'avarice? je me suis fait pauvre pour l'amour de Jésus-Christ. Sur cette terre je ne possède et ne désire rien. La volupté? un jour l'ange bienheureux ceignit mes reins. Non, les passions ne m'ont point donné la foi; trop souvent elles l'ont fait perdre à d'autres. — Votre foi ne serait-elle qu'apparente? — Elle est intime et bien sincère, l'âme de mon âme et la vie de ma vie, il y a déjà bien longtemps. — Vous donc croyez sincèrement? — Oui. — Vous avez pesé le pour et le contre? — Oui. — Vous n'avez pas aperçu de contradiction?

— Aucune. Il ne saurait y en avoir dans un mystère qu'on ne comprend pas; on ne peut pas plus contredire qu'expliquer des termes inconnus.
— Et cette foi du mystère vous satisfait et vous console? — Oui, j'y vois Dieu lui-même se manifestant à mon intelligence, à mon cœur; et soumis à sa parole rendue certaine par des faits certains, je m'unis avec bonheur à l'onction intérieure de sa grâce pour croire et embrasser le divin mystère dont l'autorité infaillible de l'Église me garantit à jamais la vérité. »

Disons maintenant un mot abrégé sur l'arianisme.

III. P. L'arianisme a perdu pour nous, Messieurs, de son grand intérêt; non pas qu'il n'ait été l'une des plus graves et des plus puissantes hérésies, l'un des antagonistes principaux de la Trinité divine; mais c'est que nous sommes maintenant au delà, puisqu'on a déplacé toutes les bornes et toutes les bases, et qu'il nous faut tâcher de les reconstruire. C'est aussi parce que l'arianisme historiquement et philosophiquement bien connu n'est point ce que l'on pense communément. Il ne fut pas d'abord directement et dans sa conception première la négation de la divinité de Jésus-Christ. D'autres hérétiques l'avaient niée dès le premier siècle. L'arianisme était réellement la trinité platonicienne transportée dans le dogme chrétien. Arius prétendit bien admettre la divinité du Verbe, et nier sa consubstantialité ou son unité de substance avec le Père, ce qui toutefois était impossible à concilier.

Rappelez-vous ce que j'ai eu déjà l'honneur de vous dire : que l'école néo-platonicienne d'Alexandrie était le foyer philosophique de l'hérésie. Les circonstances locales suffiraient seules pour le montrer. Le sabellianisme s'était formé et propagé surtout à Alexandrie; l'arianisme prit aussi naissance et accroissement à Alexandrie.

Arius était prêtre et gouvernait l'une des paroisses de cette ville; Alexandre lui fut préféré pour le siége épiscopal; alors la philosophie vint en aide à l'ambition trompée, ce qui arrive quelquefois.

Arius contesta la théologie de son évêque, et nia publiquement que le Verbe fût de la même substance que le Père; il prétendit que le Verbe avait été seulement créé avant toute autre créature et pour être l'instrument du Père dans la création. C'est le démiurge de la philosophie platonicienne.

Arius apparemment pensait ainsi mieux échapper au sabellianisme, déjà condamné; il tombait dans l'excès opposé, distinguant la nature du Fils de celle du Père, au lieu de distinguer seulement les personnes.

Sa doctrine sur le Saint-Esprit était et devait être analogue, car le macédonianisme, qui nie la consubstantialité du Saint-Esprit, et qui fut condamné dans le deuxième concile œcuménique à Constantinople, est virtuellement la même hérésie que l'arianisme, condamné dans le premier à Nicée.

A la philosophie Arius joignit la poésie pour propager son erreur; nous avons encore dans saint Athanase des fragments de son poëme ou de sa chanson impure de Thalie. On remarque à cet égard que l'hérésie affectionna ce mode de propagande. Elle mettait sa doctrine en chansons et la répandait ainsi pour la rendre populaire. C'est un moyen que Valentin et Harmonius avaient employé avant Arius, qu'Apollinaire mit en œuvre depuis [1].

Il y a bien un autre moyen de puissance pour l'erreur; saint Athanase a écrit ces graves paroles : « Les ariens se rendirent redoutables à tout le monde parce qu'ils étaient appuyés du crédit des femmes. » Ce que le génie de l'hérésie grecque sut inventer de subtilités, de mensonges, de subter-

---

[1] Il existe une dissertation curieuse publiée à Londres en 1720 sur ce sujet, et qui a pour titre : *De Propagatione hæreseon per cantilenas.*

fuges, de jeux de mots pour en imposer sur ses opinions, est chose qui étonne toujours. Le pouvoir de l'arianisme dans ce genre fut immense. Il épuisa tous les degrés du sophisme, niant ce qu'il affirmait, affirmant ce qu'il niait, élaborant des professions de foi où tout était calculé et en apparence orthodoxe, séduisant tout ce qui pouvait être séduit. Mais l'Église, assemblée à Nicée en 325, proclama pour jamais la foi qui avait été transmise et crue dans tous les temps, la consubstantialité et la divinité du Verbe, comme quelques années plus tard le premier concile de Constantinople définit la divinité du Saint-Esprit. Il était juste que les deux premiers conciles généraux eussent à proclamer le dogme entier de l'auguste Trinité.

L'arianisme ou primitif ou transformé lutta lontemps encore en Orient; et la grande figure d'Athanase, si cruellement persécuté, nous apparaît comme la personnification auguste de la défense orthodoxe contre Arius.

L'Occident fut délivré plus tard encore de l'hérésie arienne, et l'on sait que les rois barbares en furent les partisans zélés. Cependant, après la conversion de Clovis, l'arianisme s'éteignit insensiblement en France. Qu'était-ce donc, Messieurs, que l'arianisme? La raison encore voulant tout comprendre et retranchant le mystère de l'unité de substance divine dans les trois personnes distinctes.

Mais voyez l'inconséquence. Arius ne pouvait pas concevoir ni admettre que le Fils fût coéternel et consubstantiel au Père, ce qui est la foi; et il admettait un verbe créature, et cependant vrai Dieu, égal à son Père, sans s'inquiéter de l'incompatibilité et de la contradiction manifestes ici : tant l'erreur est aveugle.

La philosophie platonicienne devait bien l'admettre forcément ainsi; son *Logos* était créé, elle en voulait cependant faire un Dieu. Ce qui était retomber dans un vrai polythéisme.

Au reste, l'arianisme rigide et logique, dit des anoméens, eut la franchise de n'attribuer au Verbe qu'une divinité purement nominale et de convention, admettant en lui toutes les conséquences de la qualité de créature.

Le nouvel arianisme, sorti des rangs de la réforme, a varié aussi beaucoup dans ses formules. L'Angleterre fut à ce sujet le théâtre de persécutions sanglantes sous les trois règnes de Marie, d'Élisabeth et de Jacques Ier.

Aujourd'hui, comme je l'ai dit, ce n'est plus de l'arianisme que l'on fait, mais plutôt du sabellianisme. Plus de Trinité, un simple déisme ou un obscur panthéisme ; le Christ un pur homme, s'il n'est même un mythe et un symbole.

Il faut, Messieurs, tirer de l'erreur le fruit qu'elle apporte à la vérité. On avait prétendu, on prétend bien encore quelquefois que le dogme catholique de la Trinité avait été emprunté aux philosophies orientales ou grecques ; en conséquence les Pères, l'Église primitive furent accusés de platonisme ; un excellent ouvrage, reproduit il y a quelques années, les a pleinement vengés sous ce titre : *Défense des saints Pères accusés de platonisme,* par le Père Baltus ; vous pourriez le lire avec fruit. Un seul mot suffit ici : Le platonisme fut véritablement le type et la source des principales hérésies contre la Trinité, la création secondaire et séparée du *Logos* ou Démiurge est l'idée de Platon dans Arius. Mais l'hérésie n'est pas la foi ; non, en conscience, la foi catholique ne vient pas de Platon, il n'y a rien de commun.

Puis voyez quelle robuste et conséquente logique s'attache à combattre nos dogmes ; sans peine on reconnaîtra la Trinité partout, dans l'Inde, en Égypte, en Grèce, dans toutes les philosophies antiques, et l'on dira : Dans le christianisme lui-même, non, il n'y a point de Trinité. Est-ce assez dévorer de contradictions pour ne pas croire ?

Chose bien étrange encore : on ne veut pas de la Trinité enseignée par le catholicisme, mais on l'accepterait volontiers découverte et démontrée par la raison. Un philosophe du progrès admet aujourd'hui la Trinité : le progrès ce n'est donc que le retour ? Attendez quelque temps encore, un autre philosophe humanitaire démontrera l'Incarnation : pourquoi pas ? il y a une inconséquence si étrange dans l'erreur ! Ainsi chacun de nos mystères pourrait reparaître à son tour par l'effet du progrès. Pourquoi, je vous le demande, ne pas les accepter quand nous les proposons ? Ce serait plus facile et plus sûr. Les rêves de quelques esprits malades valent-ils mieux que nos palpables démonstrations, et leurs théories creuses mieux que nos faits attestés et divins ? Mais on procède ainsi : la vérité qui viendrait de l'Église, il faut l'exclure ; celle que la raison semble inventer quand ce n'est qu'un plagiat grossier, il faut l'admettre et l'encenser avec honneur.

Quant à nous, Messieurs, nous pensons qu'il vaut mieux avoir foi à la tradition universelle et constante de l'Église catholique depuis mil huit cents ans, qu'aux inconséquentes contradictions, aux variations perpétuelles et aux rêves des unitaires et des rationalistes.

Au reste, cet aveu de l'origine et de la perpétuité de nos dogmes a été arraché par la vérité à une bouche qui n'est pas suspecte. Gibbon a dit dans ses Mémoires, t. I, chap. Ier : « Un homme instruit ne saurait résister au poids de l'évidence historique qui établit que dans toute la période des quatre premiers siècles de l'Église, les points principaux des doctrines papistes étaient déjà admis en théorie et en pratique. »

Ainsi donc, Messieurs, l'erreur prouve elle-même la vérité :

Deux hérésies capitales ont attaqué le mystère de l'adorable Trinité, le sabellianisme et l'arianisme. L'un confondait les trois personnes divines en une; l'autre devait logiquement diviser la substance divine en trois, prétendant, au moyen de toutes les subtilités grecques, admettre la divinité du Verbe et du Saint-Esprit, et nier leur consubstantialité ou leur unité de substance.

Rome, les évêques, les fidèles, malgré les défections plus ou moins nombreuses, repoussèrent l'une et l'autre hérésie; l'Église les condamna solennellement toutes deux plusieurs fois; l'Église croyait donc dans tous les temps à la distinction des personnes divines et à l'unité substantielle de l'essence divine, ce qui est le dogme lui-même de la sainte Trinité, et cela suffit; ce dogme a donc pour origine l'origine même de l'Église, la révélation de Jésus-Christ.

Mais quel mystère profond, impénétrable! j'en conviens. Dieu l'a révélé, je le crois.

Vous le rejetez en glorifiant la science et la raison, et vous ne songez pas que le progrès de votre science est réellement de multiplier pour vous les mystères. L'eau était une inconnue, un mystère, mais un seul. Lavoisier la décompose en deux éléments. Que sont ces substances nouvelles? L'une brûle, l'autre fait brûler; voilà bien des propriétés extérieures. Mais quelles sont ces substances en elles-mêmes? On ne répond plus; vous ne le savez pas, vous ne le saurez jamais : ce sont deux mystères au lieu d'un. Peut-être les décomposera-t-on encore chacune en deux autres substances; on célèbrera à grands cris le progrès. Qu'aurez-vous alors? Quatre inconnues, c'est-à-dire quatre mystères impénétrables au lieu de deux. Car vous ne connaissez aucune substance en elle-même, aucune. Et vous ne voulez pas de mystères dans la substance divine! Vraiment je ne sais comment qualifier cette déraison.

Messieurs, qu'il est donc vrai que la science enfle et égare, et qu'elle a besoin d'une autorité commandant la foi, imposant le mystère! Même plus un siècle est savant, plus il a besoin d'autorité dans la foi. Pourquoi? Parce que l'esprit humain n'a qu'une certaine somme de force vive. S'il la dépense tout entière sur un objet, il l'épuise bientôt, il n'est plus capable d'autre science. L'anatomiste livré à l'étude et à la dissection du cadavre ne croit plus qu'à son scalpel et à ses yeux; le mathématicien qui s'est noyé dans ses formules ne croit plus qu'à ses équations; le chimiste n'a de confiance qu'en ses réactifs.

Pour tous ces savants la certitude métaphysique ou morale devient comme étrangère et très-difficile à conquérir; ils ne peuvent guère aborder d'autres recherches que celles qui les ont absorbés. Que leur faut-il avant tout? L'autorité qui commande, qui dicte la vérité religieuse et la foi, qui pense et affirme pour eux.

Sur tout autre point que sa science propre et favorite, je le dirai comme une louange, le savant est un enfant, moins qu'un enfant; souvent même il n'a plus sa raison pour le reste, il est en quelque sorte devenu monomane.

Que lui faut-il, que nous faut-il à tous comme garantie, comme barrière et comme guide? L'autorité, l'Église, enseignant et fixant pour nous le mystère, le mystère entre autres de la Trinité adorable dans l'unité divine.

Mais je m'arrête, Messieurs, je méditais tout à

l'heure, et ne raisonnais pas ; je priais même en pensant à la divine image que vous portez dans vos âmes, afin que l'adorable Trinité vous donne d'employer toute la vive énergie de votre être à connaître, à aimer Celui par qui vous êtes et pour qui vous êtes; Celui dont la mystérieuse majesté réclame sans doute votre foi généreuse et soumise, mais dont la bonté compatissante veut soutenir, guider vos pas, et s'offre à remplir vos cœurs des affections et des joies si douces et si pures de la vérité et de la charité divines.

QUARANTE-NEUVIÈME CONFÉRENCE

L'INCARNATION

QUARANTE-NEUVIÈME CONFÉRENCE

L'INCARNATION

Monseigneur,

Un homme parut il y a mil huit cents ans, au sein de la Judée. Je me reporte à cette époque, et je le contemple aux lieux bénis par sa présence.

A le voir, c'est un homme semblable aux autres hommes, pauvre, faible; mais qui offre empreinte sur toute sa personne, sur tous les actes de sa vie, une ravissante image de grandeur calme, de bonté touchante, de dignité surhumaine.

Jeune encore il a passé de longues années dans la retraite et l'obscurité. Il sort de l'atelier d'un artisan, il se montre; et, dès le premier instant, le charme inexprimable de sa personne, de ses paroles, lui a gagné les cœurs, attiré de nombreux et dévoués disciples.

Jamais il ne fut donné à la terre d'admirer un tel ensemble de vertus, de perfection et de beauté morale. En Jésus-Christ quel amour, quel respect profond pour Dieu ! Quel zèle, quel désir immense de le faire connaître, adorer et aimer ! Il déclare, il répète sans cesse ne chercher, ne vouloir d'autre gloire que celle de Dieu lui-même, qu'il nomma toujours son Père. Et quand l'enthousiasme des peuples pressés en foule sur ses pas veut lui offrir une couronne, il s'enfuit rapidement au désert.

Chose étrange ! il ne fuit pas l'abaissement et l'outrage ; il ne fuit que la grandeur et la gloire humaines comme indignes de lui.

Il chérit avec tendresse l'humanité souffrante, il s'empresse à consoler et guérir ses maux, à soutenir, à guider sa faiblesse. Avec quelle patience il la supporte et il l'instruit ! On le voit, jamais homme n'a ainsi aimé les hommes.

L'enfance est l'objet de ses prévenances et de ses affections les plus douces, la pauvreté de ses éloges et de son intime familiarité.

Il accueille le pécheur avec une inépuisable indulgence, avec une sorte de prédilection paternelle ; il absout les premières larmes de Madeleine, et il dit à la femme adultère : Personne ne vous a condamnée, ce n'est pas moi qui vous condamnerai ; allez, et ne retombez plus.

Son cœur s'attendrit jusqu'aux larmes sur la mort d'un ami; il pleure aussi sur les maux à venir de son ingrate patrie.

Il n'a les réprimandes, les leçons sévères que pour l'orgueil et l'hypocrisie pharisaïques; mais en toute rencontre il exerce, il enseigne, il presse de garder comme son précepte par excellence l'humble, et douce, et bienfaisante charité. Il mourra en priant pour ses bourreaux.

Dans cet homme vénérable l'innocence des mœurs est plus pure que l'éclat des plus beaux cieux; et la haine la plus envenimée n'a pas même l'ombre d'un soupçon à cet égard. Sa modération, son détachement, son humilité nous confondent; il ne posséda jamais aucun bien, jamais il ne s'attribua aucune autorité; il repousse loin de lui tout ce qui pouvait ressembler au faste, aux honneurs vains, aux vains plaisirs.

En un mot, tous les trésors de bonté, de vertu, de sagesse, de sainteté, d'humble et sublime héroïsme, apparaissent en Jésus-Christ. Ils apparaissent dispensés au sein d'une paix profonde et d'une égalité toujours semblable à elle-même.

Cependant la plus admirable doctrine découle de ses lèvres. Dès ses premiers enseignements, il laisse bien loin derrière lui les philosophes les plus vantés, il apporte au monde une morale toute céleste, un dogme élevé bien au-dessus de l'intelligence humaine, et qui coule de ses lèvres comme une source abondante de consolation et de lumière.

Son éloquence est simple, attachante; elle s'accommode à tous, à l'enfant, à l'ignorant, à la multitude ainsi qu'à l'homme instruit et puissant. Il étonne, il pénètre, il ravit par ses discours; et l'on s'écrie: « Jamais homme n'a parlé comme cet homme. » *Nunquam sic locutus est homo sicut hic homo* [1].

Et ses paroles, toujours vivantes dans la bouche des hommes, forceront la plus haute admiration du génie, en charmant la candeur des âmes naïves.

Partout sur son passage et à sa voix naissent les plus éclatants prodiges, les faits les plus extraordinaires. Une vertu secrète, toute-puissante s'échappe sans cesse de sa personne, tous ses pas sont des prodiges, et ses prodiges sont des bienfaits; il passe ainsi en faisant le bien. Il se montre parmi tant de merveilles, au milieu des choses célestes et divines, comme le fils établi dans la maison paternelle; le sublime, le merveilleux, le divin sont pour lui l'état propre et naturel. Sans

---

[1] Joann., VII, 46.

travail, sans effort, sans trouble, sans ostentation aucune, il est ce qu'il est.

Je ne sais quelle sublimité paisible de vertu, de grandeur, de bonté, de génie, de puissance, éclate en lui, et indique plus que l'homme et plus que l'ange. On sent que s'il y eut jamais un envoyé divin sur la terre, c'est lui, c'est Jésus-Christ.

Le cœur s'émeut, les genoux fléchissent, on révère, on aime et l'on adore. Tel est Jésus.

Ce nom sacré, Messieurs, rappelle le plus auguste et le plus profond mystère, l'Incarnation divine. Nous en parlerons aujourd'hui; et c'est à l'erreur même que nous demanderons les plus utiles enseignements.

I. P. Messieurs, cherchez d'abord dans vos esprits, comme une hypothèse, si vous voulez, et comme à priori, ce qui pourrait convenir à l'Homme-Dieu et se trouver renfermé en lui; et vous remarquerez que tout, absolument tout a été attaqué, nié en Jésus-Christ. Tout dans son humanité et sa divinité : le corps, sa réalité, sa nature, ses souffrances, sa mort; l'âme, son intelligence, sa volonté, sa liberté; la divinité, la personnalité divine, la nature divine, les œuvres divines; la distinction, l'union des deux natures divine et humaine; tout, absolument tout ce qu'il est possible de nier et d'attaquer dans un Dieu, dans un homme, l'a été en Jésus-Christ. Son enseignement aussi, sa probité même, nous le verrons; sa présence adorable et réelle dans l'Eucharistie; son existence enfin de nos jours.

Cette condition historique est étrange, unique dans les annales des peuples. Je ne sache pas que l'on dispute à Confucius, à Socrate, à Mahomet leurs doctrines, leurs faits, leurs qualités, leur nature même et leur existence : pour Jésus-Christ, on lui refuse tout. Il y a nécessairement une raison de cette étonnante différence, une raison de cette occupation et de cette haine spéciales. Nous tâcherons de la trouver dans les leçons mêmes de l'erreur.

L'erreur a tout nié en Jésus-Christ.

A celle qui nia la réalité humaine, appartient la primauté sinon d'honneur, au moins d'origine. On en juge par les Épîtres mêmes de saint Jean l'Évangéliste, par les lettres de saint Ignace martyr, et par les livres de saint Irénée contre les hérésies; ils reportent au premier siècle lui-même ces folles attaques.

Simon le Magicien, Ménandre, Saturnin, Basilides, les gnostiques et leurs sectes diverses imaginèrent donc que Jésus-Christ n'avait point eu la réalité, mais seulement l'apparence de la chair; qu'il n'avait souffert, qu'il n'était mort qu'en apparence. En conséquence ces sectaires furent nommés docètes ou phantasiastes. Saint Jean lui-même dut écrire contre eux ; Tertullien encore de son temps, au deuxième siècle, les réfutait admirablement dans son livre *De Carne Christi*.

Les anabaptistes, les quakers et d'autres infortunés encore, dans nos temps modernes, ont voulu admettre un je ne sais quoi de céleste au lieu d'un corps réel en Jésus-Christ. Luther lui donna bien l'ubiquité ou une sorte d'immensité divine dans sa chair même. L'homme a toujours besoin, quoi qu'on fasse, du surnaturel et du merveilleux. Dieu donne ce penchant, le fanatisme en abuse, un froid naturalisme prétend en vain l'étouffer, la foi reconnaît son origine et le sert en lui donnant la vérité.

On avait dépouillé Jésus-Christ de son corps, on lui ôta son âme en lui rendant sa chair. Ainsi l'erreur se détruit-elle de ses propres mains.

Les ariens, en introduisant leur divinité platonicienne dans le Verbe, pensèrent qu'elle pouvait servir d'âme en Jésus-Christ, et ils ne lui reconnurent que la partie corporelle de la nature humaine.

Il s'ensuivait que la divinité même du Verbe

avait dû souffrir, puisqu'elle constituait l'âme et la vie du corps immolé.

Saint Athanase, saint Épiphane, saint Augustin et d'autres Pères ont rapporté et combattu cette hérésie d'Arius.

Apollinaire l'adopta, ou plutôt la changea ; il accordait, entre bien d'autres erreurs, à Jésus-Christ une âme, mais sans intelligence : *mentis expertem*, disent les contemporains.

Tous les grands hommes du quatrième siècle de l'Église combattirent Apollinaire avec la force du raisonnement et avec les larmes de l'amitié. Apollinaire avait été leur émule, leur frère dans les camps de la science et de la vérité. Il était doué d'un beau génie ; il avait brillé par l'éminence de sa doctrine et de sa piété, il tomba blessé par l'orgueil. Il n'est pas le seul.

La science et le génie ne suffisent donc pas à l'homme.

Plus tard les monothélites, avec tous les replis tortueux du sophisme grec, nièrent en Jésus-Christ la double volonté et la double opération, qui correspondait à sa double nature divine et humaine. Il y avait une fusion, une mixtion, de ces deux volontés comme de leurs opérations, dans le sens d'Eutychès ; ou plus communément l'âme humaine était en Jésus-Christ sans volonté ni liberté propres, au sens d'Arius et d'Apollinaire. Et toutes les subtilités grecques, tous les emportements hérétiques furent employés pour soutenir cette absurdité, qui sembla donner presque le coup de la mort aux hérésies, hélas! aussi et à l'orthodoxie d'une grande partie de l'Orient au septième siècle.

Calvin dans ses sombres doctrines dut enseigner que Jésus-Christ n'était pas libre; il osa lui attribuer sur la croix les tourments et le désespoir des réprouvés. Rien n'a droit d'étonner dans le champ de l'erreur.

On avait donc attaqué tout l'homme en Jésus-Christ, sa chair, son âme, son intelligence, sa volonté, sa liberté. On attaqua le Dieu.

Le judaïsme s'en chargea d'abord, cela devait être. Dans les trois premiers siècles il est facile de reconnaître quelques hérésies juives, comme quelques hérésies philosophiques, bien que le plus souvent elles se confondent.

Cérinthe voulait retenir un judaïsme chrétien; il avait aussi longtemps étudié la philosophie en Égypte, au rapport de Théodoret; il revint en Asie la mettre au service de l'hérésie, au premier siècle.

Cérinthe sembla distinguer deux personnes en Jésus-Christ, comme le fit plus tard Nestorius : le

Christ et Jésus ; Jésus était l'homme ordinaire ; mais au Jourdain le Christ ou l'esprit était descendu en lui. C'était nier la divinité véritable du Sauveur, qui consiste en l'unité absolue de personne divine dans l'union indissoluble des deux natures divine et humaine.

Ébion fut disciple de Cérinthe ; puis vinrent des sectes impures niant la divinité de Jésus-Christ et rendant des honneurs divins à deux femmes issues d'un prétendu prophète. Disons, Messieurs, que le paganisme sensualiste revient dans l'hérésie. Auprès de combien d'hérésiarques fameux, de viles courtisanes n'étaient-elles pas élevées au rang de prophétesses inspirées ou même de divinités! Simon de Samarie promenait ainsi son Hélène ; Montan, sa Priscille. Et de nos jours n'est-on pas allé chercher je ne sais où la femme Messie ? Il y a, Messieurs, un côté honteux par lequel les erreurs se touchent et se confondent : l'opprobre des mœurs joint comme forcément à leurs leçons. Le mot terrible de saint Justin, à propos de la Théogonie d'Homère : *Principium et finis mulier*, reçoit toujours son application.

Dès lors cérinthiens, ébionites, éléeséens étaient tous rejetés avec horreur de la communion de l'Église, condamnés par les Apôtres eux-mêmes ou leurs successeurs. Ces hérétiques niaient la divinité de Jésus-Christ, l'Église la professait donc dès l'origine.

Plus tard vinrent Artémon et Théodote, sous l'empereur Sévère; puis Paul de Samosate, au troisième siècle : Paul de Samosate, qui de mendiant était devenu courtisan auprès de Zénobie, ce qui était mendier encore, et qu'Aurélien, empereur païen, fit néanmoins chasser de la maison épiscopale d'Antioche à la demande des catholiques, parce que cet hérétique n'était pas en communion avec le pontife romain. Eusèbe a conservé le fait. Artémon, Théodote, Paul de Samosate et Pothin son disciple, niaient la divinité de Jésus-Christ.

Nestorius, homme orgueilleux de son talent et de son élévation au patriarcat de Constantinople, puis Eutychès, moine entêté et ignorant, combattirent, par deux erreurs extrêmes, le dogme sacré de l'Incarnation divine : Nestorius, en divisant Jésus-Christ en deux personnes et déniant à Marie sa glorieuse prérogative de Mère de Dieu; Eutychès, en prétendant opérer je ne sais quelle absurde fusion ou mixtion entre les deux natures divine et humaine.

Il fallait garder intacts deux points en Jésus-Christ, savoir l'unité de la personne divine et l'union indissoluble des deux natures, mais sans altération, ni confusion, ni mélange entre elles.

Saint Cyrille d'Alexandrie fut l'Athanase du concile d'Éphèse et de la lutte contre les Nestoriens. Saint Augustin venait de mourir, il ne put y prendre part. L'esprit du Dieu vivant inspira à saint Cyrille, en l'honneur de la Mère de Dieu, devant les évêques assemblés, l'un des plus beaux mouvements d'éloquence à mon avis que les annales humaines aient conservés. Je regrette de ne pouvoir le redire ici; le temps me manque, on peut le lire dans les Actes du concile d'Éphèse.

Nestorius d'abord, plus tard Eutychès, furent condamnés par Rome et les conciles; le dogme de la maternité divine et de la divinité de Jésus-Christ, avec l'unité de sa personne, avec la distinction de ses deux natures unies, le dogme vrai fut défini et vengé encore contre toutes les attaques des hérésies.

Pour l'Église, pour l'univers catholique, Jésus-Christ était toujours le Dieu homme, et Marie par conséquent Mère de Dieu.

Messieurs, le quatrième siècle de l'Église avait été jusqu'aux temps de la réforme le siècle le plus fécond en hérésies, le plus fécond aussi en gloires orthodoxes. Le cinquième et le sixième siècle virent de beaucoup diminuer le nombre des erreurs.

Puis les Églises d'Orient s'endormirent dans

leurs erreurs sans en voir de nouvelles se développer avec éclat. Les conciles d'Orient cessèrent de se réunir.

Le grand travail de l'hérésie en Occident ne surgit que plus tard. Le moyen âge produisit peu de dissidences importantes dans la foi. Béranger cependant, Pierre de Bruis, Abélard, les Vaudois, les Albigeois rappelèrent à l'Église qu'elle ne vivrait jamais sans combat.

Vinrent Wiclef et Jean Huss, précurseurs de la réforme. La réforme parut; on ne peut plus donner la nomenclature ni le nombre des erreurs qui pullulèrent à cette époque.

Les premiers réformés avaient du moins voulu conserver le dogme de l'Incarnation et de la divinité de Jésus-Christ. Mais de quel droit auraient-ils retenu ce dogme plutôt qu'un autre? Le socinianisme naquit en 1546 dans l'académie secrète de Vicence, et appuya sur le principe du libre examen ses audacieuses assertions.

Alors le christianisme ne fut plus qu'un vain nom. On donnait toute autorité aux interprétations privées de l'esprit de l'homme; la foi de l'Incarnation fut répudiée.

Paul de Samosate et Photin, après plus de onze siècles d'intervalle, eurent des successeurs; la divinité de Jésus-Christ fut niée de nouveau.

Un grand nombre de protestants modernes, et les rationalistes bibliques et autres, sortis en foule du sein de la réforme ou de son principe, ont accepté et même dépassé toutes les hérésies connues par l'audace et la licence de leurs opinions.

Pour le rationalisme, Jésus-Christ n'est donc qu'un homme comparable, dit-on, à Pythagore, à Platon, ou bien à Zoroastre, à Confucius et même à Mahomet, à ces sages, en un mot, suscités à certaines époques pour enseigner les peuples et leur donner des institutions religieuses ou politiques. Jésus, ajoute-t-on, aura été nommé Dieu comme d'autres hommes l'avaient été, non par Incarnation, mais par apothéose. Le christianisme aura eu ses mystères, son merveilleux surnaturel et divin, comme les autres religions eurent les leurs. Ce sont seulement des formes et des mythes divers; au fond toutes les religions sont les mêmes, et l'humanité en travail les transforme par ses progrès.

Que si l'on demande au rationalisme les preuves de ses inconcevables assertions, en présence de la masse des faits et des monuments historiques, qui attestent l'origine et la foi révélée du christianisme, il ne daigne plus répondre aujourd'hui; et fuyant toute discussion, il lui suffit de régner du haut de sa libre pensée et de ne relever que de sa raison prétendue. Bien : c'est beaucoup plus sans doute que toute l'autorité de l'Église catholique, et de ses conciles, et de ses grands hommes dans une succession non interrompue de dix-huit siècles.

Une ou deux fois ou voulut nier l'existence même historique de Jésus-Christ. On a reculé confus. Beaucoup dénient encore au Sauveur sa probité même et sa sincérité de langage; je le dirai plus tard.

Est-ce assez! Oui vraiment; car nous venons de voir que l'on a tout nié en lui, tout comme homme, et tout comme Dieu.

Et, chose étrangement déplorable, on a tout nié en Jésus-Christ pour nier et rejeter quoi? des bienfaits!

On a nié son corps, qu'il immola pour nous; sa liberté, qu'il sacrifia pour nous; ses souffrances, qu'il endura pour nous; sa volonté, qui brûla du plus ardent amour pour nous. On a nié sa divinité, qu'il manifesta pour nous instruire, nous guider, et nous prodiguer toute lumière et toute vérité, pour nous sauver, et nous donner, nous incorporer la vie.

Voyez-vous l'homme répudier tous ces biens de Jésus-Christ? Il ne veut rien tenir de lui, ce semble;

et de tout autre il accepte volontiers... Ainsi en est-il de son Église, on n'en veut pas davantage, on n'en veut rien. Son enseignement, ses traditions, sa science, sa foi, ses immenses bienfaits, on les repousse, on les dédaigne. L'Église parle, enseigne ; on a bien mieux à savoir, à apprendre, à écouter ailleurs.

Sur toute autre question, sur toute autre science, on consultera des hommes spéciaux, adonnés à des études spéciales ; car enfin on ne peut tout étudier par soi-même. On révère en ce point leurs réponses, leurs écrits, comme des oracles.

En religion, en fait de christianisme et de foi, sur la question de la divinité de Jésus-Christ, on se gardera bien de consulter l'Église, ses pontifes, ses docteurs, ses saints et ses conciles. Ils ne pèsent rien dans la balance. Mais l'on ira s'abreuver à des sources empoisonnées, on suivra comme un esclave les théories arbitraires d'esprits insensés, dussent-ils ne plus voir que de vains mythes dans toute la religion ; ou bien on rêvera soi-même, grande et triste occupation de nos jours.

Et cette autorité majestueuse, séculaire, sainte, qu'il faudrait inventer vraiment si elle n'existait pas, comme on l'a dit de Dieu même ; cette autorité le plus grand bienfait du Ciel sur notre terre désolée, on la méprise, on la foule aux pieds. C'est qu'elle vient de l'Église, ou plutôt elle est l'Église même.

Eh bien! alors, Messieurs, écoutons ici l'erreur, j'y consens encore ; elle sera forcée de nous enseigner la vérité ; vous l'allez voir, je l'espère.

II. P. Messieurs, l'erreur, qui s'attacha sous toutes les formes à dénaturer ou à nier l'Incarnation divine, prouve réellement ce mystère.

Car d'abord elle lui imprime comme avec le fer des combats le sceau indélébile de fait et de vérité historique.

L'erreur admet et par là prouve évidemment ce qu'elle ne nie pas dans le mystère attaqué. Ainsi, quand elle niait l'humanité réelle de Jésus-Christ, elle admettait sa divinité. Pourquoi l'admettait-elle, sinon parce que cette divinité lui était démontrée?

L'hérésie était alors, hélas! elle est toujours déchirement, opposition, combat.

Ces intelligences révoltées, parmi lesquelles plusieurs furent éminentes par leurs études, leur science, leur génie; ces intelligences de l'erreur, ont pu, ont dû, ont voulu alors vérifier les faits primitifs, contemporains pour elles, et les dogmes primitifs du christianisme. Elles le combattaient cruellement dans leur délire; mais dans ce que l'erreur respecta, au moins la foi fut certaine pour elle : la foi doit l'être pour nous.

Au premier, au deuxième, au troisième siècle, Jésus-Christ était Dieu pour l'hérésie qui attaquait sa nature humaine : Jésus-Christ doit être Dieu pour nous. Et c'est plus que de l'histoire : car c'est l'erreur et la haine attestant la vérité de la foi, du mystère, la vérité divine et révélée dans les faits natifs et avérés du christianisme. Quels faits seront vrais, si de tels faits ne le sont pas? Surnaturels, merveilleux, mystérieux, tant que vous voudrez, ces faits sont des faits, attestés, prouvés, vengés par la haine et l'erreur elle-même. L'hérésie prouve donc ce qu'elle ne nie pas, elle prouve aussi ce qu'elle nie.

Elle nie, elle attaque, soit; mais elle nie, elle attaque parce que l'on croit, parce que l'on enseigne et que l'on défend ce qu'elle attaque.

Elle le reconnaît donc et le constate comme admis et cru pour lors, et avant elle, puisqu'elle l'attaque.

Au premier, au deuxième siècle la divinité de Jésus-Christ est niée, attaquée; trésor de l'erreur! Il renferme ce fait : la divinité de Jésus-Christ était la foi d'alors, et le contraire était la scission, le déchirement de l'hérésie.

Donc alors et dès l'origine même, le christianisme avait pour dogme la divinité du Sauveur, le mystère du Dieu-Homme. Donc alors on entendait ainsi les divines Écritures ; donc, même avant toutes les Écritures évangéliques, les apôtres et Jésus-Christ lui-même avaient enseigné ainsi ; on possédait sans interruption depuis Jésus-Christ même le fait de sa divinité comme révélé et attesté par ses paroles et ses œuvres divines ; on le possédait d'un côté, puisqu'on l'attaquait de l'autre. Donc pour l'Église première, unie à la crèche de Bethléem et à la croix du Calvaire, pour la masse déjà innombrable des païens et des Juifs convertis, les faits et les monuments contemporains originaires disaient : Jésus-Christ est Dieu ; ce mystère est la foi révélée, marquée du sceau de la vérité divine.

Décidez, Messieurs, quel témoignage est ici réellement témoignage et histoire ? Lequel des deux est digne de créance ?

Ou les spéculations arbitraires, rêveuses, en dehors des faits, les spéculations incertaines, incohérentes, contradictoires de quelques hérésiarques impurs, d'hommes perdus de réputation et de mœurs, d'hommes jouets d'un vain délire et d'un horrible orgueil, cachet de l'hérésie dans tous les temps.

Ou bien la voix, le témoignage, la vie de l'Église, des apôtres, des saints, des martyrs, des Pères et des plus vrais, des plus beaux génies.

Car enfin il faut choisir, et il faut répondre.

Mais, dit-on, toutes les religions ont eu leurs miracles, leurs mystères, leurs incarnations mêmes et leurs mères des dieux? O blasphème!

Qu'en conclure? Que la foi chrétienne est fausse?

Voici alors le raisonnement qu'il faut admettre: Il y a des fables, donc il n'y a pas d'histoire. Il y a des faits faux, donc il n'y en a pas de vrais. Mais comparaison n'est pas raison, dit l'adage populaire.

Messieurs, le faux prouve le vrai. Il n'y aurait pas de mensonge s'il n'y avait pas de vérité sur cette terre. La fiction n'est, ne peut être qu'une imitation de la réalité. L'erreur n'est que l'abus et l'altération de la vérité. L'intelligence de l'homme est ainsi faite, que si rien n'était rellement, elle n'imaginerait rien. Que tirerait-elle du néant?

Mais il faut dire avec bien plus de raison : Il y a des faits faux, donc il y en a de vrais; il y a des religions fausses, donc il y en a une au moins de vraie; il y a la fable, le mythe, donc il y a l'histoire. Il y a des miracles, des mystères faux, donc il en est de vrais.

Et dans ce travail antique consacré à la recherche des incarnations et des révélations divines, il faut, Messieurs, reconnaître de l'histoire altérée, de vains efforts pour bâtir sur une base incertaine et mal connue, mais sur une base que tout montrait à l'homme exister ou devoir exister : tout, ai-je dit, et l'immense besoin de la conscience, et l'universelle et invincible propension du genre humain voulant un Dieu manifesté, visible, et cette lutte mystérieuse de la Providence disputant au triste et libre naufrage des intelligences d'augustes débris, des traditions primitives et révélées.

Remarquez-le bien, Messieurs, nos dogmes sont des faits. Celui de la divinité de Jésus-Christ en particulier est un fait démontré par ses œuvres, ses paroles sacrées; démontré par l'attestation divine des miracles de Jésus-Christ même ou des apôtres. Or ces faits sont-ils de l'histoire? Voilà toute la question.

Quelques-uns, sans les nier absolument, les altérèrent, en rejetèrent les inévitables conséquences; mais ils les constatèrent par là même, ainsi que nous venons de le faire voir.

L'Église du premier siècle, l'Église contemporaine le crut. Ces faits ont enfanté les saints et les martyrs. La foi de ces héros vit encore dans leur gloire et dans leur sang ; elle vit dans les monuments avérés de l'enseigement primitif, dans les écrits des Pères apostoliques, lisez-les. Oxford les a lus, Oxford a changé. Elle vit dans les premiers conciles, dans le caractère d'hérésie imprimé à l'opinion qui niait les faits, le grand fait divin de l'Incarnation; elle vit dans les rites, la liturgie, les institutions, les fêtes, témoignage pratique, croyance pratique, primitive et journalière des chrétiens. Enfin cette foi vit dans la régénération et la conversion du monde païen, œuvre à jamais divine.

Telle est, Messieurs, la divinité du Sauveur admise, adorée dès lors dans les catacombes, comme au forum et au colisée, sur l'échafaud comme au foyer domestique et sur les champs de bataille.

Ce dogme est l'histoire établie de la manifestation divine, et cette histoire se compose de faits non pas humains, mais divins; de celui-ci révélé par-dessus tous les autres : Dieu s'est fait homme.

Messieurs, il faut le croire, au nom de l'erreur qui le prouve malgré elle, comme de l'histoire qui l'éclaire de toutes ses lumières.

Et prenez garde : une fois l'incarnation divine, une fois la divinité de Jésus-Christ reconnue comme le fait historique d'une révélation accomplie, vous ne pouvez plus lui arracher son caractère surnaturel et divin.

Non, vous ne le pouvez pas. L'hérésie est une blessure dont la cicatrice demeure comme un signe de victoire : elle imprima sa main brûlante dans le combat, puis disparut; mais le dogme vainqueur reste vivant et marqué par elle d'un sceau ineffaçable.

Comme le chêne s'enracine par l'orage, la foi de la divinité du Sauveur agitée, tourmentée dès l'origine, reçut ainsi la consécration solennelle du fait le plus inébranlable. Jésus-Christ était Dieu pour lors; il l'était, la guerre qui tue l'erreur l'avait prouvé. Comment a-t-il cessé de l'être?

Jésus-Christ est un personnage historique, vous n'oseriez pas le nier avec le fol écho de deux ou trois voix honteuses d'elles-mêmes.

Mais historique dans l'Évangile et hors de l'Évangile; historique dans la plus sanglante lutte des idées et des faits qui ait été jamais. Jésus-Christ appartient à l'histoire en tant qu'Homme-Dieu. Le briser, le diviser, n'en faire qu'un homme, c'est briser l'histoire. Changez-vous à votre gré les personnages? De Charlemagne ferez-vous Mahomet, de saint Louis le Vieux de la Montagne, ou du Christ un soleil, comme les manichéens, dont se moquait saint Augustin après avoir erré follement avec eux? Non, non.

Jésus-Christ est un personnage historique, vous n'en pouvez faire que ce qu'en a fait l'histoire première, constatée, scellée du témoignage et du sang de ses premiers martyrs; scellée de toute la force divine qui arracha ces aveux, qui déjoua ces attaques, qui implanta la foi dans l'univers par le bras armé de la toute-puissance du miracle.

Donc, ou Jésus-Christ n'exista pas et ne fut jamais ni un fait, ni un personnage de l'histoire, ne fut rien, ou c'est l'Homme-Dieu.

Maintenant, qui de la hauteur de ses dédains, du centre de ses pensées irrésolues, de ses illusions frivoles ou passionnées, du sein de sa science mal avisée, prétendra foudroyer les monuments et l'histoire? Eh bien! soit. Mais qu'il détruise nos villes, rase nos édifices et nos demeures séculaires, qu'il renverse nos temples, car le vandalisme a au moins sa logique. Plus de passé, et qu'il règne parmi les ruines, je le conçois mieux. Mais ces pierres crieront encore, et crieront avec la voix des siècles : Jésus-Christ est Dieu.

Ce n'est pas tout. L'erreur prouve la vérité, non pas seulement par sa négation de la divinité de Jésus-Christ, mais encore par son antagonisme avec l'Église, ce qui en est la suite nécessaire. O Providence! tu sais donc tirer le bien du mal!

L'hérésie attaque ou l'humanité, ou la divinité du Sauveur; ou l'unité de la personne, ou l'union des deux natures distinctes. Elle attaque tout en Jésus-Christ; mais en même temps voyez comme tout est défendu, défini, vengé par l'Église, et cela dans tous les temps. L'hérésie semble poser seulement les questions, l'Église les résout. Elle les résout par ce témoignage constant, complet, semblable à lui-même dans les moindres détails; beau caractère de vérité; par ce témoignage d'autorité, qui dit anathème à l'erreur; par ce témoignage de tradition, qui reçoit, garde, transmet la vérité. Autorité, tradition marquées l'une et l'autre dès l'origine du sceau des faits et de l'institution divine, et authentiquées par les attaques de l'hérésie et par les défenses de l'Église.

Car, Messieurs, l'Église est née dans le sang de l'Homme-Dieu, la croix est son berceau; elle commença quand commença la foi chrétienne; à ses côtés se tiennent debout, comme autant de gardiens invulnérables des paroles révélées et de son autorité surhumaine, les faits antiques, les faits premiers et divins qui l'unissent inséparablement au christianisme; on peut les identifier sans erreur, et l'Église est divine comme le christianisme est divin. Voilà pourquoi elle parle, elle enseigne la divinité du Sauveur dès le premier jour de ses dix-huit cents ans ; voilà pourquoi son origine, les faits, l'institution divine, l'autorité divine parlent avec elle. Il faut donc la croire, ou bien il n'y a plus de faits, d'histoire, d'origine historique. Et l'hérésie, en se dressant contre l'Église, l'outrageant et la combattant, la force de parler et de témoigner en faveur de sa foi et de sa divine origine.

L'hérésie change, varie sans cesse, se lasse, s'épuise et meurt, renaît et meurt sans cesse. L'Église, la foi de l'Église ne se lassent pas, ne meurent pas, ne renaissent pas ; elles vivent dans la manifestation répétée des mêmes témoignages.

Que l'hérésie passe, et que l'Église demeure, demeure avec ses dogmes, ses mystères inflexibles, son Dieu-Homme, toujours aimé et toujours adoré ; c'est étrange, oui, mais c'est nécessairement divin, car c'est le triomphe d'une puissance absolue constamment exercée sur la raison et sur la liberté rebelles de l'homme. L'homme n'en peut pas être l'auteur. C'est le triomphe du mystère de la foi, triomphe permanent remporté sur toutes les exigences et toutes les résistances de la raison et de l'orgueil humain.

L'homme est vaincu par le mystère, ce n'est donc pas l'homme qui triomphe, c'est Dieu avec l'Église.

Toutes les hérésies attaquent l'Église, l'Église est seule contre toutes ; et seule elle persévère avec sa foi de l'Homme-Dieu. Tout le reste se divise, se fractionne, s'use et périt. C'est ainsi que l'hérésie attaque et prouve l'Église et sa foi tout ensemble. Quel sujet fut plus digne de nos méditations les plus profondes !

Est-il dans les lois de l'humanité, qu'une fiction mensongère, un mythe, aient excité tant de commotion et de dissidences, tant de fureur et d'opiniâtreté dans l'attaque, tant de courage et d'invincible constance dans la défense.

Quoi ! depuis mil huit cents ans l'Église catholique se débattrait dans le sang et les larmes pour une chimère absurde, pour le rêve d'un Homme-Dieu ! Quoi ! l'hérésie poursuivrait avec rage, avec mille cruelles industries un vain rêve ! Vous le croiriez !... Non, toutes les lois morales se récrient contre cette supposition impossible, absurde.

Ah ! pensez-y, Messieurs, l'Église catholique seule dans l'histoire des religions et des doctrines présente ce phénomène d'un dogme attaqué, déchiré en lambeaux et persévérant toujours le même. Mais voyez-la donc lutter toujours seule contre tous, seule contre toutes les dissidences armées de l'erreur, seule contre toutes les églises politiques, nationales, unies contre elle, et n'ayant pour défendre son dogme qu'un pouvoir spirituel et apostolique; et voyez-la seule debout quand tout le reste se brise ou disparaît.

Non, l'on ne peut haïr ainsi que la vérité, ce n'est que contre la vérité que peuvent s'unir toutes les dissidences et toutes les erreurs.

Mais j'entends crier au mystère inexplicable, impossible. Messieurs, ne pas l'admettre, c'est admettre le plus affreux, le plus épouvantable des mystères. C'est le christianisme faux, car il repose sur la foi d'un Dieu homme; c'est l'univers dans le faux, converti, régénéré, civilisé par le faux. C'est le faux dans la foi, dans l'amour, dans toutes les inspirations des héros chrétiens; le faux dans tous les bienfaits versés au sein de l'humanité au nom du Dieu sauveur; le faux dans la sainteté, le faux dans d'innombrables martyrs, le faux dans tous les génies chrétiens, et quels génies! le faux dans toute la série des âges, dans toute la chaîne de ces efforts de science, de zèle, de dévouement, de vertus surhumaines consacrés à défendre et répandre la foi, l'amour du Dieu fait homme; le faux dans l'Église, dans tous ses monuments, dans tous ses témoignages; le faux dans tous les pontifes vénérables qui gouvernèrent, illustrèrent l'Église; le faux dans tout le sacerdoce catholique, dans tous les apôtres de tous les siècles; le faux dans le bonheur de la foi et d'une conscience pure; le faux dans cette chaire; le faux dans vos cœurs si profondément émus; le faux partout où se leva le soleil du christianisme. Grand Dieu ! quoi! votre langue légère et dédaigneuse trouverait un moindre mystère dans ces conséquences!... Moi, elles m'épouvantent, et il me semble assister à l'une de ces scènes furibondes du culte indien où les adorateurs frénétiques du dieu de l'illusion, de Maga, voulant honorer leur divinité, s'agitent, s'entre-choquent, s'excitent à la folie et se plongent de plein gré dans les plus effrayants excès du délire.

Je ne crois pas au mystère de la divinité de Jésus-Christ, direz-vous peut-être encore, mais j'honore Jésus-Christ comme un sage, un bienfaiteur de l'humanité, un grand homme!

Vous louez Jésus-Christ, dites-vous, vous l'honorez d'un titre glorieux; mais vous devez voir que par là même forcément vous flétrissez sa doctrine, ses œuvres, sa personne, sa vie, d'un sceau avilissant de mensonge impudent et de sacrilége imposture; que vous le travestissez vous-même en imposteur et en scélérat. Et vous le louez!

Vous louez Jésus-Christ revendiquant pour soi la nature divine, la science divine, la puissance divine, agissant en Dieu, se disant Dieu, prêchant hautement sa divinité et mourant pour la soutenir !

Mais si Jésus-Christ n'est pas Dieu, s'il n'est qu'un homme, qu'il me pardonne de le dire pour vous en frémissant, il ne fut qu'un indigne imposteur et un impie scélérat. Vous le louez comme un homme, quand il se donna pour un Dieu ! Vous donnez le démenti le plus violent à ses plus solennelles paroles; vous n'y croyez pas, car vous lui niez la probité de cœur et de langage. Le louer ainsi, mais c'est vous noyer dans un océan de contradictions et de mystères révoltants, afin de ne pas croire au plus doux, au plus glorieux des mystères !

Il n'y a qu'un raisonnement possible ici : Jésus-Christ fut grand, saint, juste et sage : donc il est Dieu, car il a affirmé qu'il l'était. Et ses abaissements, ses opprobres, sa mort ne font que montrer la grandeur des œuvres de Dieu.

Un maître en Israël interrogeait le Sauveur sur la foi qu'il prêchait. Jésus-Christ lui répond :

« Celui qui croit au Fils de Dieu n'est pas jugé; mais celui qui ne croit pas est déjà jugé, parce qu'il ne croit pas au nom du Fils unique de Dieu;

Qui autem non credit jam judicatus est, quia non credit in nomine unigeniti Filii Dei[1]. Celui qui croit au Fils possède la vie éternelle; celui qui est incrédule, incrédule au Fils de Dieu, ne verra pas la vie, mais la colère de Dieu demeure sur lui : *Qui autem incredulus est Filio non videbit vitam, sed ira Dei manet in ipso*[1].

Fasse le Ciel que ces paroles ne s'appliquent pas à notre siècle, où la foi du Dieu sauveur est éteinte en tant de cœurs! Messieurs, de saints jours vont s'ouvrir, vous daignerez y venir entendre les conseils d'un prêtre et d'un ami sincère de vos âmes. Venez vous désabuser de trompeuses chimères, consacrer à l'auteur, au consommateur de votre foi, le temps, la réflexion, le cœur qu'il vous a donnés. Entrez avec courage, avec confiance dans cette arène des vertus chrétiennes. Bien glorieux seront vos combats, bien douce votre victoire; vous y recueillerez les mérites sanctificateurs de Jésus-Christ, de ce Dieu fait homme pour notre salut éternel.

[1] Joann., III, 18.
[2] *Ibid.*, 36.

CINQUANTIÈME CONFÉRENCE

LA RÉDEMPTION

CINQUANTIÈME CONFÉRENCE

LA RÉDEMPTION

Monseigneur,

Il est un mystère auguste qui se trouve inséparablement uni à la foi de l'incarnation, et nous en montre le motif et le but dans les desseins de Dieu; haute économie de la Providence, comme l'appellent les Pères grecs, où elle nous dispensa les trésors de sa miséricorde et de sa grâce. Mystère enseigné presque à chaque page de nos livres saints, et qu'on peut nommer l'idée ou plutôt la loi fondamentale du christianisme. Il est le remède apporté à nos maux, il résout la longue et triste énigme de l'histoire de l'humanité ; c'est l'alliance rétablie entre Dieu et l'homme, sans laquelle saint Paul [1] nous dit que l'homme, exclu du testament divin,

---

[1] Ephes., II, 12.

serait exclu des promesses et comme privé de Dieu sur cette terre. C'est une seconde création en Jésus-Christ, dit le même apôtre; c'est la réparation après la chute, la régénération après la mort : c'est en un mot la rédemption : mystère dont nous vous devons, Messieurs, l'histoire fidèle.

On peut s'étonner que ce dogme, lié à tous nos dogmes et aussi inaccessible à la raison humaine, n'ait pas été directement attaqué dès l'origine. Nous ne trouvons pas dans les premiers temps du christianisme de traces d'une hérésie directe et formelle à ce sujet. La rédemption accomplie sur la croix avec éclat marquait cependant les commencements de l'ère du christianisme. C'était le premier, le grand enseignement des apôtres, c'était, à proprement parler, la bonne nouvelle, l'Évangile qu'ils apportaient. Saint Pierre avait ouvert la carrière à Jérusalem en proclamant le rachat de l'homme en Jésus-Christ crucifié. Saint Paul ne savait pas, disait-il, autre chose, et il exaltait sans cesse le mystère de la croix rachetant le monde.

Mais le travail d'erreur se faisait ailleurs, le judaïsme niait l'incarnation même, qui était à la fois la réalisation et la ruine de la religion mosaïque. La philosophie païenne, s'emparant du christianisme, prétendait l'expliquer à sa manière et raisonnait sur Dieu, sur la Trinité, sur Jésus-Christ avec toutes les idées orientales ou grecques. Et là, la nature et les effets admirables du sacrifice du Calvaire se trouvaient bien altérés et détruits, mais c'était seulement par suite d'autres erreurs.

La rédemption restant comme ajournée quant à son appréciation formelle, ou même paraissant le plus souvent admise, voilà ce qu'une observation attentive reconnaît dans les hérésies des premiers siècles. L'erreur n'avait pas encore décrit entièrement le cercle qui la borne et où elle revient sans cesse sur elle-même. Enfin se leva pour elle le jour de se débattre contre le grand et magnifique dogme de la réparation divine. Mon dessein est encore, Messieurs, de vous faire connaître la vérité par l'erreur.

Voici un fait incontestable : la rédemption en Jésus-Christ fut proclamée et admise dans le monde. Nous pouvons ainsi contempler l'homme avec Jésus-Christ, c'est-à-dire vivant de sa foi, de sa pensée divine, de sa réparation crue et appliquée. Voici un autre fait, la rédemption a été rejetée par plusieurs; et nous pouvons aussi considérer l'homme sans Jésus-Christ et sa rédemption, même après l'établissement du christianisme.

Travail d'erreur, travail de vérité.

Résumons ces deux faits depuis la rédemption,

et occupons-nous surtout de l'homme intérieur. Jusqu'ici nous avons le plus souvent parlé des influences extérieures de la foi.

Ainsi, Messieurs, l'homme sans Jésus-Christ rédempteur, l'homme avec Jésus-Christ rédempteur, tel sera le sujet de cette Conférence.

I. P. Une idée fausse de la nature et de la liberté de l'homme conduisit à nier la rédemption et à séparer l'homme de Jésus-Christ. Or qu'est-ce que l'homme sans Jésus-Christ rédempteur? C'est ce que nous avons d'abord à examiner.

Pélage, moine anglais, né avec une âme ardente et sévère, au rapport de saint Augustin, s'indignait du langage placé sur toutes les lèvres, sortant de tous les cœurs, et qui témoigne si vivement de la faiblesse et de l'infirmité humaines. Préoccupé d'une pensée, il ne voulut lire dans nos Écritures inspirées, dans les monuments de la tradition, que la liberté de l'homme; il n'y vit pas ce qui se lit aussi partout, la chute, la corruption de notre nature et le besoin de la grâce réparatrice en Jésus-Christ.

Vous voyez déjà que presque toute la philosophie d'aujourd'hui est pélagienne, car elle admet trop généralement la bonté native de l'homme. Le principe capital d'erreur dans Pélage était celui-ci : l'homme avec les seules forces de la nature est capable de tout bien, même dans l'ordre du salut. Il n'y a point de péché originel ; la grâce intérieure, surnaturelle du Sauveur n'est point nécessaire pour relever l'homme et pour le sanctifier ; l'homme se suffit à lui-même. Aussi, comme le remarque Cassien, le pélagianisme s'unissant à Nestorius, tendait-il à voir en Jésus-Christ non le Dieu, mais un homme solitaire, *solitarium hominem*, donnant des leçons et des exemples, mais ne rachetant pas ; ce que les sociniens et les rationalistes ont dit aussi plus tard.

L'intolérable orgueil de ces doctrines, qui prouverait par lui seul la dégradation qu'il repousse, fut victorieusement combattu par le génie de saint Augustin et frappé plusieurs fois des anathèmes de l'Église.

Il fut défini au quatrième et cinquième siècle, comme il avait été cru et enseigné toujours, que l'homme était déchu de son innocence originelle ; qu'il restait libre sans doute, mais que, pour atteindre au salut, pour en remplir les conditions divines, la grâce du Rédempteur lui était absolument nécessaire : grâce du reste promise et offerte à tous par le Seigneur.

Tel était, Messieurs, tel est le dogme catholique.

L'homme révolté, au contraire, prétend méconnaître son infériorité et sa misère profonde. N'en est-ce pas l'excès que de les nier et de ne plus les voir?

Abélard, dont il faut juger les doctrines comme saint Bernard et l'Église les jugèrent, et comme il se jugea lui-même en condamnant et rétractant ses erreurs; Abélard parut un instant renouveler le rationalisme et le naturalisme de Pélage. Esprit subtil, tout prévenu en faveur de la philosophie humaine, et pensant par elle réformer ou du moins améliorer la théologie, Abélard confiait à sa raison le soin d'expliquer nos dogmes et nos mystères, au lieu de les croire humblement. Il fut ainsi conduit avec bien d'autres à tout apprécier du point de vue de la souveraineté intellectuelle et de l'intégrité naturelle de l'homme. Il rejeta l'idée d'une dégradation amenée par le péché, et avança que le Fils de Dieu ne s'était point incarné pour racheter et délivrer l'homme. Abélard fut condamné.

Messieurs, le même principe causa les erreurs d'Abélard et ses malheurs; il plaça la raison sur le trône, et dut se montrer en conséquence esclave des passions. L'un mène à l'autre, car on prononce la réhabilitation de la nature par elle-même avec tous ses instincts et tous ses caprices; et dès lors c'est vouloir tomber dans son impuissance et servir ses penchants. Il en est ainsi encore aujourd'hui.

Un principe analogue créa la réforme ; elle professa l'indépendance de l'esprit de l'homme dans l'interprétation de la foi et des Écritures ; elle rejeta la nécessité des œuvres pour le salut ; elle plaça la rédemption et la grâce en dehors de l'homme, non dans son cœur, non dans son âme, en sorte que les mérites du Sauveur fussent réduits à la non-imputation extérieure du péché.

Le concile de Trente a proscrit ces inventions adultères [1]. Il a défini en même temps et le libre arbitre de l'homme et le péché originel ; il a défini la nécessité des œuvres et de la grâce pour le salut, avec l'application intérieure et inhérente dans notre âme, si nous le voulons, des mérites du Rédempteur.

La signification du mystère de la rédemption, ses conditions d'application et d'efficacité étaient ainsi rétablies et enseignées comme elles l'avaient été toujours.

Le socinianisme, à son tour, fut la logique de la réforme ; et le naturalisme moderne, qui nie surtout et la déchéance originelle et la grâce répara-

---

[1] Trid., sess. 6, can. VII et can. XI, *de Justificatione*.

trice, n'est qu'une simple conséquence de ce système.

La raison, la nature, la liberté, voilà donc tout l'homme à leurs yeux; le reste est chimère. Eh bien! soit, que chacun se compose un christianisme à sa manière, ou qu'il n'en compose pas du tout, cela revient au même.

La rédemption bannie des croyances et du cœur de l'homme, la réhabilitation, la perfection vraies de la nature humaine retranchées avec ce dogme, quel effet va répondre à la cause et quels fruits vont prouver la bonté de l'arbre? Qu'a donc produit ce rationalisme qui réduit tout à la nature seule en l'homme? Soyons de bonne foi : de vagues déclamations, d'arbitraires et d'incertaines théories, une exégèse portée au delà de toutes les limites posées par la justice, le bon sens et l'histoire, un travail fatigant d'illusions et de rêves coupables, un coupable scepticisme, un malaise dévorant; la barrière levée pour toutes les conceptions, toutes les contradictions d'imaginations délirantes, devant toutes les passions organisées en système social de perfectionnement et de progrès; la confusion partout, l'ordre nulle part. Je gémis et je souffre cruellement dans mon cœur; mais je dois le dire : la foi est bien vengée, justifiée par les tristes déportements de l'erreur. Certes ce n'est point là le triomphe qu'elle ambitionne. Vous avez su, vous, Messieurs, lui en assurer un autre plus doux et plus glorieux [1].

L'homme du naturalisme est l'homme sans Jésus-Christ rédempteur, sans la grâce de la rédemption de Jésus-Christ qui a dit : « Sans moi vous ne pouvez rien faire. » *Sine me nihil potestis facere* [2].

Mais l'homme sans Jésus-Christ, c'est l'homme brisé, non expliqué. Que signifient la lutte, l'oppression, le sentiment de dégradation intérieure, que tous, bon gré mal gré, nous portons en nous-mêmes? Qu'est-ce? Rien. Alors qu'est la vertu, qu'est donc le vice? Rien non plus, sans doute. Et la vie future? Quelle est l'origine, la destinée de l'homme? Qu'est-ce que l'homme lui-même? Sans Jésus-Christ, énigme insoluble. Il ne faut plus voir dans l'homme, avec le païen philosophe, que l'animal fatigué, haletant, gisant sur la terre, voué au mal, abandonné de Dieu. Sans Jésus-Christ l'homme n'est plus rattaché à Dieu, c'est un anneau rompu. Plus de lien, plus de guide. Je cherche, je tâtonne, je palpe. Où suis-je? où vais-je? Où sont surtout l'expiation et la réconciliation avec le Ciel? Car sur cette terre maudite

---

[1] Allusion à la communion générale du jour de Pâques de l'année 1842.
[2] Joann., xv, 5.

une réponse de mort se fait entendre au fond des cœurs; le crime existe, le remords existe avec ses tempêtes, et le malheureux naufragé crie merci. Où est le gage de salut sans Jésus-Christ? Sans Jésus-Christ il ne reste que le désespoir. Je raconte, Messieurs, les faits intérieurs de l'âme, vous les connaissez tous. Ah! si l'homme cherche aujourd'hui encore, c'est que sans Jésus-Christ il est vraiment sans Dieu qui l'assiste, il est séparé de la vie de Dieu, comme parle saint Paul; il est l'hôte étranger au testament, l'héritier déshérité. Il cherche, et que trouve-t-il? Déisme vide, naturalisme vide; lui seul, sans appui, sans base, sans voie, sans port, sans patrie et sans espérance.

Otez Jésus-Christ, sa rédemption, sa foi, sa grâce du cœur de l'homme, qu'aurez-vous? J'entends : nous aurons le progrès par la raison, la liberté et la nature, ou peut-être par la fatalité. Soit, mais montrez-nous donc l'homme régénéré par vous, l'homme du progrès véritable? Où est votre saint Paul, votre Augustin? Montrez-nous un saint Louis, un Charles Borromée, un Vincent de Paul, et je croirai à votre progrès. Il y a longtemps que la rédemption vivant par la foi et la charité a produit ses saints et ses héros. Les vôtres seront donc toujours à venir, c'est fâcheux. Ainsi de fait, sans Jésus-Christ, point d'apôtre, point d'âme dévouée à soulager la douleur sans récompense humaine. Sans Jésus-Christ point de pureté des mœurs, de charité inépuisable, compatissante, humble. Sans Jésus-Christ dans un cœur point de vertus héroïques, intérieures, secrètes, constantes, fuyant toute gloire et toute récompense humaine. Non, rien de tout cela, ô sages, ô réformateurs, ô philosophes si habiles! Jésus-Christ s'en va, il ne reste rien. On le quitte, oui, je le sais, pour être vicieux; pour être vertueux, jamais. Ah! cela me suffit. Donc c'est en Jésus-Christ que se trouvent la vérité, la vertu, le salut, la rédemption et Dieu lui-même, seul auteur de tout bien.

Pour vous, raisonneurs aventureux, sans foi, sans espoir au Rédempteur, tout est dans l'humanité, mot abstrait, dans un je ne sais quoi que vous nommez civilisation, où il n'y a plus guère ni bien ni mal. C'est là votre Dieu. Que vous êtes petits! Qu'étroite est la sphère de vos idées, large celle de vos désordres, de vos agitations, de vos craintes perpétuelles! Pour vous nulle paix, nulle sécurité; c'est une inquiétude, c'est une fièvre brûlante, redoutable à ceux-là mêmes qui l'allument. Malheureux qui ne croit pas, et qui sépare l'homme et la société de Jésus-Christ son sauveur!

Je vais vous donner la raison fondamentale de

vos maux et de votre besoin de rédemption. Quand l'homme, à qui fut promis le repos de la patrie dans la possession de Dieu même, vient à méconnaître les intentions divines, sa fin unique et dernière; quand il la néglige en indifférent, ou la méprise en impie; qu'il lui préfère, qu'il préfère à Dieu même ses opinions ténébreuses et ses passions désordonnées; quand le travail de son âme se fixe au culte d'une raison altière qui ne voit que le moi, que le présent, que la nature, qui ne veut d'autre fin dernière que cette terre et ce qu'on nomme ses biens et ses plaisirs, alors, Messieurs, un grand crime se consomme.

Dieu reconnu et aimé, Dieu recherché et préféré comme le bien unique et souverain, voilà son droit, son empire sur le cœur libre de l'homme.

Mais Dieu banni des souvenirs, des affections et surtout de la vie pratique de l'homme, Dieu rejeté comme le terme et le besoin premier de ses désirs; c'est alors Dieu chassé de son temple, renversé de l'autel intérieur de l'âme qu'il s'était à jamais consacré. C'est Dieu privé de sa gloire, du culte d'adoration et d'amour qui lui est dû. C'est Dieu remplacé par une idole, l'or, le plaisir, la boue, au service de laquelle on se donne: *Servierunt creaturæ potius quam creatori*[1].

[1] Rom., I, 25.

Alors Dieu n'est plus le roi, le maître de son plus noble ouvrage. Il n'est plus tout, il n'est même plus rien pour l'homme : c'est-à-dire que Dieu n'est plus Dieu dans cet étrange désordre de la volonté humaine; ses droits, son domaine essentiel, qui sont Dieu même, lui sont arrachés dans un cœur.

Or, Messieurs, ce désordre a quelque chose d'infiniment coupable, puisque c'est la déchéance voulue de l'infini, sa dégradation prononcée dans l'univers, son anéantissement voulu dans un cœur où il devait vivre aimé, où il vivra, hélas! vengé : *Heu et vindicabor* [1]! comme il parle dans le prophète.

Tel est le péché; et quand la terre est inondée de ses ravages, coupable de ce désordre, de ce mal qu'on peut nommer infini, il lui faut, Messieurs, un réparateur divin dont les satisfactions, les mérites infinis rétablissent la gloire divine outragée au sein de la création, et comblent dans l'homme l'abîme infini qui sépare le pécheur de Dieu. Tel est l'homme sans Jésus-Christ, et telle est aussi la nécessité d'une rédemption qui va nous montrer l'homme avec Jésus-Christ.

[1] Isa., 1, 24.

II. P. Messieurs, pour apprécier l'homme avec Jésus-Christ, régénéré en Jésus-Christ, nous écouterons un moment l'admirable théologie de saint Paul.

Aux yeux du grand apôtre de la rédemption, l'état du genre humain, effet du péché, se présente comme une dette immense, contractée envers Dieu, et que l'homme ne pouvait acquitter. Alors le Christ a dit : « Je viens, » *Ecce venio* [1]. Jésus-Christ en effet, continue l'Apôtre [2], saisissant le contrat funeste qui nous enchaînait à la mort, l'efface avec son sang et le cloue à la croix comme un monument de sa victoire et de notre liberté : *Delens quod adversus nos erat chirographum decreti..., ipsum tulit de medio, affigens illud cruci* [3].

L'humanité alors respira, soulagée d'un poids énorme; elle releva sa tête languissante : et de même que la vue du serpent dressé dans le désert guérissait Israël [4], de même la vue du Fils de l'homme attaché sur la croix donnait à l'homme le gage de sa rédemption. Un Dieu homme avait souffert pour nous, l'expiation était complète.

Oui, c'est Jésus de Nazareth qui, mettant fin au

---

[1] Hebr., x, 7.
[2] Ephes., i, 7.
[3] Coloss., ii, 14.
[4] Joann., iii, 14, 15.

vieil empire de la loi du péché, le remplaça par le décret du salut, *legem mandatorum decretis evacuans* [1]; c'est lui qui nous racheta de la malédiction de cette loi funeste, ***Christus nos redemit de maledicto legis*** [2]. Nous avons la rédemption par son sang, et avec elle la pleine rémission des péchés, *in quo habemus redemptionen per sanguinem ejus, remissionem peccatorum* [3].

Certes, Messieurs, voilà bien décrit le fait positif, effectif de la rédemption du genre humain en Jésus-Christ : délivrance, guérison, rachat et rémission du péché par son sang. Rien de plus formel. Et comme il ne lui suffit pas d'avoir exprimé le grand dogme, il ajoute dans son admirable épître aux Éphésiens : « Le Dieu qui nous créa, se proposa avant la constitution du monde, et pour le moment arrêté dans la plénitude du temps, il se proposa, ce grand Dieu, de réparer et restaurer tout en Jésus-Christ, tout ce qui est au ciel et tout ce qui est sur la terre, afin que l'ordre et l'harmonie soient rétablis en son Fils. » *Proposuit… instaurare in Christo quæ in cœlis et quæ in terra sunt in ipso* [4].

---

[1] Eph., II, 15.
[2] Gal., III, 13.
[3] Ephes., I, 7.
[4] *Ibid.*, I, 10.

Le voyez-vous, ce réparateur généreux, saisir et rapprocher par ses labeurs, son sang et sa croix, les deux extrêmes, l'homme pécheur et Dieu, devenir notre paix et notre union avec lui : *Facti estis prope in sanguinem Christi*[1]. *Ipse enim est pax nostra, qui fecit utraque unum.*

Il renouvelle tout sur cette terre, en y fondant la foi, l'espérance et la charité; en y établissant le ministère de la réconciliation qui efface les péchés de l'homme et ne lui en demande plus compte[2].

Voilà comment Jésus-Christ est véritablement médiateur et sauveur; comment sa mort, sa croix, son sang, ses mérites infinis rendent la liberté à l'homme, paient la dette universelle du péché, ramènent la grâce intérieure, et rétablissent ses droits à la gloire du ciel[3].

Mais cette expiation dans le sang du Sauveur, et ces droits retrouvés à l'héritage céleste, exigent le travail libre et coopérateur de l'homme lui-même.

Nous étions morts par le péché, dit toujours saint Paul[4]; Jésus-Christ nous a rendu la vie afin que, purifiés, justifiés et sanctifiés en lui[5] par une

---

[1] Ephes., II, 13, 14.
[2] II Cor., V, 17, 18, 19.
[3] Hebr., IX, 15.
[4] Ephes., II, 5.
[5] Coloss, II, 13.

sorte d'incorporation et d'union ineffable, nous devinssions justes de la justice de Dieu en Jésus-Christ, *ut nos efficeremur justitia Dei in ipso* [1].

Il s'est donné lui-même pour nous..., afin de former un peuple pur, saint, agréable à ses yeux, sectateur des bonnes œuvres, *ut mundaret sibi populum acceptabilem, sectatorem bonorum operum* [2]. Et c'est dans son sang qu'il a détruit le péché et opéré notre rédemption [3].

Telle est, Messieurs, la doctrine, et, si vous voulez, la philosophie du rachat expliqué par saint Paul. Elle vaut mieux, je pense, que les vaporeux raisonnements d'au delà ou d'en deçà du Rhin, mieux même que les théories d'un Saint-Simon ou d'un Fourier.

Et maintenant cet homme que nous avons vu séparé de Jésus-Christ, contemplons-le avec Jésus-Christ, uni à Jésus-Christ dans la lumière des enseignements de la foi.

1. En Jésus-Christ l'homme est fixé dans son esprit, dans son cœur, fixé pour jamais; c'est un fait que j'énonce. Nous, catholiques sincères et dévoués, unis à Jésus-Christ, nous le croyons, nous l'écoutons dans l'unité de son Église; et nous

---

[1] II Cor., v, 21.
[2] Tit., II. 14.
[3] Hebr., IX, *passim*.

ne cherchons plus, nous ne doutons plus. Non, tout est fixé par la foi. Nous sommes tranquillement assis sur la pierre angulaire, nous y pouvons dormir en paix. C'est ailleurs, c'est hors de l'unité catholique qu'on cherche, qu'on doute, qu'on bâtit chaque jour pour détruire chaque lendemain.

2. En Jésus-Christ l'homme est entier, complet; il est tronqué et brisé ailleurs.

Ainsi l'homme avec Jésus-Christ ne sent pas seulement qu'il est déchu, asservi par une loi de mort et de péché; mais il sait encore et il sent bien qu'il est relevé, refait, soutenu et conduit, s'il le veut, à la victoire.

L'homme avec Jésus-Christ sait qu'il n'est pas voué à un progrès vague, indéfini et inquiet, véritable supplice de Tantale, qui demande sans cesse, et ne s'assouvit jamais. Mais il trouve dans la grâce, dans l'amitié de Dieu les sources, les garanties de paix et de salut qui lui sont nécessaires. S'il faut encore combattre, encore avancer et monter, du moins la voie est tracée et toujours la même, comme le but auquel il aspire et où il trouvera à rassasier les désirs ardents d'un cœur qui a besoin de l'infini.

Dans l'homme avec Jésus-Christ, la nature n'est pas réduite à elle seule, elle possède la grâce; et par elle l'homme n'est pas seulement libre, mais encore soumis et uni à Dieu, ce qui est la parfaite liberté.

L'homme avec Jésus-Christ n'est pas né seulement pour la gloire, mais aussi pour le travail et la vertu, pour l'innocence et la justice; il n'est pas seulement attaché à la glèbe, se traînant sur la terre, mais il est destiné à la patrie des cieux.

Il a donc ainsi sa faiblesse et sa force, son but et ses moyens, sa liberté et ses devoirs, sa récompense et ses mérites, son voyage et son terme; nature, origine, appui, fin, lois, garanties et espérances, tout est complet pour l'homme en Jésus-Christ. Mais en dehors de Jésus-Christ, non, il n'est pas complet, tout lui fait défaut.

3. L'homme, Messieurs, fixé et complet en Jésus-Christ, n'est, ajoutons-le, pleinement vertueux qu'en Jésus-Christ. Il ne possède, ne garde la vertu que par son union avec Jésus-Christ, l'expérience le montre à nos yeux tous les jours.

Car en Jésus-Christ seul, et par sa foi, par son sang, par l'accomplissement de ses lois dans la grande famille de l'Église, l'homme peut avoir en lui-même et contre lui-même toutes les conditions de la vertu, de la vertu souvent si difficile, quoique toujours si belle.

Le cœur a ses montagnes à gravir, ses orages

à apaiser, ses combats, ses langueurs, ses ténèbres, ses angoisses souvent cruelles, vous le savez.

Le cœur en Jésus-Christ avec la vue, la pensée, l'amour du Sauveur, a reconquis le principe uniquement vrai, puissant et fécond de la vertu : c'est-à-dire l'alliance à contracter, à conserver avec Dieu dans le médiateur divin. Là dans cette alliance, dans cette union divine et dans Dieu même est la seule source de la force et du courage véritables propres à conquérir les cieux.

Ainsi l'homme en Jésus-Christ est-il vertueux par principes, vertueux par ses actes, vertueux en pratique, vertueux pour Dieu, vertueux pour aimer et chérir en Jésus-Christ tous les hommes comme ses frères, parce qu'il a l'exemple, les leçons et les secours présents du Maître. Jésus-Christ présent à l'âme lui donne tous les biens. En dehors de Jésus-Christ vous n'avez rien d'efficace, mais un vague penchant, la vue fixée dans le présent et sur l'homme, le règne de l'intérêt et les chagrins des passions. Sans Jésus-Christ la vertu c'est l'égoïsme; car il faut tout rapporter à soi-même, à son honneur, si ce n'est à ses jouissances.

J'en appelle sans crainte à votre conscience; n'est-ce pas le portrait de l'homme?

Messieurs, je voudrais prouver la divinité de la

religion tout entière aussi bien que de la rédemption divine opérée par ce seul travail intérieur de l'homme revenu en Jésus-Christ à la vie de la vertu. C'est une véritable création, une œuvre divine par excellence, qu'un cœur chrétien enfanté à la joie, au bonheur par les larmes, les combats et surtout par l'espoir en Jésus-Christ : oui, ce cœur prouve à lui seul la religion tout entière.

Vous, que les saints jours de la retraite ramenèrent enfin au Seigneur après de longs égarements, après de pénibles hésitations, dites-nous-le, quelle puissance vous changea, pénétra jusqu'au plus intime de votre âme pour la purifier et la guérir? Qu'avez-vous senti en ces jours heureux? quel travail béni s'opéra en vous?

Que d'abîmes franchis! que d'erreurs abandonnées! que de maux réparés en un instant! Quels doux regrets et quelles douces larmes! Quels généreux sentiments! que de triomphes remportés! Que de mères et d'épouses consolées!

Qui a produit ce retour inespéré? Où avez-vous puisé ce courage pratique, véritable héroïsme de l'homme? Il n'y a de cause suffisante que dans la rédemption divine elle-même.

Ah! Messieurs, je ne connais rien de plus fier, de plus indomptable que le cœur de l'homme; et quand je vois sa raison soumise et ses passions réprimées céder leur empire à la foi et à l'amour divin, quand j'assiste à une seule de ces révolutions intimes et totales que la foi en Jésus-Christ opère au fond d'un cœur, je m'écrie avec le prophète : *Hæc mutatio dexteræ Excelsi.* Et c'est ici l'homme racheté, régénéré; il y a en Jésus-Christ une rédemption divine. Vous ne la trouvez pas ailleurs.

4. Que si de l'homme intérieur je passais à l'homme extérieur, le considérant dans la famille, dans l'État, dans toutes les positions sociales, quel spectacle admirable nous présenterait encore l'homme uni à Jésus-Christ !

La famille où Jésus-Christ règnerait ne serait-elle pas la plus douce image du ciel? Nous en voyons quelques traits dans plus d'un foyer domestique.

Quant à l'État, que Jésus-Christ soit au fond des consciences des citoyens, vous aurez toutes les garanties d'ordre, de liberté, de justice, de prospérité, de paix. Que manquerait-il avec le règne d'une foi vive? et qu'avez-vous sans elle? Dans nos sociétés modernes, je ne vois guère que la force luttant contre la force, et le mensonge contre le mensonge.

L'absence de Jésus-Christ et de sa foi n'a produit qu'un état factice, faux et violent. Il y avait plus de vrai dans la société au moyen âge, malgré bien des désordres et bien des crimes, parce que la pensée de Jésus-Christ et la vie de la foi étaient plus vivantes au sein des peuples.

Mais je n'entends point déshériter mon pays des espérances de l'avenir dans la foi régénératrice du Sauveur. Oh! non, vous m'avez appris à tout espérer.

Messieurs, je ne puis mieux terminer qu'en vous appliquant les paroles du prince des apôtres. « Béni soit Dieu, leur disait-il, le Père de notre Seigneur Jésus-Christ, qui selon sa grande miséricorde vous régénéra dans la vive espérance. Vous serez gardés dans la vertu de Dieu par la foi, et préparés ainsi pour le salut qui doit être manifesté au dernier jour [1]. »

Honneur donc à vous qui croyez, *vobis igitur honor credentibus* [2]; c'est la foi qui a vaincu le monde: honneur aux vainqueurs. Ceux qui ne croient pas, hélas! rejettent Jésus-Christ, sa foi, sa divinité, sa rédemption. Ils rejettent ce qui sauva l'humanité perdue, et ils se condamnent eux-mêmes à la plus épouvantable des exclusions.

Mais pour vous, ô frères bien-aimés, vous êtes la race choisie, le sacerdoce royal, la nation

---

[1] I Petr., i, 3, 5.
[2] *Ibid.*, ii, 7.

sainte, le peuple d'adoption : *Vos autem genus electum, regale sacerdotium, gens sancta, populus acquisitionis* [1]. Allez donc, portez sur vos fronts, gravez dans vos cœurs le symbole vivant de la foi au Rédempteur divin; qu'elle soit sur vos lèvres, dans vos œuvres, comme un principe de vie; qu'elle respire dans vos arts, dans vos sciences, dans toutes vos études; afin que ceux-là mêmes qui seraient tentés de vous blâmer, glorifient le Seigneur en vous voyant, vous que le Seigneur appela des ténèbres à son admirable lumière, vous qui n'avez pas toujours été son peuple, qui maintenant l'êtes devenu. Grande et belle mission sera la vôtre : vous saurez la remplir, j'en ai la ferme confiance, et vous brillerez au sein des générations comme des guides bienfaisants et des flambeaux consolateurs.

[1] I Petr., II, 9.

CINQUANTE-UNIÈME CONFÉRENCE

LA NOTION DU SURNATUREL

CINQUANTE-UNIÈME CONFÉRENCE

LA NOTION DU SURNATUREL

Monseigneur,

Un des motifs qui éloignent davantage les esprits de notre temps de la soumission à la foi, de son étude même, c'est que son enseignement place l'homme immédiatement dans un ordre d'idées et de faits supérieur à notre nature, dans un ordre surnaturel. Il est nécessaire de détruire ces répugnances irréfléchies et fatales, et je me propose, Messieurs, avec le secours de la grâce divine, de prendre pour sujet de quelques-unes de nos Conférences le surnaturel lui-même considéré par rapport à l'homme. L'état réel et vrai de l'homme dans l'ordre présent est un état surnaturel; tel est l'enseignement catholique : nous allons le définir, l'exposer et le démontrer. Rien ne saurait être plus digne de vos méditations. La matière est grave, délicate, difficile; raison de plus pour l'aborder résolûment.

Contre le surnaturel ainsi considéré, c'est-à-dire contre l'état réel et présent de l'homme, combien de préjugés! Cette Conférence aura pour objet de les apprécier à leur juste valeur, d'abord par des données exactes et précises sur la notion et sur l'existence du surnaturel, puis par un examen rapide des fausses préoccupations qui le repoussent.

Messieurs, ne recherchant ici que les intérêts de vos âmes, qui me sont chères, je me confie, pour le succès de cette œuvre, en la bonté compatissante du Dieu Sauveur, et en la bienveillante assistance de l'auguste Vierge protectrice de cette métropole.

I. P. Ne vous dites-vous pas, Messieurs, en ce moment : Pourquoi ces études sur le surnaturel? Parce qu'elles sont indispensables pour la science de l'homme et pour la connaissance de son état véritable; parce que, sans la foi du surnaturel, l'homme se méconnaît réellement lui-même. Considérez ce qui se passe autour de vous.

L'homme, avide de tout savoir, semble néanmoins, en s'étudiant, prendre plaisir à se défigurer et à se mutiler : aussi partout, hors de la foi, trouvez-vous l'homme incomplet.

Les uns le traitent comme un pur esprit, comme un ange ; on voudra pour lui le seul culte de la pensée ; on ne comprendra pas qu'il doive à son Créateur le culte de tout son être, le culte extérieur et sensible, en même temps que le culte spirituel et intérieur. Les autres ne trouvent guère en l'homme que la matière, les sens, et leurs tristes instincts. D'autres ne veulent voir que l'homme du temps ; l'homme de l'éternité les fatigue, ils le repoussent.

Certaines idées qu'on prétend nommer politiques et sociales feront abstraction de l'homme aux besoins religieux et moraux, pour ne considérer que l'homme aux intérêts matériels et physiques ; c'est un vrai athéisme pratique. On admettra que l'homme est destiné à la société civile, on ne voudra pas qu'il soit également destiné à la société religieuse.

On sent invinciblement que l'homme a besoin de solutions prises dans des régions supérieures à sa nature et à sa raison : la philosophie, la science ont cherché, cherchent encore à cette heure, et n'ont trouvé, après six mille ans, que le désespoir ou le doute sur les faits intérieurs de la conscience, sur les rapports de l'âme avec Dieu, sur la fin dernière. Malgré cela on ne veut pas joindre à la faiblesse impuissante de la raison la foi nécessaire et révélée, qui seule a tout résolu et tout complété. Le désordre étrange du monde moral et du cœur de l'homme, les faits étranges aussi, qui se sont passés à la naissance du christianisme pour régénérer l'humanité, montrent évidemment le besoin et la présence au dedans de nous d'une action divine surnaturelle : on s'obstine à ne vouloir que la nature, et avec elle on s'enfonce dans d'épaisses ténèbres, dans un effroyable chaos.

La religion catholique seule éclaire, coordonne, complète paisiblement l'homme, insoluble et incomplet sans elle; or ce résultat, Messieurs, n'est dû qu'à la foi même du surnaturel : voilà pourquoi nous devons en parler.

Il faut, Messieurs, s'entendre clairement sur la valeur philosophique et théologique des termes. J'ose donc réclamer votre attention tout entière, en vous demandant grâce pour la sécheresse didactique de cet exposé.

Qu'est-ce que le surnaturel? que signifie ce mot? Avant de répondre d'une manière précise, voici quelques explications indispensables.

Le mot nature a plusieurs significations. Dans l'acception métaphysique, à laquelle je m'attache, il veut dire l'essence même d'une chose, ou la propriété première et constitutive par laquelle une chose est ce qu'elle est, par exemple, la rondeur dans le cercle. Ou bien encore on nomme nature l'ensemble des qualités qui découlent nécessairement de l'essence elle-même ou de la propriété première et constitutive. Ainsi l'on dira que la nature de l'homme est d'être intelligent, libre, sensible, parce que ces qualités et d'autres semblables appartiennent nécessairement à l'être constitutif de l'homme. Il ne serait pas homme sans ces qualités ou propriétés essentielles.

Dans le sens strictement théologique, suivant lequel l'homme est surtout envisagé d'après les relations établies entre Dieu et lui par la révélation, la nature se prend principalement pour cette énergie propre avec laquelle il peut de lui-même faire quelque chose, sans autre intervention de Dieu que son concours ordinaire et naturel. C'est ainsi qu'on distingue théologiquement la nature de la grâce. La grâce est le secours spécial et surnaturel de Dieu donné à l'homme pour agir et mériter dans l'ordre surnaturel. La nature est le pouvoir de l'homme pour agir par lui-même sans la grâce, dans de certaines limites.

De là dérivent les significations correspondantes du mot naturel, que la langue philosophique confond assez communément avec ce qui est essentiel ou métaphysiquement nécessaire dans un être.

Nous nommerons donc ici naturel ce qui est la propriété essentielle et nécessaire d'une nature créée ou possible, ou bien ce qui en découle immédiatement, ce qui par conséquent lui appartient, lui est dû pour constituer son être primitif et entier. Ce que nous appelons ainsi naturel est proprement opposé au surnaturel dont nous voulons nous occuper.

En remontant, Messieurs, à l'aide d'une saine philosophie, jusqu'à l'auteur de la nature, on aime à le contempler, dans son unité infinie, comme l'océan de l'être existant et possible. La pensée, qui se recueille et médite profondément, ne retrouve qu'en Dieu seul le principe, la raison et la vie de toutes choses.

Dieu doit à l'homme, quoique librement créé, tout ce qui le constitue dans son essence. Une fois le décret libre de l'existence porté, c'est comme une dette à payer, une nécessité à remplir. Car Dieu ne peut pas plus créer l'homme, sans lui donner ce qui constitue l'idée ou l'essence de l'homme, qu'il ne peut créer un cercle, le privant de la forme circulaire. On comprend ainsi en quel sens ce qui est proprement naturel est métaphysiquement nécessaire, considéré dans l'essence même des choses.

Mais on comprend également, Messieurs, qu'au delà de ces conditions constitutives et essentielles, Dieu ne doive rien à l'être qu'il crée, et que si, par un effet de sa libre bonté, il dépasse la dette même de la création, si au-dessus et au delà de toutes les conditions essentielles, de toutes les propriétés constitutives de la nature, Dieu usant à son gré de sa toute-puissance, ajoute, surajoute pour l'homme, par exemple, ce qui n'est point à l'homme, ce qui ne lui est dû à aucun titre, ce qui dépasse toutes les forces et les exigences de la nature humaine, Dieu alors ne contredit aucun ordre, mais il en produit un nouveau qui se lie au premier, il produit alors le surnaturel, l'œuvre de son bon plaisir généreux.

C'est ce qui a lieu dans la grâce, lumière pour l'intelligence, force pour la liberté; mais force et lumière d'une nature telle que les facultés humaines sont absolument incapables de les produire par elles-mêmes.

Ainsi, dans sa notion première, le surnaturel proprement dit est ce qui dépasse les forces et les exigences de la nature créée ou même possible. Une nature surnaturelle répugnerait dans les termes; Dieu seul, non pas en lui-même, mais par rapport aux créatures, peut s'appeler l'être substantiellement *surnaturel*, comme l'école le nomma quelquefois; parce que seul il dépasse infiniment toutes les natures créées ou possibles.

Nulle idée d'obligation, ou de nécessité dérivant de la nature, ne peut donc s'attacher à l'idée du surnaturel ; il est ce qui est donné, sans être dû, par Dieu même.

Nulle raison ne peut non plus, Messieurs, s'opposer à ce que la puissance divine s'exerçant librement produise le surnaturel. Qu'est-ce qui répugne dans un acte de la munificence infinie donnant à l'être fini et naturellement complet, ce qui ne lui était pas dû, ce qui dépasse toutes ses forces et toutes ses exigences ; afin de l'élever au-dessus de l'ordre simplement naturel et de le rapprocher davantage de l'Être divin ; afin de l'unir d'une manière plus intime à la source infinie de vérité, de vie, de bonheur et de toute perfection. Qui osera consciencieusement le déclarer impossible ?

Le surnaturel dans sa notion sainement philosophique peut donc se définir : ce qui surpasse toutes les forces de la nature créée ; ou bien encore : ce qui n'est dû à aucun titre intrinsèque et essentiel à la nature finie.

Mais cette notion du surnaturel est négative et incomplète, car elle s'arrête aux natures créées ou possibles, pour les déclarer séparées de conditions et de forces qui leur sont supérieures.

Que si l'on veut la notion positive du surnaturel, si l'on veut connaître son essence, ce qui le constitue, il faut de toute nécessité en venir à la définition théologique. Car l'existence du surnaturel tient à la foi, il ne saurait être connu que par elle; et la foi scientifiquement enseignée est la théologie.

Or les plus célèbres d'entre les théologiens requièrent deux conditions pour constituer le surnaturel :

Premièrement cette valeur suréminente qui dépasse les forces et les exigences quelconques de toutes les natures créées ou possibles, ce qui est la notion même philosophique. Et deuxièmement une relation spéciale avec Dieu comme auteur de la grâce et de la gloire, relation qui consiste dans une certaine union intime et merveilleuse avec Dieu, tel qu'il est en lui-même, et non pas tel seulement que nous pouvons le connaître par la raison naturelle.

Cette union avec Dieu a pour effet dernier, suivant la foi, d'élever et de perfectionner excellemment au-dessus de la nature les facultés de la créature raisonnable en la béatifiant: union consommée et parfaite dans la vision intuitive après la vie; union commencée, mais déjà vraie et réelle, dans les dons de la grâce départis à l'homme ici-bas.

Voilà quelle est, Messieurs, la grave et haute doctrine de l'Église, et comment saint Thomas, Suarez, Estius, Sylvius, Bellarmin et les autres chefs de nos écoles nous la résument dans leurs écrits [1].

L'union hypostatique du Verbe avec la nature humaine par la divine Incarnation est sans doute le surnaturel par excellence, elle est pour nous le principe de la réparation et de l'état surnaturel présent; le miracle est le surnaturel dans l'action divine, produisant un effet en dehors des lois constantes de la nature; la révélation, manifestation divine de certaines vérités par des voies supérieures à toutes les forces humaines, est encore le surnaturel; mais l'union hypostatique du Verbe, le miracle et la révélation ne doivent point directement nous occuper ici. Déjà nous en avons suffisamment parlé dans cette chaire en divers temps [2].

Nous nous attachons maintenant, Messieurs, au surnaturel en tant qu'il constitue pour l'homme une manière d'être, son état réel et intérieur, suivant la foi catholique.

D'après l'enseignement théologique, cet état

---

[1] S. Th.. 1ª 2ᵃᵉ, q. 110, art. 1; q. 112, art. 1. — 3; q. 2, art. 10; q. 4, art. 4.
[2] Bell. *Proleg.* 3. *de Gr.*, c. 3, n. 3, 4, 7 *et alibi*.

surnaturel de la créature raisonnable a pour base et pour commencement la grâce, pour complément et pour consommation la gloire ou la vision intuitive de Dieu après la vie. Or la vision intuitive est la vue ou la possession de Dieu tel qu'il est en lui-même, *sicuti est,* a dit saint Jean [1]; non plus par raisonnement, par abstraction ou par la foi seule, comme nous faisons ici-bas, mais face à face, suivant l'expression de saint Paul, *facie ad faciem* [2], et par une participation ineffable en nous de la nature et de la vie divine elle-même, *divinæ consortes naturæ* [3]; c'est la parole de saint Pierre.

On conçoit en effet que Dieu seul étant substantiellement et infiniment au-dessus de toutes les natures créées ou possibles, la participation au surnaturel, en tant qu'elle peut exister pour l'ange ou pour l'homme, ne saurait être autre chose qu'un rapport intime et spécial avec l'être de Dieu en lui-même. Et telle est la raison fondamentale du surnaturel; veuillez la retenir.

Cette vue de Dieu, privilége placé au-dessus de toutes les forces naturelles, est la fin; des moyens sont nécessaires pour y tendre. Les moyens doivent être proportionnés à la fin; surnaturels par

---

[1] I Joann., iii, 2.
[2] I Cor., xiii, 12.
[3] II Petr., i, 4.

conséquent si la fin est surnaturelle : de là le dogme catholique de l'existence et de la nécessité de la grâce surnaturelle et des œuvres surnaturelles pour arriver au salut promis.

En deux mots, la grâce moyen, la gloire ou vision intuitive destination et fin, voilà ce qui constitue pour l'homme l'état surnaturel; le vôtre, Messieurs.

Joignant donc ensemble l'une et l'autre notion philosophique et théologique, nous disons : le surnaturel est ce qui dépasse toutes les forces de la nature créée, et ce qui constitue ou prépare l'union de la créature raisonnable avec Dieu tel qu'il est en lui-même.

Ce n'est point là sans doute, Messieurs, une démonstration du dogme catholique. Je n'ai voulu en ce moment que définir des termes difficiles, et fixer entre nous les lois du langage, ce qui était indispensable pour nous entendre.

Mais déjà je suis en droit de demander si l'on a toujours eu soin de bien connaître ce qu'on voulait combattre; si en repoussant le surnaturel on s'adressait à sa notion précise. Que de fois parmi nous on outrage ce qu'on ignore, et combien de préjugés et d'erreurs accrédités contre la foi par l'ignorance et les plus fausses préoccupations !

Il y a aussi je ne sais quel dédain et quel dégoût injurieux qui s'attache à la science positive et théologique du christianisme. Et pourquoi donc? Craindrait-on, en étudiant la foi dans ses sources augustes et vénérables, de poser des bornes trop étroites à l'élan de l'investigation et du génie?

Mais c'est la foi seule qui ouvre les champs du surnaturel et du possible, au delà des limites de la raison et de la nature. C'est avec sa lumière seule que nous parcourons d'un pas ferme et sûr les mondes invisibles, que nous scrutons jusqu'aux profondeurs de Dieu. C'est la foi seule qui nous fait aspirer à la vision de Dieu tel qu'il est en lui-même.

Est-ce que saint Augustin, saint Anselme et saint Thomas, Descartes et Mallebranche, Bossuet et Fénelon ne durent pas en grande partie à la foi la hauteur de leurs pensées, et la fécondité de leurs recherches! Et quels philosophes leur comparerez-vous?

Je le dirai hautement, Messieurs, la philosophie sans la foi, fût-elle jointe aux dons les plus précieux de la science et du génie, n'est pour moi qu'une terre basse, obscure, froide et stérile; la foi m'élève et me porte parmi les splendeurs des cieux.

Tout alors s'ouvre devant moi; je ne puis sans

doute mesurer et comprendre l'infini, je puis du moins en approcher davantage et sans crainte, en contempler mieux les ineffables beautés et m'élancer avec ce guide infaillible vers les régions les plus élevées de l'essence et de la gloire divine, centre de toute vérité et de tout bien.

Tel homme rampe et se traîne dans des vallées resserrées, obscures et tortueuses; tel autre gravit d'un pas ferme la cime des montagnes. Pour celui-ci la route a pu cacher quelque temps à ses regards, les magnificences d'un vaste horizon. Mais son courage est pleinement récompensé : au sommet il trouve le repos après la fatigue, le soleil radieux après les nuages sombres, l'immensité des cieux après les bornes étroites de la terre. C'est une image vive du champ et de la vue de l'infini; il semble qu'on domine et qu'on dépasse les limites de cette création visible.

Ainsi en est-il des méditations de la philosophie jointes aux élévations de la foi, nobles et pures jouissances d'un cœur qui étudie et recherche son Dieu avec amour!

Je crois avoir, Messieurs, suffisamment fixé la notion du surnaturel, passons maintenant à l'examen rapide des préjugés qui en repoussent l'existence.

II. P. C'est au nom des droits de la raison qu'on prétend ne garder pour règle de croyance religieuse qu'une vague philosophie de la nature, et rejeter le surnaturel révélé.

Pour certains esprits, il semble que la nature et la raison soient l'unique et véritable patrie des âmes. La foi leur paraît être le songe idéal de l'Atlantide. Ils sont, sans la foi, comme placés dans un continent fermé, d'où on ne saurait sortir sans tomber dans un abîme.

Non, nous ne détruisons point la nature et la raison en admettant le surnaturel enseigné par la foi. Nous reconnaissons au contraire que la foi elle-même suppose un emploi légitime de la raison naturelle ; et nous aimons à proclamer la noble alliance de la philosophie et du christianisme ; il y en a, je crois, des monuments assez glorieux dans tous les âges.

Réduisant la question à ses termes les plus simples, et fidèle à l'enseignement traditionnel et commun des Pères et des théologiens catholiques, nous disons encore ce qu'ils ont toujours dit bien avant Descartes comme depuis ce philosophe :

« Une chose quoique surnaturelle peut, avec l'aide du raisonnement et des lumières naturelles, devenir évidemment croyable par les miracles ou par d'autres moyens sensibles; parce que la crédibilité (qui n'est pas la foi), provient d'un moyen ou signe extérieur qui peut être évidemment et naturellement connu. » Ce sont les paroles mêmes de Suarez dans son traité *de la Foi;* elles reproduisent à peu près celles de saint Thomas sur la même matière, et je les ai fidèlement traduites [1].

L'évidence de crédibilité perçue, ou la force reconnue des preuves qui rendent évidemment croyables les choses surnaturelles : en d'autres termes, le fait même de la révélation divine, accepté par conviction, voilà, quant à l'appréciation du surnaturel chrétien, quel est le droit, ou mieux encore, le devoir de la raison.

Une forte et saine philosophie ne fera jamais autre chose, Messieurs, que rendre plus inébranlables et plus certains pour l'intelligence humaine les fondements de la foi du surnaturel.

La méditation attentive retrouve aisément la lumière intérieure et naturelle qui nous montre invinciblement la certitude d'idées premières et de premiers principes; et ces premiers principes forment, à vrai dire, le fond de l'intelligence. Mais la raison sincère avoue en même temps ses

---

[1] Suarez, *de Fide* disp. IV, sect. 2, n. 4, 7, 8. — S. Th. 2ᵃ 2ᵃᵉ, q. 1, art. 4.

bornes étroites, avec l'immense besoin qu'elle a cependant de connaître ce qui dépasse infiniment ses forces.

En vertu de la constitution de son intelligence et de l'usage nécessaire de ses organes, l'homme qui ne peut déjà douter de son existence propre ni d'un certain nombre de vérités évidentes, ne peut pas douter davantage de l'existence des autres hommes. Au moyen des sens notre âme affectée et modifiée par une perception constante et uniforme à l'égard des objets ou des faits extérieurs, les voit, les touche pour ainsi dire elle-même; elle constate leur existence et n'en saurait nier la vérité. Et puisqu'il existe un Dieu auteur et conservateur de toutes choses, il serait lui-même responsable de l'illusion et de l'erreur, si le témoignage et la signification des sens, dans leurs données les plus constantes et les plus naturelles, devaient nous tromper nous-mêmes.

Aussi, Messieurs, la philosophie noble et pure des génies chrétiens, en pénétrant jusqu'à la dernière raison des choses, trouve-t-elle pour garant de l'évidence et de la certitude dans l'ordre naturel, d'abord Dieu même et sa véracité infinie; Dieu présent et agissant au fond de l'intelligence de l'homme et dans tous les êtres qui nous entourent; Dieu manifestant clairement à l'homme les vérités premières et essentielles, ainsi que les existences contingentes et extérieures qui frappent uniformément nos sens. Elle trouve ensuite le témoignage certain des sens, qui se conserve et se perpétue dans le témoignage également certain des hommes.

Quand donc, sur des faits éclatants, sensibles et inévitablement connus, le témoignage des hommes nous est présenté dans des circonstances de vérification, de sagesse, de désintéressement et d'unanimité, qui, suivant toutes les lois morales des jugements humains, excluent absolument et comme impossibles, à la fois l'erreur et l'imposture, alors ces faits, quels qu'ils soient d'ailleurs, sont avérés, irréfragables. Ou bien il n'y a plus de faits au monde, il n'y a plus d'histoire, il n'y a plus de générations se succédant d'âge en âge et se léguant les traditions du passé. Autant vaut dire : Il n'y a plus d'humanité, ni de société, ni de famille ; car leur existence et leur état reposent en grande partie sur la succession de faits indubitables.

Ainsi, Messieurs, s'élèvent et planent, dans la lumière de la certitude historique, les faits primitifs du christianisme. Ils sont bien au-dessus des incertaines et sombres spéculations d'esprits aventureux qui semblent les mépriser comme s'ils n'étaient pas, ou s'ils n'avaient aucune signification, ou comme s'ils s'étaient passés dans une région beaucoup trop basse pour eux.

Quant à nous, le naturel est certain, autant et plus que toutes les vérités naturelles, car il repose sur des faits irréfragables qui le montrent révélé, institué par Dieu même. Je préciserai davantage ces faits tout à l'heure. La grâce, qui précède et accompagne toujours la nature dans l'œuvre intérieure de la foi, illumine l'esprit, échauffe le cœur de sa paisible lumière; voilà comment nous croyons au surnaturel. Des faits avérés en établissent d'abord l'institution et la révélation divine; la force intérieure de la conviction et de la grâce nous les fait admettre ensuite avec une entière certitude.

Abjurons-nous donc la philosophie et la raison quand sur des faits nous professons avant tout la certitude historique?

Messieurs, je me prends quelquefois à penser que pour certains hommes les preuves de la foi sont trop claires. Il leur faut l'obscurité, ils la chérissent, ce semble, par-dessus tout. L'Évangile nous dit que celui qui agit mal fuit la lumière : *Qui male agit, odit lucem*[1].

---

[1] Joann., III, 20.

Esprit voyageur, arrête ; c'est ici le lieu pour poser ta tente au grand jour et sous un ciel serein. Pourquoi chercher toujours les antres ténébreux et les sombres agitations d'une nuit volontaire, quand une tranquille et pure clarté réjouit ici par ses divines influences le monde des intelligences et de la pensée?

Voudrait-on déplacer la question et se préoccuper d'une prétendue impossibilité du surnaturel, révélé de Dieu et enseigné par l'Église? Il faut détruire avant tout la force accablante des faits attestés qui ont créé l'Église, son autorité, son enseignement comme l'œuvre même de Dieu. L'existence du fait renferme sa possibilité, et elle dispense de la démontrer : tel est le surnaturel dans l'Église.

D'ailleurs, que veut-on dire quand on avance que le surnaturel est impossible à Dieu? On veut dire que Dieu, l'Infini, ne peut rien donner ni ajouter de plus à une nature finie. Qu'en pensez-vous?

Rejetterait-on encore le surnaturel parce qu'il est caché et mystérieux? Mon Dieu! que savons-nous donc et que pouvons-nous connaître qui ne porte avec soi un profond mystère? Le mystère est de toutes les études, de toutes les positions, de toutes les conditions de notre intelligence. Nier parce qu'on ne comprend pas, est véritablement la faute la plus contraire à la logique, au bon sens, à la science, à l'expérience. Que comprenons-nous entièrement dans le monde? Pas une seule chose, peut-être.

Donc, avouez-le franchement, Messieurs, il n'y a dans aucun système de naturalisme ni philosophie ni raison véritable contre la foi. Que nous reste-t-il à faire? Croire.

Penserait-on pouvoir échapper à l'admission du surnaturel en se réfugiant dans la triste théorie des formes symboliques et mythiques appliquées à l'Évangile comme à toute autre religion? Car que n'a-t-on pas imaginé pour ne point croire, travaillé qu'on était de se défendre de la puissance et du besoin de la foi?

Nous nous contenterons de demander aussi à ces créateurs d'énigmes, s'il existe une vérité historique sur la terre, et à quel signe on la reconnaît. Cette seule question sera notre réponse aux inconcevables prétentions d'un symbolisme impie et téméraire. Le fait ou plutôt cet ensemble de faits qui sont parvenus jusqu'à nous depuis l'époque assignée comme contemporaine, par une suite non interrompue de témoignages et de traditions unanimes, quoique dans des circonstances de lieux, de mœurs et d'intérêts divers, ces faits qui emportent avec eux les plus rigoureuses exigences, la pratique des vertus les plus austères, souvent la ruine des affections les plus chères, une guerre d'extermination déclarée aux opinions et aux passions humaines, le sacrifice même de la vie; ces faits admis néanmoins et professés des millions de fois, au prix d'un sang volontairement répandu pour leur vérité, pour la vérité des faits, retenons-le, et non pas des opinions. Ces faits donnés ouvertement dès l'origine pour divins, surnaturels et comme devant renouveler la face de la terre, qu'ils ont réellement changée; ces faits que défendent dans tous les âges les plus beaux génies et les plus généreux courages, les âmes les plus héroïques et les plus pures; ces faits qui ont fondé dans l'univers l'institution la plus persévérante, la plus vaste, la plus forte, la plus opposée qui fut jamais à l'orgueil et au caprice humain, l'Église; ces faits inscrits sur tous les monuments de dix-huit siècles, répétés constamment chaque jour et à chaque heure du jour par des millions de voix sur tous les points de l'univers; ces faits sans cesse attaqués par la fureur et par la ruse, toujours entiers, toujours vainqueurs; ces faits dont la croyance a eu pour conséquence de verser au sein des races humaines les trésors de la civilisation la plus belle, et de couvrir la terre des plus nobles merveilles; ces faits en un mot qui, réunis comme un faisceau de victorieux trophées, entraînent à leur suite toutes les générations, toutes les traditions, toutes les intelligences, toutes les vertus, toutes les gloires les plus dignes de créance; ces faits plus éclatants que le soleil dans la splendeur de son midi, témoignent hautement de l'intervention divine et de l'alliance surnaturelle établie entre Dieu et l'homme. Ils sont crus, admis, attestés ainsi, ces faits. Ils sont vrais, ils sont réels; ils sont l'histoire, plus que l'histoire; il faut les croire, et croire avec eux le surnaturel, qu'ils démontrent invinciblement avoir été institué par Dieu même : il le faut, ou bien il faut détruire inévitablement la réalité des choses vues, reconnues, touchées pour se créer violemment un monde faux, imaginaire, où il n'y ait rien de certain, ni langage, ni vérité, ni faits, ni témoins, ni Dieu, ni homme. Mais alors il n'y aura plus, je pense, ni philosophie ni raison. Nous serons replongés dans le néant et à tout jamais.

C'est assez, Messieurs, pour la théorie injurieuse du mythe. Au reste l'humanité est à peu près le seul dieu qu'elle adore; le progrès fait de même, autre préoccupation qui repousse le surnaturel.

Le progrès adresse à l'humanité son culte et ses

hommages. L'humanité serait donc le terme magique qui tiendrait lieu désormais de toute vérité de fait, de raison et de foi.

On dit : l'humanité est l'être collectif, la véritable immortalité. (Je cite, Messieurs.) Elle se renouvelle, avance toujours et réalise ainsi progressivement le perfectionnement que nous poursuivons sans cesse.

Il y a perpétuité, identité en même temps que progrès.

On ne veut point, Messieurs, qu'il y ait là une expression de panthéisme ; soit, mais que sera-ce donc? Est-ce religion, histoire, philosophie?

Au bas de chaque page élaborée par ces penseurs malencontreux, écrivez : assertion gratuite, allégation sans preuve. A chaque parole répondez hardiment : Non. Vous avez tout renversé par des raisons au moins égales, je vous assure ; car vous n'avez devant vous aucune doctrine digne de ce nom, aucune logique, aucun fait appuyé. Qu'est-il besoin de répondre alors? Nous répondons cependant :

Les faits et la logique sont diamétralement opposés à la théorie du progrès continu, produit bizarre de cerveaux en souffrance et de cœurs malades auxquels je compatis sincèrement.

Dans la langue de l'histoire, y eut-il progrès

durant quatre mille ans au sein de l'humanité, quand les extravagances honteuses du polythéisme succédèrent au monothéisme primitif? Y eut-il progrès quand il fallut ensevelir, sur quelques rares points du globe, un reste de croyance à l'unité divine, dans l'ombre de ces mystères interdits au commun des hommes et dans l'enseignement ézotérique ou secret des philosophes? Et je ne tiens pas compte encore des contradictions palpables et des aberrations innombrables de cette infirme philosophie.

Ce n'était pas le progrès assurément, c'était la dégradation qui arrivait au fond de l'abîme.

Comment donc venir avec un imperturbable sang-froid nous donner le progrès indéfini comme la loi universelle et absolue? Les mots signifient-ils le contraire des choses? Oui, souvent, dans ce siècle. Et si je voulais encore examiner sérieusement les progrès tant vantés de la philosophie, des arts, même des sciences, au moins des sciences politiques et sociales, en dehors de la foi, que j'aurais de choses à vous dire! Mais vous ne pourriez les porter encore, *nescitis portare modo*[1]. Je les dirai un jour.

---

[1] Joann., XVI, 22.

Je m'en tiens à la question religieuse, au christianisme.

Le christianisme fut un progrès ; oh ! oui : mais lequel ? Ne vous lassez pas de l'entendre, parce que je ne dois pas me lasser de le dire :

Ce fut le renversement le plus étrange de toutes les idées, de toutes les opinions reçues ; ce fut le combat le plus acharné contre toutes les influences philosophiques et contre tous les préjugés populaires, contre toutes les traditions chéries de gloire, de patrie, de famille et de plaisir ; ce fut en un mot la folie de la croix victorieuse dans les mains des pêcheurs Galiléens.

Voilà le progrès du christianisme. Il a vaincu par une force évidemment opposée et supérieure à toutes les forces humaines et naturelles ; il est le progrès surnaturel et divin, ou il n'est rien, ou il n'a jamais été. Car son histoire, son origine, ses combats, ses caractères, inséparables de lui-même, le montrent et le constituent invariablement tel, en le montrant vainqueur au nom de la croix et du sang d'un Homme-Dieu crucifié, c'est-à-dire par la plus étrange extravagance. Et je parle comme saint Paul.

Messieurs, je résume les notions préliminaires exposées dans cette Conférence.

Le surnaturel proprement dit est ce qui dépasse

toutes les forces de la nature créée et se rapporte à l'union de la créature raisonnable avec Dieu en lui-même par la vision intuitive.

Le mythe, comme système appliqué à l'Évangile, est un nom arbitraire donné à l'histoire, et qui ne peut détruire ni remplacer par des fantômes la réalité de faits clairement prouvés : or, toute espèce de preuves appuient les faits qui constituent l'état surnaturel.

Le progrès indéfini en religion, théorie gratuite, aventureuse, démentie par tous les siècles, se brise comme un souffle impuissant contre le roc immobile d'une foi démontrée divine par des faits accomplis, qui ne peuvent, eux, subir ni progrès, ni changement, ni ruine.

Le naturalisme, dernière des hérésies, au dire prophétique de Leibnitz, est une fausse préoccupation qui, le front abaissé vers la terre, s'arrête à l'homme, à la nature seule; ne sait pas relever les yeux vers l'Infini, et contempler en Dieu même la chaîne des possibles qu'il réalise, quand il lui plaît, pour nous unir plus intimement à lui.

Nous avons, Messieurs, ouvert la voie; j'y entrerai dans la prochaine Conférence, en résolvant le problème de la destinée humaine par la fin surnaturelle.

Mais je ne saurais mieux terminer cette instruction, qu'en m'attristant avec un auteur trop connu sur le malheur d'une âme qui a perdu la foi; il pouvait, hélas ! le sentir et l'exprimer.

« Lorsque la foi qui unissait l'homme à Dieu et qui l'élevait vers lui, vient à manquer, il se passe quelque chose d'effrayant[1]. L'âme abandonnée en quelque sorte à son propre poids tombe, tombe sans fin, sans cesse, emportant avec elle je ne sais quelle intelligence détachée de son principe, et qui se prend tantôt avec une inquiétude douloureuse, tantôt avec une joie semblable au rire de l'insensé, à tout ce qu'elle rencontre dans sa chute. Tourmentée du besoin de la vie, ou elle s'unit à la matière qu'elle cherche vainement à féconder, ou elle poursuit à travers le vide de fantastiques abstractions, de fugitives ombres, des formes sans substance. Ce qui reste d'amour se rapproche de celui qui anime sourdement la nature brute. On ne comprend plus la société comme une manifestation de l'esprit et de ses lois, mais comme un travail mécanique d'arrangement.....

« ..... Tous les nobles instincts s'endorment d'un profond sommeil; toutes les secrètes puissances qui président à la formation du monde moral, au

---

[1] Lamennais, *Discussions critiques et pensées diverses sur la religion et la philosophie*, p. 22.

développement de l'être dans son invisible essence, s'éteignent en partie, et en partie lui créent une sorte de supplice interne dont la cause inconnue de lui le jette en des angoisses et en un désespoir inexprimables. Son âme a faim, comment fera-t-il ? Il tuera son âme, ne trouvant pour elle, là où il est, aucun aliment. S'il souffre, c'est qu'il est encore trop haut. Descends donc, descends jusqu'à l'animal, jusqu'à la plante ; fais-toi brute, fais-toi pierre ; il ne le peut. Dans l'abîme ténébreux où il s'enfonce, il emporte avec lui son inexorable nature, et les échos de l'univers répètent de monde en monde les plaintes déchirantes de cette créature, qui, sortie de la place que lui avait assignée l'ordonnateur suprême dans son vaste plan, et incapable de se fixer désormais, flotte sans repos au sein des choses, comme un vaisseau délabré que les vagues poussent et repoussent en tout sens sur l'Océan désert. »

Messieurs, ces magnifiques paroles ne sont pas de moi, fasse le Ciel qu'elles ne soient pas l'histoire de celui qui les traça ; qu'elles ne deviennent jamais l'histoire d'aucun de ceux qui les entendent !

CINQUANTE-DEUXIÈME CONFÉRENCE

LA DESTINATION SURNATURELLE

CINQUANTE-DEUXIÈME CONFÉRENCE

LA DESTINATION SURNATURELLE

Monseigneur,

Une question entre toutes les autres fatigua la philosophie antique, fatigue la philosophie moderne, et toujours sans résultat. Quand l'homme ne prend pas la foi pour guide, il rencontre néanmoins dans le chemin de la vie plus d'une grave pensée, plus d'un sentiment d'inquiétude sur ses destinées à venir. Soit que par goût ou par devoir il s'isole des bruits de ce monde, et rejette au loin ses frivoles préoccupations; soit que la leçon du malheur vienne lui apprendre à se replier intérieurement sur lui-même, le grand problème de la destinée humaine vient à son tour se présenter à son esprit et affecter douloureusement son âme. Et tout homme qui se sent perdu dans le labyrinthe obscur de l'existence, y cherche plus d'une fois, avec anxiété, la lumière et le fil conducteur qui l'en fera sortir! Des pressentiments intérieurs, une lueur brillant de temps à autre donneront quelque soupçon du terme dans un impénétrable avenir; nos besoins, nos maux, nos désirs, l'élan indestructible de notre être nous reporteront malgré nous vers Dieu; mais comment le saisir, et quelle est la voie qui mène vers ce qui nous manque, vers ce bien qui remplira le vide de nos âmes?

La foi a répondu pleinement et avec autorité, Messieurs, quand la philosophie balbutiait ses doutes et laissait la conscience inquiète au milieu de solutions incohérentes, contradictoires. Ce n'est pas que la raison et la nature n'aient leur part légitime dans la haute question de la destination humaine; nous le reconnaissons sans peine, nous allons même la leur faire, en cherchant d'abord philosophiquement des notions exactes et des solutions saines sur la destinée de l'homme. Mais ensuite il nous faudra recourir à la foi, reconnaître avec elle que la fin réelle de notre existence, que notre état présent et futur est un état surnaturel, et que c'est à elle seule de résoudre entièrement cette question, la plus importante de toutes.

Ce sera, Messieurs, résoudre en même temps la question du bonheur, sur laquelle la vie est un débat pratique et perpétuel. Être bien fixé sur la nature du bonheur de l'homme n'est pas encore le posséder, sans doute, mais c'est au moins connaître le but, et pouvoir se diriger dans la carrière.

I. P. Messieurs, ce qui domine dans le cœur de l'homme, c'est le sentiment de ce qui lui manque ; et le vide, le besoin immense qu'il porte au dedans de lui, exprime en même temps la loi de sa destination dernière.

Rien n'existe et n'agit dans le monde sans une raison suffisante d'existence et d'action ; ce fut, vous le savez, le principe fécond de Leibnitz. De là une faculté puissante de l'âme, qui n'aurait aucun objet ni aucun terme appréciable, serait un nonsens et une contradiction flagrante. Ces données sont certaines, nous pouvons en partir.

L'homme a l'idée et le sentiment de la béatitude, c'est-à-dire de la jouissance à la fois de tous les biens qu'il peut désirer ; il se sent inévitablement poussé par une force et un amour nécessaire vers cette béatitude parfaite, et sans cesse il travaille pour la saisir. Dans la souffrance l'âme demande la fin de ses maux, dans la joie elle demande la perpétuité de ses biens et leur complément; voilà sa loi. Le désespoir lui-même, qui rejette toute consolation, n'est qu'une soif plus ardente qui ne peut s'étancher à son gré.

Toutes les générations à leur passage sur la terre, soumises à cette loi générale, sont à la poursuite d'un bien-être qui les fuit constamment. S'il n'y a pas pour nous de destinée ultérieure et supérieure à la nôtre ici-bas, cette faculté est vaine, cet amour est chimérique; l'homme est nécessairement entraîné vers l'impossible. Nécessairement et toujours il est le jouet d'une illusion grossière. L'énergie de sa nature, l'âme de son âme, la vie de sa vie, l'ardente soif du bien suprême n'est plus qu'une inclination sans objet, une faculté sans terme, un besoin sans réalisation possible. L'homme serait créé seulement pour le faux et le néant, l'humanité subirait le supplice de Tantale.

Mais alors aussi plus d'ordre essentiel, tout serait désordre et folie. Notre monde des intelligences serait un grand hospice d'aliénés; l'univers dans toute sa durée ne présenterait aucune raison suffisante du phénomène moral le plus constant, le plus inévitable de notre tendance vers la béatitude.

Admettez au contraire une destination supérieure et divine, pour fin de l'homme la possession du bien souverain et parfait; tout rentre dans l'ordre, et tout s'explique. Les facultés humaines ont leur objet et leur terme; l'amour nécessaire de la béatitude porte avec soi sa raison suffisante. Destiné au bonheur, l'homme doit le poursuivre, puisqu'il peut l'atteindre. C'est la seule explication complète de faits constants, elle résout la question de la destinée humaine. Et Dieu lui-même, auteur de notre nature et de nos penchants universels et invincibles, se montre d'accord avec lui-même.

Ainsi l'observation nous montre dans l'homme, premièrement un désir invincible du bien qui lui manque, secondement une loi de destination à la possession de ce bien souverain et complet. Mais allons plus avant.

Nous ne le savons que trop, ce bien parfait dont l'amour est inné nous manque dès le premier instant et pour toute la durée de notre existence. Ce bien que l'hommme cherche, qu'il veut, qu'il doit obtenir pour être formellement heureux par sa possession, ce bien souverain et souverainement désirable est donc en soi, veuillez le remarquer, quelque chose de distinct de l'homme, puisque l'homme ne l'a pas; c'est donc quelque chose d'indépendant et d'existant par soi hors de l'homme. Or une destination nécessaire porte notre cœur à s'en saisir pour se la rendre propre : mais comment y parvenir?

Messieurs, cette destination si puissante, avec le bien souverain pour terme nécessaire, ne saurait être évidemment que l'œuvre de l'Être suprême, pouvant et voulant communiquer à l'homme ce bien qui le béatifie. Fixer la destinée humaine est certainement l'acte tout-puissant du Maître; et la réaliser dans son accomplissement dernier ne peut être non plus que l'effet de sa toute-puissance. Mais qu'est-ce donc que ce bien suprême et parfait, sinon Dieu lui-même?

En sorte, Messieurs, que nous trouvons logiquement une grande preuve et de l'existence de Dieu et de l'union divine destinée à l'homme dans le besoin nécessaire de la béatitude tel que notre état présent le porte avec soi. Je la résume en ces deux mots :

L'homme nécessairement cherche et aime le bonheur, et le bonheur parfait.

Cet amour nécessaire ne peut résulter que d'une destination donnée par la cause suprême, c'est-à-dire par l'auteur même de la nature.

Cette destination supérieure suppose nécessairement une volonté capable de communiquer à l'homme le bien souverain et parfait. Cette volonté doit être toute-puissante, elle est celle d'un Dieu.

Donc Dieu existe, l'homme est fait pour Dieu, pour être heureux par la communication du bien suprême.

Durant ces heures d'un paisible et rare loisir que la Providence accorde quelquefois, quelle douce jouissance de retrouver dans l'étude et la prière l'alliance indissoluble de la philosophie la plus haute, avec la foi la plus soumise. Alors, au sein du calme et de la solitude, quand le monde se tait autour de nous, on sent que le cœur est fait pour Dieu; et son souvenir, j'oserai le dire, est comme le souvenir de l'ami le plus vénéré, le plus cher, qu'on doit posséder tout à fait un jour. L'âme se repose en Dieu avec confiance et avec amour.

Permettez-moi, Messieurs, de creuser encore dans les profondeurs philosophiques du sujet que nous traitons.

L'homme, avons-nous dit, veut nécessairement ce bien dont la possession est le bonheur parfait. Un tel bien doit atteindre le degré au delà duquel il n'y ait plus rien de désirable pour lui, sans quoi il ne trouverait pas le terme, la fin dernière, la béatitude parfaite dont le besoin est dans la nature même de son cœur.

Mais un tel bien, au delà duquel il n'y a plus de bien, et auquel doit s'arrêter tout désir, est le bien même et l'être infini. Tout bien, tout être fini, quel qu'il soit, exclut autant de réalité ultérieure que la possibilité des choses en présente, espace sans limites ouvert encore à tous les désirs. Pour les satisfaire il faut donc le bien, l'être aussi sans limite et au delà duquel aucune réalité désirable ne soit possible. C'est Dieu même, et Dieu seul. Dieu est donc la béatitude souveraine de l'homme.

Le bien fini et créé porte nécessairement avec soi la raison du non-être et du non-bien, c'est-à-dire la raison de tout ce qui lui manque. Ce qu'il renferme d'appréciable n'est pour ainsi dire qu'une faible émanation, n'est qu'une participation minime du bien souverain, et qui peut être infiniment dépassée.

Si donc on veut se rendre au cri impérieux de la nature, au besoin nécessaire de son cœur, c'est le bien ayant seul la raison du bien plein et parfait qu'il faut aimer et chercher. C'est même celui qu'on cherche malgré soi, pour ainsi dire, alors que par une erreur coupable et malheureuse on le maudit; parce que seul étant sans mélange de négation et de néant, seul le bien et l'être par soi, seul le vrai bien parfait, infini, il est le bien vers lequel convergent toutes les exigences de l'âme.

Enfin, Messieurs, ces bornes auxquelles nous

touchons de tous côtés, ces désirs immenses, ce sentiment constant du vide de notre âme, ce besoin d'un complément et d'un repos de notre être, tout nous dit que nous sommes inachevés, que nous n'avons pas notre fin et notre perfectionnement sur la terre, et qu'il y a une autre terre et d'autres cieux où ces biens nous sont réservés, c'est-à-dire où Dieu lui-même sera notre vie et notre béatitude.

En deux mots, Dieu seul est le bien et l'être parfait; Dieu seul est donc la béatitude et la fin dernière de l'homme.

Haute convenance de l'union divine que la raison perçoit, mais dont la nature lui échappe; union qui s'établit après la vie par la vision intuitive; don surnaturel et gratuit de Dieu comme la foi nous l'enseignera tout à l'heure.

La philosophie ne donne pas la notion entière, ni même la nature vraie de l'homme, quand elle en retranche l'immense et nécessaire besoin de s'unir à Dieu comme à la fin de notre être. Oui, le plus souvent, une philosophie tout humaine méconnaît l'homme et nie ces grands faits de la conscience indicateurs de nos destinées, qui nous montrent le terme où l'on trouve Dieu. C'est bien là le propre de l'erreur, scinder et mutiler la vérité. Dans son analyse trompeuse elle saisit l'homme, le dissèque sous l'empire de ses fausses préoccupations; elle supprime de son cœur les plus nobles instincts; elle présente des organes et des membres divisés; elle méconnaît l'unité et la vie du chef-d'œuvre de la création et les desseins de son auteur. Par ce côté, Messieurs, l'erreur se réfute elle-même. L'Église au contraire, dans une admirable synthèse, unit et rassemble tous les faits de l'âme humaine; et elle nous montre l'homme tendant ainsi par toutes ses facultés à la béatitude divine elle-même. Mais en même temps elle nous montre la grâce s'ajoutant à la nature, non pour la détruire, mais pour la réparer et l'élever; elle donne ainsi la seule raison complète de l'état réel de l'homme en lui montrant sa destination surnaturelle, ce qu'il me reste à exposer.

II. P. Chose étrange, Messieurs, il fut impossible au paganisme philosophique de déterminer raisonnablement la nature du bonheur. Héritier universel de ses écoles, un illustre romain, Varron, compta, inventaire fait, deux cent quatre-vingts manières diverses de définir le souverain bien [1]. Cela seul démontrerait la nécessité d'une révélation et la vérité du christianisme; car à bon droit

---

[1] V. S. Aug., liv. XIX, *Cité de Dieu*.

certes l'homme réclame la solution de la question suprême de sa destinée.

Hélas! naguère à nos oreilles et au centre même de la civilisation de ce xix⁰ siècle, une bouche que la tombe s'est hâtée de fermer déclarait cette question encore prématurée. Prématurée après six mille ans... Et quand donc sera-t-elle résolue, grand Dieu!

Il est triste, Messieurs, de contempler ces ruines intérieures d'une noble intelligence devenue volontairement la victime d'une philosophie impuissante, et qui, après avoir erré avec elle, va se perdre dans les abîmes d'un désespérant scepticisme.

Il lui a plu, vous le savez, de tracer elle-même sa lamentable histoire : et ce tableau suffirait presque seul pour ramener un esprit et un cœur sincères à l'autorité salutaire de l'Église et de la foi sur la question de la destinée humaine [1].

Messieurs, la philosophie du xviii⁰ siècle, abandonnée aujourd'hui grâce à Dieu, fut impie et dissolue; celle du xix⁰ est un rêve pénible qui égare et entraîne des imaginations maladives. On en est venu jusqu'à reprendre sérieusement les fables surannées de la métempsycose et de je ne sais

---

[1] Extrait d'un écrit de M. Jouffroy, par M. Pierre Leroux, *Revue indépendante*, t. V, 2ᵉ livraison, 1ᵉʳ novembre 1842, p. 288.

quelle palingénésie romanesque. C'est une forme et une expression du progrès continu qu'elle proclame. En avançant toujours de cette sorte, que ne retrouverons-nous pas?

Adressons-nous donc à la foi, à l'Église de Jésus-Christ, et qu'elle nous apprenne ce que la révélation lui a confié sur la destinée dernière de l'homme. Je n'ai plus à vous parler que le langage de l'autorité.

Messieurs, l'Église catholique enseigne que l'homme est destiné à la vision intuitive de Dieu, et que cette destination est surnaturelle, c'est-à-dire élevée, soit dans sa concession et sa substance, soit dans les moyens de l'atteindre au-dessus de toutes les forces et de toutes les exigences de la nature.

Le Prophète-Roi, dans l'élan de son cœur, exaltait la miséricorde divine. Seigneur, disait-il, les enfants des hommes espèreront à l'ombre de vos ailes. Vous les enivrerez d'un torrent de délices, car en vous est la source de vie, et « dans votre lumière même nous verrons la lumière [1]. » *In lumine tuo videbimus lumen.* Jésus-Christ, dans l'Évangile, disait des anges : « Ils voient toujours dans les cieux la face de mon Père, qui est aux cieux [2]. »

---

[1] Psalm., xxxv, 10
[2] Matth., xviii, 10.

Angeli eorum in cœlis semper vident faciem Patris mei, qui in cœlis est. Et le Sauveur déclare ailleurs « qu'au ciel les justes seront comme les anges de Dieu et leurs égaux [1]. » *Æquales angelis sunt.*

Le grand Apôtre prêchait ouvertement cette haute doctrine. Il dit dans sa première épître aux Corinthiens : « Nous ne voyons maintenant que sous une image empruntée et en énigme ; mais alors nous verrons face à face [2]. » *Tunc autem facie ad faciem.* Maintenant, ajoute-t-il, je ne connais Dieu qu'en partie, mais « alors je le connaîtrai comme j'en suis connu ; » *tunc cognoscam sicut et cognitus sum;* ce qui est l'intuition la plus complète possible.

Enfin le disciple aimé de Jésus, l'apôtre de la divine charité, saint Jean, dans sa première épître, écrivait : « O mes bien-aimés, nous sommes les enfants de Dieu ; ce que nous deviendrons plus tard n'est pas encore manifesté en nous. Mais nous savons qu'au grand jour des manifestations dernières nous serons semblables à Dieu, parce que nous le verrons tel qu'il est [3]. » *Similes ei erimus, quoniam videbimus sicuti est.*

Messieurs, en lisant les livres inspirés, on se trouve donc reporté vers cette région supérieure

---

[1] Luc., xx, 36.
[2] I Cor., xiii, 12.
[3] I Joan., iii, 2.

et inconnue où nous verrons la lumière dans la lumière, c'est-à-dire Dieu en lui-même, face à face, comme le voient les anges. Ici-bas, malgré les hautes révélations de la foi, nous avançons au milieu des ombres et sous le voile des énigmes ; mais là nous connaîtrons Dieu comme nous en sommes connus, et nous lui serons si intimement unis, que nous lui deviendrons semblables.

Rien ne pouvait assurément mieux que ce langage exprimer la vision intuitive, la vue de Dieu dans son essence intime, et l'union divine qui en résultera. Il y a plus que la distance du ciel à la terre entre cette connaissance béatifique de l'être divin accordée aux bienheureux, et ces notions imparfaites, obscures, et en grande partie négatives, que nous donne sur la divinité et notre union avec elle le travail pénible de la raison pure.

Dans un admirable concert, tous les âges chrétiens célèbrent la gloire et la béatitude de la vision intuitive; ils la mettent infiniment au delà de toutes les sciences et de toutes les lumières d'ici-bas.

Saint Irénée, au second siècle, disait : « Voir la lumière c'est être dans la lumière et se sentir tout pénétré de sa clarté : ainsi ceux qui voient Dieu au ciel sont au dedans de Dieu même et tout pénétrés de ses clartés infinies, et cet éclat divin est la vie même divine dont on se remplit en voyant Dieu. »

Saint Augustin, dans sa lettre 148°, n° 7, rapporte les paroles de saint Jérôme, et se les approprie comme celles d'un ami : « L'homme ne peut voir maintenant Dieu lui-même. Les anges des plus petits dans l'Église voient toujours la face de Dieu. Maintenant nous voyons dans l'image et dans l'énigme; mais pour lors nous verrons face à face, quand d'hommes que nous étions nous serons devenus des anges. »

Je cite encore ce génie devant qui semblaient s'ouvrir toutes les portes du ciel pour qu'il en contemplât les mystères, et qui nous les décrit avec tant de magnificence. Saint Jean Chrysostome parle à Théodore tombé: « Que sera-ce quand la vérité même des choses sera présente; quand au milieu de son palais ouvert il sera permis de contempler le Roi lui-même, non plus dans l'ombre et dans l'énigme, mais face à face: non plus par la foi, mais par la vision et dans la réalité même[1]? »

Ainsi les Pères distinguaient-ils la vision du ciel de la lumière de la foi, la réalité manifestée au ciel des ombres de la terre. Nous croyons ici-bas, nous verrons un jour; et tous ces mots sacrés de la langue révélée, passés fidèlement dans la tradition, ont constamment maintenu les esprits et les

---

[1] Chrysost., *Parænes.* I, ad Theod. lapsum, *in fine*, n. 10, édit. Bened., t. I.

cœurs dans la foi et l'espoir d'une intuition future et parfaite de l'essence même divine.

Enfin l'Église, au concile œcuménique de Florence, session 26ᵉ, dans le décret d'union avec les Grecs, reproduisant la définition de Benoît XII au xivᵉ siècle, a formellement défini qu'après la vie les âmes entièrement purifiées sont à l'instant reçues au ciel et voient clairement Dieu, même sa trinité et son unité.

Messieurs, la foi invariable de l'Église est donc que l'homme a pour destinée et pour fin dernière et éternelle la vision intuitive de Dieu. C'est pour nous un fait et un dogme révélé, prouvé comme tous les dogmes et tous les faits divins du christianisme, et invinciblement garanti avec eux par l'autorité infaillible de l'Église.

Messieurs, il est un écueil que je dois vous signaler ici, c'est de croire que dans les recherches qui nous occupent il suffise de s'arrêter aux froids raisonnements de l'esprit, sans céder aux sentiments légitimes du cœur.

La religion est bien aussi la part du cœur. Quand une croyance le rend tranquille, satisfait, lui inspire la vertu jusqu'à un généreux renoncement, le porte avec humilité à une confiance entière en Dieu, en sa providence, en son autorité; quand cette croyance est la grande, l'unique consolation de nos maux, le sentir, en remplir son âme, c'est déjà, je le pense, un grand pas de fait dans la voie de la vérité.

Ainsi en est-il de la croyance à la vision intuitive de Dieu enseignée par l'Église; elle est en rapport, en harmonie avec notre cœur et tout notre être. Ouvrons-nous donc à ses bénignes influences, gardons-nous de la repousser, de la dédaigner, parce qu'elle porte en soi le caractère du surnaturel.

La nature ne saurait y parvenir par ses forces, il faut des secours surnaturels, il faut la grâce; mais Dieu la promet, il l'offre à tous, sachez-le bien: je l'exposerai plus tard. Aujourd'hui il suffit à mon dessein de vous dire que l'Église, dans ses plus solennels conciles, a délaré dès l'origine que les seules forces de la nature ne peuvent produire les œuvres méritoires de la vie éternelle; que l'âme ne peut être ni devenir d'elle-même et naturellement bienheureuse par la vision intuitive; qu'il lui faut l'élévation surnaturelle de la lumière et de la gloire divines [1]. Elle parlait avec saint Paul : « La vie éternelle est une grâce de Dieu. » *Gratia Dei vita æterna*. Oui, c'est un fruit de la grâce, et non pas de la nature.

---

[1] Concile de Vienne sous Clément V, 1811, c. Beguard.

Ainsi l'homme, destiné à une fin surnaturelle, a pour y tendre dans son état présent des moyens proportionnés et surnaturels : il est donc déjà par là même dans un état surnaturel. Nul doute à cet égard.

Et qui connaît l'essence de Dieu, sinon Dieu lui-même et Dieu seul? Saint Paul l'affirmait comme chose évidente : *Quæ Dei sunt, nemo cognovit nisi spiritus Dei*[1]. Pénétrer en Dieu, scruter ses profondeurs, vivre de l'intuition même divine, en sorte que le regard de l'âme aille atteindre et toucher, pour ainsi dire, Dieu en lui-même pour se nourrir de son Verbe et de son Esprit, c'est ce qui est au-dessus de toute nature intelligente. Si la vie murée de chacun de nous, si l'intérieur de l'homme est impénétrable à toute force naturelle, que dire de l'intérieur même de l'Infini, océan sans fond et sans rive, abîme incommensurable?

Peut-être un jour, Messieurs, essaierons-nous devant vous quelques recherches prudentes sur cet état sublime, sur cette consommation dernière de nos espérances ; aujourd'hui trois choses demeurent établies, comme nous nous étions proposé de le faire :

[1] I Cor., II, 11.

L'homme est destiné à la béatitude et à l'union divine. Cette union, suivant la foi, est la vision même intuitive de Dieu.

La vision intuitive de Dieu est surnaturelle.

Ainsi la destination dernière de l'homme est surnaturelle.

Mais ce qui est si convenable pour la raison, et si positivement enseigné par la foi, devient aussi une sorte de vérité historique, quand on étudie attentivement l'homme dans sa réalité et dans son histoire.

« L'homme est une grande chose, » dit un Père : *Magna res est homo*. Être matériel et spirituel, être du temps et de l'éternité, cherchant partout le bonheur; ne le cherchant plus cependant sur la terre dans les moments de force et de dignité véritable, mais le demandant au Ciel. Job trouvait la patience dans l'adversité en se disant : « Je sais que mon Rédempteur vit; au dernier jour je me lèverai du sein de la terre..., et dans ma chair je verrai mon Dieu. » *Scio quod Redemptor meus vivit, et in novissimo die de terra surrecturus sum..., et in carne mea videbo Deum meum* [1].

David et Salomon, aux jours de gloire et aux jours d'infortune, appelaient de tous leurs vœux

---

[1] Job., XIX, 25, 26.

le repos de la patrie. Saint Paul, du milieu des triomphes de sa parole évangélique, implorait l'heure de sa délivrance et de sa réunion à Jésus-Christ : *desiderium habens dissolvi et esse cum Christo* [1]. Saint Étienne, le premier des martyrs, voyait en mourant les cieux ouverts, et le Fils de Dieu debout pour le recevoir à la droite de son Père : *Video cœlos apertos, et Filium hominis stantem a dextris Dei* [2]. Jésus-Christ en quittant la terre disait à ses apôtres : « Je vais vous préparer votre place. » *Vado parare vobis locum* [3].

Puis se succédèrent d'innombrables et fidèles générations que la pensée du ciel enflammait de l'amour des plus héroïques vertus et des plus brûlants désirs d'y atteindre. Le martyr chantait cette gloire éternelle sur son bûcher comme le prix réservé à ses souffrances; dans les ténèbres sacrées des catacombes, les premiers chrétiens se préparaient à soutenir l'éclat du dernier jour, et se pénétraient loin du monde des impressions du céleste amour. Toujours les saints vécurent d'espérances éternelles, toujours ils répétèrent : Que la terre est vile quand je regarde le ciel ! Les plus sages, les plus vertueux, les plus calmes, les plus ins-

---

[1] Phil., I, 23.
[2] Act., VII, 55.
[3] Joann., XIV, 2.

truits parmi les hommes aspirèrent avec ardeur au ciel et à la possession de Dieu. Fait immense, universel, aussi ancien que le monde; les patriarches ne parlaient que de leur pèlerinage, *dies peregrinationis meæ;* les poëtes en consacraient l'existence dans leurs chants : nous le rencontrons partout où apparaît la vertu. Ah! c'est qu'il tient au fond de notre être, car nous y trouvons avec la connaissance, avec le désir et le besoin de Dieu, la possession de Dieu lui-même.

Et ce fait, Messieurs, qui tient une si grande place dans l'histoire de l'homme, que signifie-t-il à son tour, sinon encore la destination unique et dernière, divine et surnaturelle de l'homme à la vision et à la gloire des cieux ?

CINQUANTE-TROISIÈME CONFÉRENCE

ÉCONOMIE DE L'ORDRE SURNATUREL

OU

PLAN DU CHRISTIANISME

CINQUANTE-TROISIÈME CONFÉRENCE

ÉCONOMIE DE L'ORDRE SURNATUREL

OU PLAN DU CHRISTIANISME

Monseigneur,

Quelle bouche a pu faire entendre ici-bas ces étonnantes paroles rapportées dans l'Évangile : « Je suis la voie, la vérité, la vie ! » Quel homme sur la terre a pu se croire en droit de se nommer ainsi lui-même la voie qu'il fallait suivre, la vérité qu'il fallait croire, la vie qui devait animer nos cœurs et les remplir de grâce et de vertu?

Celui que le monde, à peine sorti des mains du Créateur, dut saluer de loin comme son réparateur, par un culte de foi et d'espérance ; cet enfant d'Abraham qui devait apporter à toutes les générations l'abondance des bénédictions divines ; cet illustre rejeton de la tribu royale, promis comme chef et législateur de l'univers, l'attente des nations et le désir des collines éternelles; le prophète plus grand que Moïse, et qui devait sceller une nouvelle alliance entre Dieu et ses frères; Celui qui longtemps avant sa venue fut nommé l'étoile de Jacob, la lumière, le docteur et le guide des peuples, le père du siècle futur; Celui en qui devait se trouver toute grâce pour marcher dans les voies de la vérité, toute espérance pour recueillir les fruits de vie et de salut. Rédempteur, libérateur et sauveur, Jésus-Christ apparut au monde pour éclairer et régénérer l'humanité assise à l'ombre de la mort, pour répandre au milieu d'elle les célestes influences de ses enseignements, et faire jaillir jusqu'à l'éternelle vie les eaux salutaires de sa grâce.

Telle fut, Messieurs, la mission de Jésus-Christ sur la terre. Il releva l'humanité déchue et la replaça dans ses premières destinées. Tout cet ordre de réparation divine appartient à l'état même surnaturel de l'homme. Mais nous ne connaissons bien l'homme, son état présent, sa destination véritable et les moyens qu'il a d'y parvenir, nous ne pouvons justement apprécier sa régénération en Jésus-Christ et l'ordre surnaturel tout entier, qu'en suivant les traditions catholiques, et en remontant avec elles d'un pas assuré à l'origine des choses. Nous y constaterons l'état primitif de l'homme sortant des mains du Créateur, puis sa chute, et enfin sa rédemption, qui, en laissant subsister ici-bas plusieurs effets de la prévarication, nous rendit néanmoins nos droits à l'éternelle et intuitive vision des cieux. Cette admirable économie des desseins de Dieu sur l'homme, cet ordre complet de destination et de réparation surnaturelle va, Messieurs, nous occuper dans cette Conférence.

J'exposerai donc rapidement les trois états de l'homme, son innocence originelle, sa chute et sa réparation, afin de le connaître avec exactitude sous ce triple rapport et dans l'ensemble même de l'ordre surnaturel. Nous réserverons, si vous le permettez, pour les Conférences suivantes les développements que comporte ce sujet, et l'examen des difficultés auxquelles il donne lieu. Nous étudierons d'abord ces phases diverses de l'homme, dans le grand fait du consentement universel du genre humain sainement apprécié, puis dans l'autorité souveraine des traditions purement catholiques. Ainsi, Messieurs, vous l'avez entendu, l'homme primitif, l'homme déchu, l'homme réparé, voilà ce que nous allons étudier dans le double fait du consentement commun et des traditions catholiques.

I. P. Que je souffre, Messieurs, lorsque je considère ce que deviennent de nobles intelligences à l'égard de l'état surnaturel et révélé de l'homme. On s'est dépouillé peu à peu des habitudes premières de la foi, on est arrivé à ne plus guère regarder comme existant que ce qui frappe les sens ou ce qui paraît du moins appartenir aux appréciations naturelles et arbitraires d'une raison prétendue.

Communément on commence par s'abandonner aux jouissances de la vie présente, aux désirs et aux impulsions de la nature; de là naît un naturalisme pratique, car on ne sait plus lever les yeux en haut. Le naturalisme spéculatif le suit de près, on admet d'avance qu'il ne peut rien se passer que de naturel et d'intelligible à la raison humaine dans l'homme. C'est ainsi que fort légèrement, et avec un dédain facile, on rejette toute croyance à un ordre surnaturel, et dès lors la pensée d'une dispensation et d'une bonté divines destinant l'homme dès l'origine à la participation de la vision intuitive et béatifique, et le relevant après sa chute.

Cependant des études consciencieuses entreprises de nos jours avec l'amour de la vérité, quoique souvent sans dessein de justifier la foi, nous ont montré plus clairement que jamais, dans les traditions antiques de l'un et de l'autre hémisphères, des traces évidentes de croyances primitives, et sur l'état heureux d'innocence originelle, et sur la chute qui commença la chaîne funeste des maux de l'humanité, et même sur la réparation qui devait la suivre.

Ces explorations diverses, poussées avec courage et persévérance, ont mis en quelque sorte à la portée et dans les mains de tout le monde les monuments religieux des anciens peuples. Chacun peut les lire, il serait fastidieux de les énumérer ici.

A moins de fermer les yeux à la lumière du jour, on ne peut nier les traits frappants de ressemblance ou plutôt d'identité, qui se présentent entre certains dogmes catholiques et les points saillants de ces traditions primitives et universelles.

Or, Messieurs, il y a ici, pour tout esprit sérieux, un grave sujet de réflexions.

Suivant toutes les lois morales, et dans cette infinie variété de mœurs, de coutumes, d'institutions, de temps, de lieux, de croyances, de religions et de préjugés qui distinguent les nations, il n'y a que deux causes possibles d'un consentement commun du genre humain : la vérité des faits sur lesquels on s'accorde, s'il s'agit de faits, ou l'irréfragable évidence de vérités premières et de leurs conséquences essentielles, inséparables comme elles de l'intelligence humaine. Des faits certains ou des vérités essentielles, voilà les seules sources de l'unité dans les jugements communs de tous les hommes. Vous en avez pour raison que toutes les causes d'erreur produisent la variété et non l'unité; ainsi en est-il des préjugés et des passions, des traditions et des habitudes purement locales. Mais quand il y a unité de jugement entre toutes les races humaines, elle ne peut venir que de la vérité qui, seule étant une et identique avec elle-même, agit de la même manière partout et toujours sur l'intelligence de tous les hommes, quand elle est reçue par eux, et les porte à prononcer un jugement uniforme et constant. Dans ce sens Tertullien a dit : « Ce qui est un dans tous n'est pas inventé, mais transmis. » *Quod est apud omnes unum, non est inventum, sed traditum.*

Vous n'oubliez pas qu'il s'agit en ce moment de faits primitivement révélés et d'un ordre surnaturel originairement institué de Dieu, ordre qui a subi les phases de l'état d'innocence, de la chute et de la réparation.

Au milieu de fables et d'extravagances de toute nature, une tradition surnage et demeure universelle; on y reconnaît visiblement le bonheur et l'innocence originelle, apanage de l'homme primitif, puis la chute; et même, quoique dans un moindre degré de clarté, une attente de réparation à venir.

Il y eut donc un état primitif d'innocence et de félicité; il y eut une chute, cause de tous nos maux, chute qui devait être réparée. La voix unanime et non équivoque des peuples le déclare. La vérité peut seule produire cet accord, l'erreur ne produirait que la variété. Comment nier ou repousser sans crainte cette croyance universelle, ainsi qu'on jette au vent ou qu'on foule aux pieds une vile poussière?

N'est-ce rien qu'un accord si merveilleux des croyances de l'humanité, quand d'ailleurs on prétend tout régler, tout définir par la voix même et par l'action de l'humanité?

Dirait-on, dans la langue favorite de quelques-uns, que ce sont là des formes et de purs symboles? Messieurs, les formes symboliques sont des signes arbitraires; elles changent et varient avec les temps, les lieux, les conditions diverses: témoin chez tous les peuples les signes de religion et de langage, qu'on peut regarder aussi comme des symboles. Ce qui ne varie pas dans l'univers moral n'est donc pas un mythe, un symbole. D'ailleurs y eût-il un symbole, un mythe universel, il exprimerait la vérité; le sacrifice universellement admis est de ce genre, si on le considère comme un simple signe. Car le sacrifice est bien un culte réel aussi de dépendance et d'immolation entière à l'égard de Dieu ; il est une tradition universelle du vrai.

Les faits qui nous sont transmis d'un état primitif et d'une chute originelle n'ont pas changé dans le point capital du moins : donc ce point est vrai, il est réel.

Se rejettera-t-on sur l'amour du merveilleux, sur les fictions familières aux poëtes.

Je réponds : Le merveilleux faux et les fictions poétiques varient à l'infini, tel est leur caractère. Mais s'il y a un merveilleux, des conceptions poétiques toujours et constamment les mêmes chez tous les peuples, dites que ce merveilleux est vrai, que cette poésie peint une réalité.

Partout et toujours vous trouvez Dieu, la religion ; des révélations, des miracles, du surnaturel ; la conscience d'une déchéance encourue, et la nécessité d'une expiation ; partout et toujours on l'a cru quant au fond des choses, tout en variant sur les formes.

Tout ce fond de choses est donc vrai.

Il y a donc un Dieu, une religion, une révélation, des miracles, un ordre surnaturel, une chute, une réparation vrais. Le mot de Tertullien revient dans toute sa force : « Ce qui est le même pour tous n'est pas inventé, mais transmis. » *Non est inventum, sed traditum.*

De plus, Messieurs, veuillez le remarquer, voilà une idée quelconque du surnaturel acquise aux hommes, acquise à tous les hommes, indestructible au sein des nations. D'où a pu venir cette idée, je vous prie? qui l'inventa? qui la donna le premier? Cette idée est au-dessus de l'homme, c'est l'idée de ce qui surpasse sa nature et son intelligence, l'idée du surnaturel; il ne la trouva donc jamais en lui-même ni de lui-même. Elle excède toute la mesure de ses forces. Or néanmoins cette idée est constante, elle se retrouve partout. Donc elle lui fut donnée un jour; mais l'homme lui-même était incapable d'en être l'auteur, donc Dieu même la lui donna. Et cette origine, seule possible, de l'idée du surnaturel, en prouve la réalité primitive.

Il y aura eu mille fois du surnaturel faux, des miracles faux, des révélations fausses, j'en conviens. Il reste toujours établi par là même qu'il y aura eu un surnaturel vrai, des miracles vrais, des révélations vraies. Cette variété importe peu pour le moment; elle n'infirme pas, Messieurs, la force des traditions communes, d'accord sur un point, c'est-à-dire sur l'existence même du surnaturel, et en particulier sur un état de félicité et d'innocence primitives, comme sur un état de déchéance. Vous faire sentir cette portée et cette force logique du consentement commun était mon dessein. J'aime à croire que votre intelligence éclairée et la droiture de vos cœurs m'ont fait atteindre le but.

Mais que penser de ces préoccupations permanentes, de cette frivolité dédaigneuse qui passent, tête haute, et comme si rien n'existait en ce genre, à travers les traditions historiques, permanentes et universelles des peuples?

Cela me rappelle ce mot d'un protestant allemand; il disait: « Le respect pour le passé tient à l'humilité, et il faut avoir une bien grande confiance en sa propre capacité pour mépriser ce que les âges précédents avaient tous admis. »

Ils avaient admis, Messieurs, l'innocence primitive et la chute originelle.

D'un bout du monde à l'autre a retenti un cri qu'ont fidèlement répété les échos de la tradition de tous les siècles. Ce cri proclamait le souvenir d'une grandeur déchue et d'une félicité perdue, il était l'expression d'un instinct indéfinissable d'orgueil mêlé de faiblesse et de crainte qui vit au cœur de l'homme.

Sans parler des livres sacrés de Moïse, les plus

anciens et les plus authentiques des livres, après les grands travaux des savants, des Windischmann et de Creuzer entre autres, sur les traditions religieuses des peuples, il faut affirmer nécessairement cet accord universel à admettre l'état originel de félicité perdue; Platon et Diodore de Sicile l'attestaient comme étant reconnu chez les Égyptiens, Plutarque chez les Perses, Strabon pour l'Inde; les livres sacrés de ces peuples qu'on a retrouvés depuis et ceux de la Chine le confirment. Aussi, quant aux Grecs et aux Romains, leurs philosophes, leurs annalistes et leurs poëtes nous l'ont redit mille fois. Les voyageurs les plus accrédités des temps modernes sont venus joindre aux témoignages anciens les traditions récemment reconnues des races qu'ils ont étudiées.

C'est un faisceau de rayons lumineux s'élançant du berceau du monde, traversant tous les siècles, éclairant toutes les générations, tous les âges, toutes les sciences, et rendant un brillant et perpétuel témoignage à la vérité primitive et révélée.

Mais c'est surtout au sein des traditions catholiques elles-mêmes, et sous l'égide tutélaire de l'Église, qu'il faut chercher la vérité. Là se manifeste dans toute sa majesté l'admirable économie des desseins de Dieu sur l'homme; là se trouvent les phases diverses de l'état surnaturel; là le dogme précis sur l'intégrité, la chute et la réparation, dont nous allons enfin esquisser le tableau fidèle et authentique.

II. P. Quelle est donc, Messieurs, la vérité catholique sur l'homme primitif, sur l'homme déchu, sur l'homme réparé? Peu de mots vont vous le dire.

L'erreur sert souvent à mieux définir et préciser la vérité. Étudions-la. Pélage, au IVe siècle, disait : « Dans le premier homme il n'y eut point d'état ni de dons surnaturels ; mais seulement la nature et ses facultés propres. Par le péché d'Adam l'homme n'a rien perdu, puisqu'il possède encore toutes les forces constitutives de sa nature ; il ne saurait naître coupable et infecté de péché ; il est tel qu'il fut originairement créé, et peut ainsi, sans secours surnaturel, obtenir le salut. » Telle fut l'hérésie condamnée de Pélage : c'est simplement le naturalisme de nos jours. Les luttes et les victoires glorieuses de saint Augustin et de l'Église, il y a quatorze siècles, sont donc comptées pour rien : c'est peu respecter le passé, l'autorité et le génie.

Luther et Calvin prirent, chose remarquable, le même point de départ que Pélage; ils dirent : « Le premier homme n'avait rien reçu de surnaturel. » Mais de cette erreur capitale ils tirèrent des conséquences opposées à celles du pélagianisme. « Par le péché d'Adam, ajoutaient-ils, l'homme est déchu et réprouvé ; la constitution même de sa nature est détruite, ses facultés ne sont plus entières ; il lui manque maintenant le libre arbitre. La grâce est une force irrésistible, elle est le choix antécédent de Dieu, qui marque ceux qui doivent être sauvés, tandis que les autres à qui il la refuse sont abandonnés et réprouvés à l'avance. » De là les affreux systèmes de prédestination et de réprobation antécédentes et fatales que soutinrent les premiers auteurs de la réforme, et après eux le jansénisme.

On peut voir l'erreur de Pélage rapportée dans saint Augustin ; les textes formels de Calvin et de Luther sont dans leurs œuvres, et se trouvent cités tout au long dans Bellarmin et dans les autres controversistes ; ils sont hors de toute contestation [1].

Les théologiens catholiques, soumis à la voix de l'Église, repoussent les deux erreurs. Ils enseignent que le premier homme fut élevé dès l'origine à l'état surnaturel et enrichi des dons surnaturels les plus précieux. Par le péché d'Adam, la condition

---

[1] Aug., *de Hæres.*, c. LXXXVIII. — *Epist.* 106 *ad Paulinum.* — Bell. *Controv*, t. IV, p. 6. Mediolani, *de Gratia primi hominis*, c. I.

humaine est singulièrement détériorée, et tout homme naît pécheur. Cependant l'homme n'a perdu par l'effet de la chute, ni le libre arbitre, ni les autres facultés purement naturelles, quelque atteinte qu'elles aient reçue; il a perdu seulement les dons surnaturels. Il recouvre ces dons, en grande partie du moins, par la grâce du Sauveur, qui, donnée à tous, aide et fortifie la liberté affaiblie, sans la nécessiter, et donne à l'homme le moyen de conquérir, s'il le veut, sa fin surnaturelle.

Tel est, Messieurs, le sommaire de la foi et de l'erreur opposée sur la haute économie de l'état surnaturel avant et après la chute.

Il ne faut donc pas craindre, en prenant la foi pour guide, d'envisager de front l'état primitif et vrai de l'homme.

Les Pères à cet égard sont unanimes, dans l'interprétation des saintes lettres, pour reconnaître d'abord la destination de l'homme à une fin surnaturelle, et aussi sa création dans un état primitif surnaturel et privilégié.

Tout dans le premier homme se dirigeait selon les lois d'une admirable et parfaite harmonie vers cette fin bienheureuse, vers cette union intime et éternelle, avec Dieu.

Par la grâce sanctifiante, don surnaturel le plus

précieux de son âme, il était l'ami, l'enfant de Dieu. Il était établi dans la justice et la sainteté, comme s'exprime le concile de Trente après saint Paul [1].

La coopération divine la plus douce et la plus puissante vivifiait ses pensées et ses œuvres, et, privilége à jamais regrettable, la main de Dieu maintenait en lui une parfaite soumission de la chair et des sens à l'esprit, de la raison et du cœur à la volonté divine. Ni l'ignorance, ni la concupiscence ne venaient jamais altérer cet ordre intérieur, cette admirable harmonie. Tel était quant à l'âme, autant que nous le savons par la révélation, l'état surnaturel de la justice originelle.

Alors l'intelligence de l'homme unie à l'intelligence divine et éclairée de sa lumière lui était un guide sûr, alors les passions n'agitaient, ne troublaient pas son cœur. Ce cœur droit et pur était comme établi et fixé en Dieu par l'amour dont il était plein.

Dans cet état d'innocence, par un glorieux privilége, l'homme exerçait encore un souverain empire sur toute la nature. Dieu l'avait établi roi de l'univers; les animaux obéissaient à sa parole et reconnaissaient en lui le maître, aux pieds

---

[1] Trid., sess. 5, in decret. de pecc. orig. — Eph., IV, 24.

duquel ils avaient été amenés pour recevoir leur nom.

Prodigue de prérogatives et de grâces qu'il ne devait à aucun titre, le Créateur avait encore affranchi l'homme de la loi naturelle de la mort. Son corps devait être pour jamais, s'il l'avait voulu, associé à la vie, à l'immortalité de l'âme, et leur union ne devait être ni l'occasion ni la cause d'aucune souffrance. Alors auraient été inconnus le chagrin et la douleur, les faiblesses de l'esprit et les maladies du corps; c'était le commencement d'une vie de paix, de bonheur, d'espérance et d'amour, qui devait se consommer dans l'éternelle et intime participation de la béatitude même divine.

Voilà, Messieurs, du moins en partie, ce que nos saintes Écritures et les traditions catholiques nous apprennent sur le premier âge de l'homme, sur cet heureux état de justice originelle dans lequel Dieu l'avait établi en le créant, et dont les traces se retrouvent dans les enseignements des religions antiques de l'un et de l'autre hémisphère.

Quelle dégradation l'homme a subie! et que sommes-nous aujourd'hui par rapport à notre état primitif!

Mais gardons-nous néanmoins, Messieurs, de croire que cette magnifique transformation de la justice originelle ait altéré l'essence de la nature humaine, de ses propriétés constitutives.

La destination finale, la grâce sanctifiante, la parfaite soumission des sens, l'impassibilité et l'immortalité, en un mot, cet état admirable de justice originelle, qui était autant de richesses ajoutées librement à la nature humaine par la munificence divine, pouvait être par conséquent retranché sans que l'homme, quoique puni et dégradé, souffrît aucune atteinte, aucune altération proprement essentielle à sa nature.

Or c'est précisément là, Messieurs, que se trouve l'idée exacte des effets de la chute originelle. L'homme fut dépouillé par l'arrêt de Dieu de tous les dons surnaturels, privé par sa faute des avantages de sa dignité première, marqué d'un signe héréditaire de déchéance. La nature lui resta seule, appauvrie, laborieuse, souillée, mais entière, à proprement parler, dans ses facultés et dans sa constitution essentielles : ce qu'il ne faut point oublier quand on veut sainement apprécier l'état de l'homme déchu par le péché originel.

J'emprunte, Messieurs, les propres paroles du cardinal Bellarmin[1], qui fait autorité en ces ma-

---

[1] *Controv. de Gratia primi hominis,* c. v, p. 16, tom. IV. Mediolani, 1721.

tières, dans sa controverse sur la grâce du premier homme : « Il n'y a pas, dit-il, plus de différence entre l'état de l'homme après la chute d'Adam et l'état de simple nature, qu'il n'y en a entre celui qu'on a dépouillé et celui qui était nu, et la nature humaine déchue n'est pas de condition pire, si l'on retranche toutefois la coulpe originelle....., qu'elle ne serait étant créée avec les seules facultés et propriétés naturelles. En conséquence, la corruption présente de notre nature ne dérive pas en nous de la privation de quelque don proprement naturel, ni de quelque vice affectant l'essence même constitutive de l'homme, mais bien ce qui suffit, hélas! de la seule perte des dons surnaturels, due au péché d'Adam ; » *sed ex sola doni supernaturalis ob Adæ peccatum amissione profluxit.* « Cette doctrine, ajoute Bellarmin, est l'enseignement commun des docteurs anciens et modernes. » Il cite à l'appui les nombreux témoignages de saint Thomas et des autres chefs de l'école. D'ailleurs l'Église, en proscrivant avec soin toutes les propositions contraires du baïanisme et du jansénisme, dont l'injuste dureté dénaturait et outrait la misère de l'état de l'homme déchu, a placé hors de toute atteinte la doctrine que je viens d'exposer.

La voilà donc, Messieurs, cette redoutable doctrine sur les effets du péché originel. Quand on la repousse avec tant de violence ou de mépris, la connaît-on? Ces effets du péché originel, précisés dans le sens de l'Église, consistent donc essentiellement dans le dépouillement des dons surnaturels accordés à notre premier père, et dans la tache héréditaire qui l'accompagne. Si ce malheur est immense, inappréciable, s'il y a un profond mystère dans cette déchéance héréditaire, dans cette loi qui rend tout homme pécheur à sa naissance, qu'y a-t-il néanmoins de si révoltant et de si intolérable? Dieu avait doté le premier homme de biens qu'il ne lui devait pas, de biens étrangers à sa nature même; l'homme a désobéi, péché; Dieu pour le punir lui retire les dons surnaturels : désormais les enfants des hommes naîtront privés de ces dons précieux, qu'ils devraient reproduire; mais il n'y avait après tout aucun droit. Ils naissent donc dépouillés sans injustice de biens qui ne leur appartenaient pas.

Ainsi l'enfant qui vient de naître et qui meurt sans le baptême, condition indispensable de la rédemption divine, non, il ne jouira pas de la vision surnaturelle de Dieu. Quel droit y aurait-il? Dieu est le maître de ses dons, et surtout de ceux qui dépassent toute exigence naturelle.

Mais la nature a ses droits essentiels dans cet

enfant, quoiqu'elle y soit dépouillée de dons qui ne lui étaient pas dus, et privée ainsi de la vie de la grâce et de la gloire surnaturelle. Aucun dogme catholique ne définit que l'enfant sans baptême ou que l'âme simplement à l'état de nature déchue doive subir, par le seul fait du péché d'origine, d'autre peine ici-bas que la privation même des dons surnaturels, primitifs et gratuits; d'autre peine éternelle que l'absence de la vision intuitive et des biens qui l'accompagent.

Je vous expose dans leurs propres termes l'enseignement de saint Thomas et de saint Augustin [1]. Ce dogme renferme toujours un grand mystère, j'en conviens, car il nous apprend que nous naissons pécheurs, que nous avons tous péché dans notre premier père, que pour tous sa prévarication nous est réellement et imputable et imputée : voilà ce que nous enseigne la foi et ce que nous devons croire.

L'âme déchue n'offre plus aux regards de Dieu cet état de justice originelle et de grâce qui devait toujours faire sa vie, sa dignité, son droit à l'héritage céleste. Elle est tombée par la perte de ces biens comme dans une mort spirituelle, qui repousse l'union divine de la vision intuitive.

---

[1] S. Th., q. 5 *de malo*, art. 1, 2, 3, et in 2 sent. dist. 33. — Bell., l. VI *de Statu peccati*, p. 340, t. IV. Mediolani, 1721.

Là est le nœud du mystère de la chute et du châtiment; car l'ignorance, la lutte intérieure, le penchant aux choses sensibles, les infirmités et la mort, souffrances pénales dans l'état présent, sont en soi les conséquences mêmes de la double nature de l'homme, bornée et réduite à sa propre condition.

Tel est, Messieurs, l'enseignement orthodoxe et commun, le seul dans lequel se renferme une véritable théologie. Un roi puissant et glorieux est dégradé, réduit à l'indigence, au travail, à la nudité; son malheur est extrême, sans doute, mais il n'en reste pas moins homme. Voilà l'homme déchu; il est bien l'homme encore, mais il n'est plus roi. Je termine en résumant ce que nous devons savoir du dogme du péché originel dans son principe, dans son effet et dans sa peine.

Le péché originel dans son principe constitutif est la prévarication d'Adam, considéré non comme un individu, mais comme représentant le genre humain tout entier: prévarication qui est imputée à chacun des hommes. Dans son effet formel, le péché originel est la perte en nous de la justice et de la grâce originelle qui devraient y être suivant le décret primitif de Dieu; enfin la peine est dans la privation complète de tous les dons surnaturels et de cette vie et de l'autre, mais sans lésion proprement dite ou essentielle de la nature même.

Aujourd'hui, Messieurs, contentons-nous de cette simple exposition dogmatique sur le péché originel; dans la prochaine Conférence, nous examinerons les reproches si injustement adressés à la foi sous ce rapport.

La foi enseigne aussi, Messieurs, qu'il y a eu une réparation divine de cette faute et de ce malheur par le sang de Jésus-Christ. Coupables par la désobéissance d'un seul, dit saint Paul, nous sommes justifiés et sauvés par l'obéissance d'un seul. Le sacrifice de la croix, ajoute le même Apôtre, a payé notre dette, et des trésors de grâce surabondent là où le crime avait abondé.

Cette dette immense fut acquittée, et l'état surnaturel rétabli. L'homme reçut de Jésus-Christ la grâce sanctifiante. Il put avec elle tendre encore à la fin surnaturelle, à la vision intime de l'être divin. La voie lui fut ouverte de nouveau pour arriver à la suréminente possession de Dieu.

Il n'a pas retrouvé sans doute tous les priviléges de la justice originelle, ni l'empire sur la nature, ni la soumission parfaite des sens à la raison, ni l'impassibilité, ni l'immortalité. Il a des ennemis à combattre sur le chemin de son salut, et le plus redoutable de tous, c'est lui-même; mais en Jésus-

Christ il a la grâce, il a la force, il a l'exemple; il a, s'il le faut, le pardon; il a, s'il le veut, la victoire.

Ah! Messieurs, Dieu nous a aimés d'un amour infini, puisqu'il nous a donné son Fils unique pour sauveur. Aimons-le sur la terre, et aimons-le dans l'éternité.

CINQUANTE-QUATRIÈME CONFÉRENCE

LE PÉCHÉ ORIGINEL

CINQUANTE-QUATRIÈME CONFÉRENCE

LE PÉCHÉ ORIGINEL

Monseigneur,

Parmi les dogmes de la foi catholique, celui qui a servi le plus souvent d'occasion et de prétexte aux révoltes de l'orgueil humain, c'est sans contredit l'imputation du péché d'Adam faite au genre humain tout entier, en sorte que chaque homme naisse pécheur.

On sait les efforts de Pélage et de ses disciples au quatrième siècle pour renverser la foi du péché d'origine; le dix-huitième siècle et le naturalisme moderne de l'Allemagne ou de la France sont obligés d'avouer qu'ils n'ont rien ajouté de nouveau aux difficultés qu'ils y opposèrent.

Il est injuste, s'écrie-t-on, que des enfants soient punis pour la faute seule de leur père; plus injuste et plus inadmissible encore que tous les hommes naissent coupables d'un péché qu'ils n'ont point commis. Il est évident, poursuit-on, qu'une créature qui n'existe point ne saurait être complice d'une action mauvaise. La culpabilité suppose nécessairement la volonté, il n'y a pas de volonté dans celui qui n'est pas ; comment donc naîtrait-il déjà coupable et dans l'état même du péché?

Une telle croyance admet en Dieu l'injustice la plus révoltante, et le constitue l'auteur du péché.

Je ne pense pas, Messieurs, avoir dans ce peu de paroles affaibli la difficulté. J'ai voulu, au contraire, en la resserrant, la rendre plus forte, et vous la présenter tout entière.

Il est facile de céder à de fausses apparences et d'adopter ainsi légèrement quelques mots tranchants qui, en déplaçant la question, semblent conclure contre la vérité et la justice de nos dogmes. Rarement l'objection contre la foi procède de réflexions calmes et approfondies; et si l'on daigne considérer l'enseignement catholique avec une attention impartiale, on sera étonné de voir tomber d'elles-mêmes toutes ces barrières insurmontables, et s'évanouir en fumée ces grands reproches d'injustice et d'impossibilité.

Venger la foi sous ce double rapport est aujourd'hui mon dessein, et j'espère vous faire conclure que le dogme est inattaquable, en vous montrant que l'imputation du péché originel n'est pas injuste, que sa transmission n'est pas impossible. Des raisons communes établiront l'une et l'autre vérité en même temps.

1. P. Vous le savez, Messieurs, le concile de Trente, dans sa session cinquième, a défini avec précision ce qui regarde le péché originel. Pour avoir des idées justes sur le sens et sur la langue de la foi quant à ce dogme, il faut nous rappeler d'abord les propres termes du concile.

Il est de foi catholique qu'Adam, par sa prévarication, a perdu pour lui-même et pour nous la sainteté et la justice qu'il avait reçues de Dieu.

Il est de foi qu'Adam, souillé par le péché de sa désobéissance, a transmis à tout le genre humain non-seulement la mort et les peines corporelles, mais encore le péché lui-même, qui est la mort de l'âme.

Il est de foi que ce péché ainsi transmis est propre et inhérent à chaque homme, jusqu'à ce qu'il soit effacé par l'application des mérites de Jésus-Christ.

Voilà le dogme tel qu'il est défini par l'Église catholique. Définition à jamais sacrée et que nous présente l'autorité la plus grande et la plus sainte, une autorité infaillible et divine. Quel appui, quel roc inébranlable pour l'esprit du fidèle! L'incrédule, lui, il préfère l'autorité de sa raison, c'est-à-dire les vagues incertitudes des opinions humaines; son esprit fatigué revient toujours à cette question : Comment un enfant peut-il naître coupable? Comment le péché d'origine lui est-il donc transmis?

Si la question est posée dans ces termes : Comment cela a-t-il lieu?

Je réponds, Messieurs, bien volontiers et bien franchement que je n'en sais rien; ma foi est celle de saint Paul, la ferme conviction des choses que je ne comprends pas, *argumentum non apparentium*. Mais je crois sur l'autorité de la parole divine expliquée et définie par l'Église; et ma foi est par là infaillible et certaine. En vérité, comme je l'exposais l'année dernière, pour un esprit réfléchi l'obscurité de la foi est un motif de plus pour croire. Il y a là déjà un caractère de choses divines. Dès que le fait de la révélation sera démontré certain, et il l'est à jamais, pourrai-je trouver étonnant que les enseignements directs de Dieu dépassent la portée de mon intelligence bornée? Je baisserai la tête, j'ouvrirai mon cœur, et je croirai, je croirai sans peine.

Un fait, un phénomène est constant, quand souvent le mode, le moyen, le comment reste incertain et inconnu : nierez-vous le fait, le phénomène ?

Comment se transmet la vie, la vie des hommes, phénomène le plus ordinaire et le plus étrange ? La physiologie l'ignore, toute la science est muette : rejetterez-vous le fait, la transmission de la vie ?

Des maladies, des propensions, des répugnances sont incontestablement héréditaires, elles passent des parents aux enfants : savez-vous bien comment ? Non.

Fermer les yeux à l'existence révélée et prouvée du péché d'origine, et le rejeter parce qu'on ignore pourquoi il est imputé ou comment il est transmis, est un paralogisme dont on rougirait en toute autre matière. Il fait jour, vous fermez les yeux et vous dites : Non, il fait nuit. Qu'en pensez-vous ? Ainsi l'on prend pour point de départ l'inconnu, le mode de transmission du péché, et l'on conclut contre ce qui est connu, contre le fait révélé de la transmission elle-même. Sophisme épouvantable par ses suites et malheureusement habituel, car il est le seul possible contre les dogmes révélés. On raisonne quand il faut croire. Tel ce philosophe ancien qui par de vaines théories niait le mouvement à un homme qui marchait sous ses yeux.

Cette réponse doit suffire, et le fond de ma conscience n'en réclame pas d'autre. Dieu a révélé, l'Église enseigne, je crois. Quel raisonnement requérir ici, soit pour, soit contre?

Cependant, Messieurs, puisque la science et le génie théologique ont essayé par de louables efforts, sous l'empire de la foi, quelques explications du mystère, je ne prétends point vous les refuser; mais vous pouvez librement les rejeter ou les adopter, pourvu que vous acceptiez l'enseignement de la foi.

Quelques-uns, pour expliquer l'imputation et la transmission du péché originel, ont pensé qu'on pouvait admettre la préexistence des âmes. On supposerait que toutes les âmes créées en même temps ont reçu avec celle d'Adam la justice originelle. Dieu aurait fait un pacte avec Adam d'après lequel son obéissance aurait transmis, sa désobéissance aurait enlevé à tous les hommes représentés ou plutôt déjà présents en lui, l'état de justice originelle. Il y aurait eu ainsi présence au pacte et consentement au moins implicite de toutes les âmes dès l'origine. Tous les hommes auraient par suite de leur coexistence reçu et perdu avec Adam, et comme lui, la justice originelle. L'imputation du péché d'origine pourrait, dit-on, se concevoir facilement ainsi.

Cette hypothèse de la coexistence de toutes les âmes des descendants d'Adam avec l'âme de leur premier père, n'est point condamnée par l'Église; même quelques noms illustres l'appuient. J'avoue néanmoins, Messieurs, que, pour ma part, je n'ai jamais pu me résoudre à l'admettre, tout en respectant la liberté d'opinion à cet égard.

Je ne vois qu'une fable de l'Orient passée dans la philosophie platonicienne, de là dans Origène et dans les anciens rabbins, pour origine de cette hypothèse de la préexistence des âmes. La philosophie platonicienne y ajoutait cette erreur, qu'un péché commis dans les cieux était la seule cause de l'union de l'âme avec un corps.

Mais dans aucun endroit des livres saints, dans aucune des traditions mosaïques originaires, dans aucune des traditions vraiment catholiques et générales, on ne retrouve rien qui autorise cette supposition hardie. Saint Augustin consentit d'abord, il est vrai, à regarder comme problématique la question de l'origine des âmes; plus tard et dans ses derniers ouvrages, il soutint l'opinion commune de leur création, correspondant à la génération même du corps; les Pères l'enseignent ainsi, et après eux la presque unanimité des théologiens.

Les lois reconnues de la psychologie n'ont rien qui favorise l'opinion de la préexistence des âmes; au contraire, ne semble-t-il pas peu convenable à Dieu de créer toutes les âmes dès l'origine du monde, pour les laisser ensuite attendre sans action, sans conscience, sans vie propre la formation de leurs corps respectifs? Je ne vois pas clairement non plus que notre solidarité de la faute du seul Adam soit suffisamment expliquée.

J'aime mieux la foi nette du mystère, j'aime mieux dire : Je crois sans comprendre, parce que Dieu a révélé, et que ma raison perçoit évidemment l'existence du fait de la révélation.

Assez généralement, Messieurs, dans la question du péché originel, on s'attache à l'idée d'une représentation morale des hommes dans leur chef et père commun.

Saint Augustin revient souvent à cette idée en répondant aux pélagiens. « Adam, dit-il, était la personnification, ou mieux encore la personne du genre humain. » *Personam gessit humani generis*. Il ajoutait avec saint Paul : « Tous ont péché en lui[1]. » *In quo omnes peccaverunt*. « C'est que tous étaient en lui. » *Omnes ille unus fuerunt*.

[1] Rom., v, 12.

Pourquoi en effet le père de tous les hommes ne les aurait-il pas représentés dans sa personne comme un père représente ses enfants nés ou à naître, un tuteur ses pupilles, le magistrat la cité, le gouvernement la nation, même pour des conséquences éloignées et à venir?

Bossuet adopta cette pensée avec saint Augustin, les Pères et les théologiens. « Dieu, dit ce grand évêque, avait fait l'homme si parfait, il lui avait donné une si grande facilité de conserver pour lui et pour toute sa postérité le bien immense qu'il avait mis en sa personne, que les hommes n'avaient qu'à remercier cette divine bonté d'avoir renfermé en lui tout le bonheur de ses enfants qui devaient composer le genre humain. Regardons-nous tous en cette source; regardons-y aussi notre être et notre bien-être, notre bonheur et notre malheur. Dieu ne nous voit qu'en Adam, dans lequel il nous a tous faits; quoi que Adam fasse, nous le faisons avec lui, parce qu'il nous tient renfermés et que nous ne sommes en lui moralement qu'une seule et même personne. »

On ne peut disconvenir, Messieurs, qu'il n'y ait dans cette sorte d'explication une idée simple, grande et juste. La nature et la vie humaine étaient tout entières dans Adam. Adam fidèle, la nature de l'homme demeurait enrichie de tous les trésors surnaturels et de la béatitude acquise ; Adam infidèle, elle était dépouillée. Aussi tous les hommes n'eurent-ils plus à recevoir de leur père qu'une nature déchue ; ils étaient tous tombés dans un seul : dans leur chef, leur père et leur représentant naturel.

Si vous me demandez, Messieurs, dans cette liberté des opinions, et sous la foi entière du dogme originel, à quel essai de solution je m'attacherai de préférence, je vais vous le dire.

La doctrine de saint Augustin [1], mûrement méditée, un mot précieux de saint Thomas [2] qu'on n'a peut-être pas assez approfondi, un enseignement explicite des théologiens romains, basé sur les termes formels des décrets des souverains pontifes contre Baïus et contre le jansénisme, me paraissent composer une théorie solide et satisfaisante. Elle découle de la notion du surnaturel fortement conçue et me semble profondément théologique et vraie. Déjà dans la dernière Conférence j'indiquais ce genre de solution. Veuillez m'accorder une favorable attention.

Le privilége de l'état d'innocence fut surtout la

---

[1] S. Aug., l. III de lib. Arbit., c. xx, n° 56.
[2] S. Th.. 1ª 2ᵃᵉ, q. 82, art. 3. — Bell., de Amiss. grat. et statu pecc., l. V, c. xvii et xix, et alibi ; et de Gratia primi hominis, c. v, p. 16, t. IV. Mediolani, 1721.

justice originelle. La justice originelle, de l'aveu de tous, consista principalement dans la grâce sanctifiante, qui est la dignité, la vie surnaturelle de l'âme. L'âme avait été créée et en même temps élevée par la puissance divine à une condition de beaucoup supérieure à sa nature. Elle possédait une couronne, la royauté dans un monde invisible.

Cette vie, cette dignité surnaturelle de l'âme était en soi un don purement gratuit et libre du Créateur. Cet état éminent de grâce n'était dû en aucune manière à la nature humaine; il n'en faisait point partie intégrante; il eût pu ne pas lui être accordé, et pouvait par conséquent lui être retiré sans léser aucun droit et sans altérer aucun élément essentiel de la nature de l'homme.

Néanmoins, dans les desseins tout miséricordieux du Seigneur, ce don était fait à la nature pour demeurer toujours en elle. L'âme humaine dans la suite des âges ne devait non plus lui être agréable, ne devait posséder sa vie, sa dignité véritable que revêtue de la noble parure de la grâce sanctifiante.

Cette grâce perdue, l'âme devait paraître, devait être dans un état de mort, eu égard à l'institution de la vie surnaturelle; car, privée de cette grâce, elle se trouvait en opposition avec sa fin, repoussée de l'union divine surnaturelle, ce qui constitue un état de péché.

Et comme en naissant l'homme possède tout ce qui constitue sa nature, que peut-il réclamer de son auteur au delà de la justice?

Cependant son état dut être nommé et fut réellement un état de mort et de péché, parce qu'il ne portait plus en lui la vie surnaturelle de la grâce que Dieu voulait et devait primitivement retrouver dans l'homme. Il perdait par là tout rapport et toute proportion avec sa fin surnaturelle.

Mais en soi, je le répète, cet état de mort et de péché, cet état de déchéance originelle n'est formellement que la privation même de la justice originelle, je traduis ici saint Thomas[1]; c'est la privation de ce don surnaturel qui n'appartient pas à la nature, qui ne lui était pas dû, et que par de sages motifs Dieu cessa de transmettre à l'homme, sans injustice aucune, en lui laissant du reste sa constitution essentielle.

Il est le roi détrôné et dégradé, voué à l'indigence, à la nudité, à la peine; mais il est complétement homme : il a l'usage des facultés de son esprit et de son cœur, il sent malgré lui le désir d'une gloire et d'un bonheur qu'il n'a pas. De là

---

[1] S. Th., l. c. 1ª 2ᵃᵉ, q. 82, art. 3.

contradictions, ces combats qu'il souffre en lui-même.

Voilà, Messieurs, comment, l'état surnaturel une fois accepté dans le sens de la foi, on peut trouver qu'il y a concordance légitime, même pour la raison, entre le principe et ses conséquences.

Le péché originel dépouille la nature humaine de dons gratuits et révocables pour des raisons dont Dieu est juge. Plus d'état surnaturel pour l'âme humaine jusqu'à ce que la grâce de la réparation lui soit appliquée : telle est la chute. L'âme reste avec ce qui constitue sa nature. Où est la contradiction, l'injustice, la barbarie? Surtout quand le Sauveur est venu réellement pour tous, ainsi que nous le montrerons dans quelques jours.

Quant à la transmission de la déchéance héréditaire, il n'y a plus de question si embarrassante à résoudre. Comment se transmet une privation d'âge en âge, je vous le demande. En laissant à la nature ce qu'elle a, ce qu'elle est par elle-même, sans y ajouter le surnaturel qui ne lui fut jamais dû. Cette privation néanmoins emporte dans l'état présent une difformité de l'âme, une mort spirituelle qui constituent le péché originel, qui a pour cause la faute d'Adam, mais qui sont relatifs à l'ordre surnaturel, c'est-à-dire à la grâce et à la récompense surnaturelle perdues. Rien, d'après le dogme, ne nous force à reconnaître quelque chose d'altéré ou de mutilé à proprement parler, dans la nature intrinsèque de l'homme, ni pour le temps ni pour l'éternité.

Messieurs, en parlant ainsi, je ne veux faire aucune concession. La foi catholique n'en fit jamais. Elle ne défend pas les recherches soumises de la raison et de la science; elle n'en fait nullement dépendre la certitude du dogme et du mystère. Et nous avons pu nous placer un moment sur le terrain des opinions libres, en restant toujours soumis à ses irréfragables décisions.

Le rationalisme vit et meurt par ses concessions à l'arbitraire des opinions humaines, car il n'a bientôt plus d'autre refuge que l'abîme du scepticisme.

La foi catholique, toujours inflexible, toujours immuable comme la vérité, se présente aux intelligences appauvries et malades de nos jours avec sa force et son énergie native, avec ses dogmes et ses mystères définis, avec son autorité souveraine et infaillible. Elle dit encore comme il y a dix-huit cents ans : Croyez et soumettez-vous. Ah! ne voyez-vous pas qu'elle est par là même le plus puissant, le seul remède à vos maux; qu'il faut enfin savoir vous jeter dans ses bras? Vous retrouverez la vérité, et avec elle le calme de la foi et les joies de l'espérance.

Il peut encore rester quelques difficultés dans vos esprits; je vais tâcher de les résoudre en peu de mots.

II. P. Il y a lieu de s'étonner, Messieurs, de la contradiction où tombe par le principe même de son erreur le naturalisme lorsqu'il attaque le dogme du péché d'origine. Le savant Muratori l'observait avec justesse. Les ennemis du surnaturel et de la chute veulent que l'homme soit ici-bas dans l'état même de perfection que comporte sa nature. Volontiers ils exaltent la force, la dignité, la liberté humaine, ne voyant rien à désirer ou à regretter, rien à demander de plus pour elle. Volontiers ils décerneraient au Créateur l'hommage de leur reconnaissance en acceptant comme un grand bienfait la nature de l'homme telle qu'elle est aujourd'hui. Et voilà qu'avec les pélagiens, leurs aïeux, ils accusent le dogme catholique de la chute de blesser évidemment la notion de la justice et de la bonté divines. Mais comment donc?

Suivant le naturalisme, il n'est point contraire à la justice et à la bonté de Dieu que l'homme naisse avec les penchants, les infirmités, les combats que nous lui connaissons. Tout est bien, dit-il, en cet état de choses. Mais il sera bien moins contraire encore à la justice et à la bonté divines de dire que ces maux présents de l'homme, que la condition présente de sa nature ne sont que l'effet d'un crime commis à l'origine. Dieu est donc juste et bon dans l'une et l'autre supposition ; et pour ceux qui admettent la première, il y a contradiction à accuser ceux que la foi place dans la seconde. Mais il existe une différence immense entre les catholiques et les philosophes de la nature; et elle est tout à l'avantage des premiers. En effet, tout ce qui sert au naturalisme pour appuyer son hypothèse, sert d'autant plus à la foi pour venger son dogme; ainsi il n'y aura pas d'injustice dans l'état présent de l'homme, eût-il Dieu pour son unique auteur, même aux yeux du naturalisme, en vertu de son principe fondamental sur la bonté de la nature : tandis que tout ce qui appuie la croyance catholique est loin de favoriser l'opinion contraire; car il nous est bien plus facile de venger et de sauver de toute atteinte la justice et la bonté de Dieu en disant qu'il n'avait point primitivement soumis notre nature à tant de maux et de douleur, mais qu'il ne les a laissés venir qu'à cause d'une faute devenue commune à tous les hommes; que si l'on affirmait, avec le naturalisme, que l'homme fut créé à l'origine tel qu'il est aujourd'hui.

Mais enfin que veut-on dire en répétant sans cesse qu'un enfant ne peut pas naître coupable; que lui imputer une faute qu'il n'a pas commise est une révoltante injustice; que le péché, œuvre de la volonté, ne saurait être produit par une volonté qui n'existe pas?

On suppose donc, Messieurs, perpétuellement qu'il faut parler du péché originel comme du péché actuel, comme de toute faute commise par l'homme adulte. Et l'on vient gravement apprendre aux théologiens catholiques que la culpabilité suppose une volonté qu'un enfant n'a point avant de naître. Profondément reconnaissants du zèle apporté à nous instruire, nous croyons néanmoins pouvoir répondre que nous le savions déjà; que nous l'enseignons constamment ainsi nous-mêmes. Seulement nous ferons observer une chose, c'est que ce principe est ici sans application.

On doit toujours, Messieurs, en bonne logique, prendre un dogme dans son acception propre autant pour le combattre que pour le croire.

Au sens du dogme catholique, qui seul peut être ici le champ clos du mécréant et du fidèle, une distance immense sépare le péché actuel et le péché originel. Ce qui s'applique à l'un ne regarde pas l'autre, raisonner sur l'un n'est pas raisonner sur l'autre.

L'un est l'acte mauvais, l'autre une tache d'origine ; celui-là regarde la personne, celui-ci la nature ; le péché actuel est le mouvement de la volonté propre, le péché originel est un état transmis et recueilli dans l'héritage du premier homme. La foi le révèle existant, l'incrédulité le déclare injuste ou impossible ; mais elle ne le prouve certainement pas en alléguant un principe hors de cause et d'application. Un vice d'origine, un mal héréditaire ne sont point la même chose que l'acte du péché produit dans un homme par la volonté personnelle. Il n'y a point de parité.

D'ailleurs que deviendront tous les reproches, l'injustice et l'impossibilité, quand on aura une fois compris que cette imputation et cette transmission du péché d'Adam ne sont formellement autre chose dans l'âme que la privation même de la grâce et de la justice originelles, de dons surnaturels libres dans les mains de Dieu, et qu'il ne doit à l'homme à aucun titre.

Un enfant, dites-vous, ne peut naître responsable de la faute d'un père. En êtes-vous bien sûr ?

Un sentiment universel est manifeste au sein de l'humanité ; l'histoire de tous les peuples indique par des faits significatifs l'existence d'une loi terrible et mystérieuse, de la loi de solidarité pour le crime et la peine entre les hommes.

Interrogez les nations qui furent les plus voisines des traditions primitives.

En Chine, le fils est puni pour le père; une famille et même une ville entière répondent pour le crime d'un seul. Dans l'Inde, les parents, l'instituteur, l'ami du coupable doivent être punis. Tout l'Orient jugeait ainsi.

Il en est de même encore parmi les peuplades sauvages.

De là aussi, Messieurs, ces chants lugubres des poëtes, qui voyant Rome désolée par les guerres civiles, en donnent instinctivement pour raison qu'elle expiait les parjures de Laomédon, les parjures des Troyens, le parricide de Romulus, c'est-à-dire les crimes commis par ses aïeux.

Alexandre meurt au milieu de sa victoire et de ses plus belles années; après lui de sanglantes divisions se déclarent; des maux sans nombre accablent les parents du conquérant; les historiens païens attribuent sans hésiter ces malheurs à la vengeance divine, qui punissait les impiétés et les parjures du père d'Alexandre sur sa famille.

Thésée, dans Euripide, troublé de l'attentat dont il croit son fils coupable, s'écrie : « Quel est donc celui de mes pères qui a commis un crime digne de m'attirer un tel opprobre? »

Et j'omets à dessein une foule d'autres monuments; je m'abstiens même de citer les pages sacrées de l'Ancien Testament fort explicites sur ce point.

Dans ces témoignages et ces faits de l'histoire des peuples, cette loi d'imputabilité du crime et de la peine est écrite en caractères évidents, en caractères de sang.

Un sentiment profond et universel des peuples le proclame. Ce cri ne saurait être celui de l'erreur ou de l'injustice. Le christianisme lui-même révéla ce mystère et cette loi pour tous; pour tous il a l'expiation du grand Réparateur; le besoin du sang fut alors apaisé parmi les nations, et l'enfant du coupable fut sauvé. Et néanmoins l'impression indélébile de la nature survit toujours dans le cœur de l'homme; le fils du condamné inspire toujours une répulsion involontaire. Seule, une grande charité pourra la vaincre. Est-ce injuste? Non, assurément.

Messieurs, prenez garde, il y a une mollesse extrême dans la philosophie incrédule. Ses opinions sont efféminées comme ce qui sort du roman. On s'attendrit, on s'apitoie sur les destinées de l'enfant mort en naissant, ou de l'infidèle privé de l'Évangile. On ferait mieux de s'en rapporter à la justice et à la bonté de Dieu, qui ne sait pas défaillir, mais qui n'a pas de compte à nous rendre.

La foi trempe fortement l'âme, et lui imprime une mâle vigueur. Elle étudie soigneusement les faits, les traditions de l'humanité. Elle y trouve vivante la loi terrible et mystérieuse de l'imputation faite à l'enfant du crime paternel; et elle dit à la raison : Crois et adore.

Mais Dieu a prévu et permis la chute originelle, comme il prévoit et permet chaque jour le péché, la mort de l'âme; oui, sans doute. C'est-à-dire que l'homme était libre, et qu'il l'est toujours; c'est-à-dire que Dieu en prévoyant la chute a préparé la surabondance de la grâce réparatrice pour tous et dans tous les âges, comme l'enseigna saint Paul, et comme je l'établirai bientôt.

Messieurs, dans une âme où la foi ne vit plus, quand elle s'est soustraite aux influences de l'ordre surnaturel, qu'elle rejette le langage des vérités révélées, qu'elle se renferme dans un vague naturalisme; quand pour elle le présent, l'avenir, Dieu même, sa providence sont réduits aux bornes injurieuses de sa propre pensée; quand elle s'arrête avec une sorte de tranquillité dans le dédain de tout ce qui est supérieur à la faible portée de sa raison : alors, Messieurs, s'il y a la paix, c'est celle du tombeau, plus effrayante mille fois que les mugissements de la tempête. Mais le plus souvent il s'établit dans cette âme un autre ordre de justice; placé hors de la foi, l'esprit flotte incertain, inquiet; le cœur souffre d'un malaise qu'il ne peut calmer, d'un vide qu'il ne peut remplir; et il ne trouve pas de consolation dans ses peines. Alors il se tourne vers la foi et ses promesses consolantes, et alors enfin une conviction paisible et profonde devient sa conviction, elle le remplit comme d'une douce et intime lumière; ce n'est pas l'éclat d'une éblouissante évidence, c'est le témoignage intérieur d'une indubitable assistance du Dieu qu'on ne voit pas et qu'on aime. Dans leur obscurité les plus grands mystères sont pour le catholique fidèle à l'état de démonstration inébranlable. Pour lui l'invisible est plus certain que le visible, et sous l'influence de cette foi tutélaire, son cœur s'ouvre aux inspirations de la vertu. Sa conscience repose dans la plus douce paix et attend avec confiance le jour de l'éternité, qui ne tardera pas.

CINQUANTE-CINQUIÈME CONFÉRENCE

LA GRACE RÉPARATRICE

CINQUANTE-CINQUIÈME CONFÉRENCE

LA GRACE RÉPARATRICE

Monseigneur,

Nous l'avons plusieurs fois rappelé, trois grands faits dominent tout le christianisme et l'histoire entière de l'humanité : Ce sont la destination primitive et surnaturelle, la chute originelle et transmise, la grâce réparatrice.

Ce que les traditions de tous les peuples présentent obscurément, quoique avec des traits reconnaissables, ce qu'un sentiment profond et ineffaçable grave confusément dans la conscience de de tous les hommes, la foi le dit clairement, le rétablit et le précise dans l'admirable économie de l'ordre surnaturel.

Oui, l'homme fut élevé dans sa création à une dignité au-dessus de sa nature. Il fut destiné à la fin surnaturelle, à une union intime avec Dieu tel qu'il est en lui-même ; l'homme se vit placé en conséquence dans un état de grandeur et de force proportionné à ses destinées supérieures.

La justice originelle, abondante effusion de l'Esprit divin dans l'homme, le rendait participant d'avance de la nature et de la vie divines. Il vivait des puissantes influences de la grâce sanctifiante, de la divine charité. Son intelligence et son cœur le portaient vers le terme promis à sa constance. Il devait, dans un état de bonheur et d'innocence, accomplir facilement, comme on l'a dit, son noviciat d'immortalité. Telle fut la destination du premier homme.

Mais bientôt l'orgueil, cet ennemi des dons de la grâce, s'insinua dans son cœur, il voulut s'élever ; et il se précipita dans un profond abîme où vint à son tour se précipiter tout homme à sa naissance.

Nous mourons tous, en naissant, de cette mort mystérieuse de l'âme, qui est la privation de la grâce et de la vie surnaturelle, et qui constitue l'état du péché originel.

Mais la rédemption apparaît aussitôt, dogme réparateur dont l'enseignement est contemporain de la déchéance même originelle, et qui nous montre l'homme laborieusement rendu à sa destination éternelle, à la dignité, à la grâce et à la vie surnaturelle par le sang de Jésus-Christ.

Je crois, Messieurs, qu'en vous exposant l'admirable économie de l'ordre surnaturel, j'ai déjà suffisamment vengé deux principaux dogmes : celui de notre destination primitive et celui de notre chute; aujourd'hui je parlerai de la grâce réparatrice de Jésus-Christ.

Je le sais, un froid naturalisme n'admet ni la destination ni la chute, comme nous les enseigne la foi; il ne veut pas non plus de la grâce intérieure du Rédempteur. Il sape tous les fondements révélés et traditionnels de l'histoire de l'homme; il dévoue son culte et son encens à la nature seule, à l'humanité : notre humanité si pauvre, si dégradée, si infirme, si chancelante, et qu'on sépare ainsi violemment de toute alliance et de tout appui divins.

Mais nous, Messieurs, quoique environnés de cette sombre philosophie, et trop souvent désolés par l'insistance de son langage, nous ne cesserons d'élever la voix à l'exemple du prophète, et de redire aux générations abusées les enseignements catholiques dans toute leur énergie et leur simplicité. Nous parlerons la langue de la foi.

I. P. L'homme était déchu, et Dieu est libre, libre de cette liberté souveraine qui appartient à l'Être infini en dehors de sa propre nature.

Dieu pouvait donc, Messieurs, laisser l'homme à jamais privé des dons de l'état surnaturel, privé de ce terme bienheureux et de cette vision finale qui doivent nous unir étroitement à l'Être divin, et nous faire participer de la manière la plus intime à ses ineffables perfections.

Dieu pouvait nous laisser dans cette triste déchéance. Et qui donc l'eût obligé de rendre à l'homme ce qu'il avait gratuitement donné, ce que l'homme avait librement perdu, et ce que la nature de son être ne pouvait réclamer de son Créateur?

Cependant, « Dieu, qui est riche en miséricorde, dit saint Paul, daigna, à cause de l'excessive charité avec laquelle il nous aime, nous régénérer et nous vivifier en Jésus-Christ par la grâce duquel nous sommes sauvés, tandis que nous étions morts par nos péchés. » *Deus, qui dives est in misericordia, propter nimiam charitatem suam qua dilexit nos, et cum essemus mortui peccatis, convivificavit nos in Christo, cujus gratia salvati estis* [1].

Les saintes obscurités du mystère ne nous empêcheront pas, Messieurs, de bien saisir le sens et le bienfait de cette réparation divine. Puissiez-vous en être pénétrés! Vous connaîtrez bien mieux

---

[1] Eph., II, 4, 5.

alors la véritable philosophie de la nature par celle de la foi, vous arriverez enfin à vous connaître vous-mêmes.

L'homme déchu restait soumis aux exigences primitives de sa destination surnaturelle. Dieu avait dit : « Faisons l'homme à notre image et à notre ressemblance. » L'image se trouvait dans la nature et dans ses facultés ; mais elle était surtout, d'après les Pères, et dans la grâce présente et dans l'union intuitive de la patrie céleste.

L'homme tomba, mais les projets divins demeurèrent ; ils étaient établis sur la toute-puissance elle-même. Le décret de destination surnaturelle, frustré de son effet par la chute originelle, restait imprimé dans l'esprit de l'homme, dans son cœur, dans son être tout entier. Ainsi l'âme humaine, par sa chute, est rejetée loin de sa destination surnaturelle ; et cependant elle est poussée encore vers elle par la force de l'institution première du Créateur. Remarquez, Messieurs, je vous prie, que le péché originel laisse bien la nature avec ses éléments constitutifs, mais qu'il n'établit pas l'homme dans l'état de pure et simple nature ; état qui n'a donc jamais existé pour lui, qui n'existera jamais, qui n'est pas dans les décrets divins. Nous trouvons là une des causes de la contradiction et du combat violent que nous éprouvons dans notre propre nature, et dont nous ne savons pas quelquefois nous rendre compte.

Nous voulons et nous ne voulons pas, nous cherchons et nous repoussons. Nous cherchons le surnaturel, l'union divine, et nous les repoussons aussi. Nous y étions destinés, nous sommes tombés, et nous ne sommes pas naturellement disposés pour une autre fin.

Ainsi, en Adam, et après lui dans la nature humaine tout entière, la destination primitive demeure, mais demeure faussée, brisée par le péché de l'homme, jusqu'à ce que la grâce lui soit rendue. Vous brûlez d'une soif ardente, et vous ne pouvez vous désaltérer; vous soupirez après les eaux, et vous les cherchez dans le vide de la nature. Insensé, vous ne savez donc pas : votre soif est la soif de votre destination même, votre impuissance vient de la chute qui rend votre nature incapable d'atteindre sa fin surnaturelle.

Que d'immenses et inutiles recherches sur l'homme la philosophie pourrait s'épargner, si elle voulait écouter raisonnablement et croire!

Mais voyez, Messieurs, la conduite paternelle de Dieu dans la réparation de l'homme.

Il fallait soumettre l'âme, en la sauvant, à la loi d'un travail sanctificateur et lui inspirer le courage des plus hautes vertus. Sa dignité, sa gloire ne devaient se reconquérir qu'au prix de grands travaux. Pour refaire un diadème précieux, il faut le soumettre au feu du creuset et lui rendre les plus riches métaux.

La grande œuvre va s'opérer. Descendez donc comme une rosée du ciel, ô Verbe divin ; terre, enfantez votre Sauveur comme un germe puissant de vie.

L'Homme-Dieu est formé, il apparaît : agneau dont l'immolation est offerte dès l'origine du monde, et à la date même de la chute.

Quelle victime, grand Dieu! sa chair est déchirée, ses os sont mis à nu et il est broyé, c'est l'expression des prophètes, comme le blé que l'on écrase sous la meule. C'est donc le feu de la souffrance et de la charité qui produira cette régénératon de l'homme. C'est sur l'autel brûlant du sacrifice que l'humanité, dans son médiateur, sera de nouveau unie à son Dieu, et rendue à la participation de l'être surnaturel et divin.

Ainsi, Messieurs, pour exprimer la réalité après l'image, et vous dire suivant la foi ce que nous avons en Jésus-Christ, par lui et avec lui: une réparation merveilleuse s'est opérée pour nous dans son sang et sur la croix; nouvel Adam, Jésus-Christ est le chef, nous sommes les membres, nouvel Adam, il représente et il unit en sa personne auguste l'humanité tout entière avec la divinité.

De son cœur, comme d'une source ouverte et intarissable, découle par la vertu de ses souffrances dans tous les cœurs, dans toutes les âmes, le principe substantiel de la grâce et de la vie surnaturelle.

Jésus-Christ est Dieu; Dieu, il donne à l'homme son esprit et son amour, charité substantielle et lien adorable de l'unité divine dans l'adorable Trinité. Et c'est par Jésus-Christ, dont il procède aussi bien que du Père, que l'Esprit divin se communique à nos âmes dès le saint baptême, sacrement premier de la régénération.

Voilà, Messieurs, comment s'opère votre admirable transformation, cette création véritable de la vie surnaturelle.

La chute est réparée et le péché remis. Mais déjà, bien plus et bien mieux que Luther ne le pensa dans ses rêves, l'âme ainsi régénérée a reçu une effusion merveilleuse et inhérente de la grâce. Il y a une union divine par la grâce dans la sainteté et la justice. Dieu communique à l'âme une part de sa vie, il l'élève, la pénètre, l'habite, la transforme tout entière, lui rend son être surnaturel. L'homme redevient apte à la vision des cieux, et il est en harmonie avec cette fin sublime.

Mystère ineffable! Dieu répandu dans une âme comme le sang, principe de vie, l'est dans un corps. L'âme vit, soupire, souffre, prie, croit, espère, aime en Dieu même. La grâce lui crée un état, une manière d'être dans cette participation admirable à la vie divine.

Telle est, Messieurs, la nature et l'effet de la grâce sanctifiante, ainsi que Dieu nous le fait connaître par lui-même.

Le naturalisme nie ces faits, il s'isole et se renferme dans sa pure raison, il repousse les révélations divines, il rejette l'existence des cieux nouveaux et de la terre nouvelle.

Il prétend anéantir tout un monde, le monde régénéré. Il veut refouler l'humanité entière vers cette religion naturelle qui n'avait pu la sauver de la dégradation la plus honteuse. Il voit avec je ne sais quelle joie hideuse des générations prêtes à retomber dans le fatal abrutissement auquel le christianisme les avait enlevées. Ennemis et flatteurs acharnés de l'humanité, ces esprits téméraires ne craignent pas d'amonceler sur elle non plus le déluge qui l'inonda, mais ces flammes qui dévoreront la terre quand la foi aura disparu.

Dans ces honteux efforts du naturalisme, reconnaissez, Messieurs, un crime immense contre le genre humain, qui n'a pas encore été nommé.

C'est plus que l'homicide, plus que le parricide, car « il n'y a de salut qu'en Jésus-Christ, en son nom et par sa grâce [1]. » *Nec enim est aliud nomen sub cœlo datum hominibus, in quo oporteat nos salvos fieri.* En le rejetant, quelles ruines vous amoncellerez !

Quand Samson, saisissant les colonnes de l'édifice qui le couvrait, les renversait pour écraser avec lui un grand nombre de Philistins, c'était du moins les ennemis de sa patrie qu'il voulait exterminer. Il sauvait et vengeait Israël. Mais vous, quand, par une inspiration satanique, vous arrachez la pierre angulaire, vous sapez la base, vous ébranlez les colonnes de l'édifice bâti par Jésus-Christ, ce sont des frères, des amis, c'est la patrie que vous entraînez avec vous sous d'affreuses ruines; c'est le monde, le monde entier que vous voulez précipiter de nouveau dans l'abîme de la corruption de l'esprit et du cœur. Dans votre sacrilége délire vous voulez l'homme sans Jésus-Christ, sans sa foi, sans sa grâce, sans son Église. L'homme sans Jésus-Christ, c'est l'homme dégradé, abruti, l'homme idolâtre, souillé et sanguinaire. Saluez donc et chantez vos progrès de l'avenir.

L'homme régénéré en Jésus-Christ, c'est d'abord,

---

[1] Act., IV, 12.

Messieurs, l'homme rendu par la grâce à sa fin surnaturelle. C'est encore l'homme doué par la grâce de la force nécessaire pour atteindre sa fin : je vais vous le développer.

II. P. En exposant ici, Messieurs, le dogme important de la grâce réparatrice, qui constitue l'état surnaturel de notre âme, je ne vous cite pas les innombrables monuments sur lesquels il est appuyé; livres sacrés, traditions antiques, combats des hérésies, jugements des conciles, enseignement commun, tout converge pour confirmer cette institution divine de la régénération dans le sang du Rédempteur. Je m'attache à vous en rendre simplement et fidèlement l'expression; je le crois plus utile ainsi, et pour vous instruire, et pour faire tomber d'injustes préjugés.

La réparation du Sauveur reproduit dans sa substance l'état primitif de l'homme sans en rétablir néanmoins tous les priviléges. Il fallait d'abord restituer à l'âme sa vie et sa dignité surnaturelle, son union divine intérieure, la grâce habituelle et sanctifiante, en un mot, ce qui formait l'état du juste, ami de Dieu. Ce que nous ne pouvons concevoir autrement que par une effusion merveilleuse de l'Esprit-Saint dans toutes nos facultés pour leur donner l'élévation et l'aptitude convenable à la vision finale et intuitive de Dieu, notre fin surnaturelle.

Outre cet état de grâce et de dignité intérieure qui correspond à la justice originelle, que nous regardons comme le premier fruit de la réparation divine et le principe de la vie surnaturelle de notre âme, on conçoit que, pour donner à nos actions une force et une valeur proportionnées à cette fin, il faille encore un concours actif et surnaturel de Dieu, une grâce actuelle, toutes les fois qu'un acte salutaire et méritoire doit être posé en vue de la fin surnaturelle. N'est-il pas évident qu'il n'y aurait sans cela aucune proportion, aucune valeur par rapport au but, dans l'œuvre de l'homme? Des œuvres humaines et purement humaines sont d'un autre genre, d'un état complétement inférieur; elles s'arrêtent à la terre, à la nature, elles ne montent pas jusqu'à Dieu comme auteur de la grâce et de la vision finale; ce qui doit être dans l'état de la réparation présente.

Ce fut cette nécessité absolue de la grâce pour tout bien actuel dans l'ordre du salut que défendirent les Pères, et surtout saint Augustin, que l'Église avec eux proclama si énergiquement contre le naturalisme ancien de Pélage et contre toute philosophie de la nature retenue du paganisme. Que le concours actuel et surnaturel de la grâce soit nécessaire à l'homme pour toute œuvre salutaire et méritoire, c'est une nécessité logique dans la langue de la foi, dès que le principe de l'ordre surnaturel est admis. Une raison évidente de proportion et d'aptitude le réclame : pour une fin surnaturelle il faut des moyens surnaturels. Tout se tient et s'enchaîne admirablement dans l'économie de nos dogmes. Ils nous révèlent, vous le voyez, Messieurs, tous les secrets développements de l'homme intérieur, ce sanctuaire inconnu à toute philosophie séparée de la foi.

Et d'abord avec la foi nous savons plus clairement, contre l'enseignement premier de la réforme, que la liberté de l'homme ne fut pas enchaînée par la chute. Ces orages intérieurs, ces fluctuations impuissantes de l'âme, comme son énergie, son inquiète activité, tout s'explique dans l'homme déchu et libre.

Il lui reste dans l'état de déchéance, sans la grâce, un pouvoir naturel qui atteint au bien naturel et à certaines vertus morales, nous n'en disconvenons pas. Le jansénisme seul l'a nié, après Calvin. Mais, hélas! ces biens, ces vertus d'une âme seulement probe et généreuse nous attristent quand nous les rencontrons. Nous ne pouvons leur refuser notre estime et nos larmes. Sans la foi et sans la grâce, ce sont des vertus nulles, des œuvres mortes et hors de toute proportion avec la fin, qui est une et surnaturelle. Saint Augustin disait de ces vertus, de ces belles actions des sages : « Ce sont de grands pas, mais hors la voie. » *Magni passus, sed extra viam.*

Ainsi, Messieurs, veuillez le retenir, sous le double empire de la nature déchue et de la grâce rendue, il y a deux forces, deux vies, deux hommes dans un homme. Et je ne parle pas ici du mal, qui est un défaut, et non une puissance; je ne parle point non plus de la lutte trop réelle de la chair contre l'esprit; je parle de la faculté de produire le bien naturel et de la faculté de produire le bien surnaturel.

Pour le premier, pour le bien naturel, l'homme peut encore agir et produire dans l'étendue de sa liberté quelques actes de vertus naturelles mais pauvres et faibles. Quant au second, qui est le bien surnaturel, la nature et la liberté sans la grâce sont radicalement et absolument impuissantes. Notre âme par elle-même à cet égard est, pour ainsi parler, comme la pierre sans moteur, elle est inerte et immobile. C'est la conséquence immédiate du dogme de la nécessité absolue de la grâce.

Une loi universelle et divine fixe à l'homme dans l'état de la réparation présente une fin unique et surnaturelle. La nature est impuissante à se créer elle-même des moyens et des œuvres proportionnés à ce but, qui la dépasse. Dieu les lui offre, mais elle est libre néanmoins, complétement libre d'accepter ou de repousser le secours surnaturel qui lui vient par Jésus-Christ.

Si l'homme est inconséquent, Dieu ne l'est pas, Messieurs. Cet homme créé et destiné pour Dieu seul, cet homme réparé dans le sang de la rédemption, il préfère, hélas! trop souvent, par un indigne usage de sa liberté, persévérer dans la chute et rester privé des dons divins. Il le veut, il veut la mort, la mort de l'âme; elle lui sera laissée pour partage. Dieu au contraire veut la fin, il l'a reconquise et rendue à tous; il offre à tous les moyens nécessaires d'y arriver, c'est-à-dire sa grâce; c'est un fleuve qui coule sans interruption du haut des cieux, qui inonde la terre de nos cœurs, les féconde et leur donne les fruits de vie et de salut.

Tel est le principe qu'il me suffit d'énoncer; dans la prochaine Conférence je traiterai des difficultés qu'on fait sur ce mystère, sur le don d'une grâce absolument nécessaire. Mais d'avance on comprend que Dieu ne peut pas commander l'impossible, être inconséquent ou injuste, qu'il ne peut pas rendre à tous en Jésus-Christ leur fin surnaturelle, et dénier à quelques-uns les moyens surnaturels et indispensables d'y arriver.

Et si vous me demandez, Messieurs, quel est l'effet de cette alliance entre la grâce et la liberté, je vous réponds que la grâce ne détruit pas, n'entrave pas la liberté, mais qu'elle la guérit, l'élève et la fortifie.

Sans périr dans le combat, le soldat peut en sortir affaibli, il peut languir de ses blessures; mais avec le secours reviennent la vigueur et le courage; c'est un soldat nouveau. Tel est l'homme réparé. Vous avez là une grossière et imparfaite ébauche de l'alliance de la grâce réparatrice avec la nature libre. C'est, je le répète, une vie supérieure ajoutée à la vie commune; c'est l'action de Dieu présent et s'unissant surnaturellement à l'activité même de l'âme, pour produire un seul et même effet par le double principe de la grâce et de la liberté humaine. Effet qui est vraiment surnaturel, puisqu'il est l'œuvre propre de la grâce, seule capable de le produire; en étant néanmoins aussi l'œuvre propre de l'homme, puisque l'homme agit en usant librement de ses facultés : tellement que l'action de la grâce et l'action de l'homme ne sont séparées à aucun instant de l'origine, de l'exécution et du complément de l'œuvre méritoire.

Du reste, pour qui sait réfléchir sur la notion

philosophique de la conservation providentielle et du concours naturel de Dieu, la théorie dogmatique du concours surnaturel que nous venons de donner n'a rien qui puisse surprendre. L'action divine est partout et nécessairement présente ; partout elle est principe de l'être, du mouvement et de la vie, comme le prêcha saint Paul devant l'aréopage. De même que dans la création, l'Esprit de Dieu, porté sur les eaux, les fécondait pour produire l'univers ; de même dans la conservation et le gouvernement de l'homme et du monde, l'Esprit divin, agent universel et premier, féconde et produit toujours.

Dieu agit en l'homme, mais l'homme est libre. Ces deux dogmes philosophiques et naturels sont les deux extrêmes certains et connus de la science ; bien que le nœud qui les unit soit inconnu. La liberté de l'homme sans l'action de Dieu est une chimère vide de sens, puisque Dieu seul peut donner la liberté, son usage et l'acte libre lui-même.

Il en est ainsi dans la foi du concours surnaturel et nécessaire. Dès que la fin surnaturelle existe, et Dieu lui-même la révèle, l'Église la définit ; dès lors l'action de l'homme, en tant que moyen proportionné, doit être une action surnaturelle. Dieu agit donc ici dans l'homme, qui reste libre ; mais

Dieu agit en dehors des voies ordinaires de l'ordre naturel, parce qu'il dirige l'homme vers un terme surhumain. La fin est différente, les moyens le sont nécessairement aussi dans chacun des deux concours naturel et surnaturel; mais la nécessité de l'action divine est égale des deux côtés. Et ce mot du Sauveur : « Sans moi vous ne pouvez rien faire, » qui est une vérité révélée, est en même temps une vérité de l'évidence naturelle.

Vous m'avez suivi, Messieurs, je l'espère, dans ce que je vous ai exposé sur cette matière admirablement belle, ardue et mystérieuse. C'est tout ce qu'on peut dire, ce me semble, pour en donner la théorie fidèle et raisonnée.

Trop souvent encore d'injustes préventions s'attachent à l'Église catholique, à son esprit, à sa doctrine, qu'on dénature ou qu'on ignore. Inconsidérément on accusera le dogme et ses défenseurs approuvés de détruire la raison, la nature, la liberté humaine.

La raison, l'Église lui demande son concours légitime, elle veut être acceptée par elle, et ne soumet l'homme qu'à une foi démontrée divine pour toute intelligence attentive. Elle l'arrache ainsi et le sauve des plus désolantes aberrations.

La nature, le dogme il est vrai nous la présente déchue, infirme, dépouillée, mais en même temps sauvée, réparée, élevée jusqu'à une dignité surnaturelle; et la grâce offerte à tous les hommes, sans supposer, comme le jansénisme et la réforme le prétendirent, la nature détruite ou altérée dans son essence; la grâce la relève, l'épure, la fortifie pour l'unir en Dieu même au centre de toute perfection et de toute félicité.

Enfin la liberté, l'Église employa constamment son autorité à la défendre. Elle la défendit contre Luther, contre Calvin, contre Baïus et contre tous les détracteurs superbes dont les dures conceptions voulaient enchaîner l'homme dans un fatalisme impitoyable.

Chose aussi étrange que déplorable! l'Église éclaire et guide l'homme à travers la vie; elle verse des torrents de science et de philosophie parmi les nations, on l'accuse d'aveugler et d'abrutir. Elle soutient, console et encourage l'homme par l'espérance des plus glorieuses destinées, on l'accuse d'abattre et d'avilir. L'Église civilise, élève, affranchit l'homme, on l'accuse d'opprimer et d'asservir. Quel aveuglement! quelle injustice!

L'Église va chercher l'homme au sein de ses infirmités, seule elle lui en explique la cause, lui en indique le remède. Seule elle lui offre de l'arracher à son état désespéré et de lui communiquer cette grâce divine qui lui assure, s'il veut en user, avec l'affranchissement des sens et des passions, la possession de sa fin, c'est-à-dire d'un bonheur sans limite et sans terme. Loin de l'Église au contraire, loin de son autorité tutélaire et de ses enseignements infaillibles, que voyons-nous? la raison troublée qui s'égare, la nature dégradée qui se corrompt, la liberté qui dépérit, du moins la liberté du bien et des vertus, et en même temps tout principe d'ordre qui s'évanouit.

Fasse le Ciel que vous acceptiez de l'Église l'unique voie qui conduit à la vie, à la possession des dons de grâce et de gloire que Dieu réserve à ceux qui sauront lui être soumis et dévoués jusqu'au dernier soupir.

CINQUANTE-SIXIÈME CONFÉRENCE

LA DISPENSATION DE LA GRACE

CINQUANTE-SIXIÈME CONFÉRENCE

LA DISPENSATION DE LA GRACE

Monseigneur,

Plus j'y pense, plus je me convaincs que le moyen le plus efficace de ramener à la foi un esprit égaré est de lui offrir une exposition exacte du dogme catholique, et de l'appuyer avec force sur les faits éclatants qui prouvent la divinité de Jésus-Christ et de son Église.

L'esprit attentif et humble, qui écoute et qui prie, voit les difficultés s'évanouir, et s'étonne bientôt d'être croyant et fidèle. C'est la marche, Messieurs, que je cherche à suivre dans les enseignements de cette chaire. Et c'est ce qu'il faut surtout rappeler quand on étudie au sens catholique la dispensation des dons de la grâce parmi les hommes, dispensation inégale sans aucun doute et profondément mystérieuse à certains égards, mais qu'on accuse sans droit et sans raison.

Pourquoi, demande-t-on, si la grâce réparatrice est absolument nécessaire au salut pour tous et en tout temps, pourquoi durant de si longs siècles, tant de nations abandonnées à elles-mêmes, sans secours et sans aucune participation des effets de la rédemption?

Pourquoi le peuple juif choisi seul entre tous et séparé du reste du monde pour être si longtemps le dépositaire exclusif de la foi et de la grâce véritables?

Pourquoi Jésus-Christ sauveur du monde n'est-il envoyé que quatre à cinq mille ans après la chute qu'il devait réparer?

Pourquoi d'innombrables générations et la plus grande partie du genre humain sont-elles encore aujourd'hui, seront-elles toujours privées des lumières de l'Évangile?

Pourquoi, quand Dieu tient en sa main tous les biens de la grâce et tous les cœurs, les hommes ne sont-ils pas tous amenés à la foi, ce don libre du Seigneur? Pourquoi ne sont-ils point placés dans la voie du salut?

Comment, si le catholicisme est la religion nécessaire à croire et à pratiquer, tous ne l'embrassent-ils pas, ne l'observent-ils pas? Comment se fait-il que le petit nombre des hommes soit de ceux qui croient et sont sauvés, et que le grand nombre, au contraire, soit de ceux qui ne croient pas et sont damnés?

Ces questions, fort anciennes dans les luttes de la foi, puisqu'elles sont contemporaines des résistances païennes et des premiers apologistes chrétiens, se représentent toujours à beaucoup d'esprits comme une montagne infranchissable. Plusieurs, et il n'y a pas longtemps encore, ont désespéré de les résoudre, et ils sont tombés dans ces basses régions du naturalisme où l'humanité se débat en vain et se replie misérablement sur elle-même.

En vérité, Messieurs, mystère pour mystère, je ne vois pas que le fatalisme, d'un progrès naturel continu et indéfini de l'humanité, soit quelque chose de plus intelligible et de plus consolant que l'action divine de la grâce venant aider et ennoblir la liberté humaine.

Quoi qu'il en soit, et pour résoudre les difficultés que je viens de rappeler, j'établirai deux propositions : la première, que la dispensation inégale des dons de la grâce n'est pas injuste; la seconde, que leur dispensation générale est certaine.

Car si d'un côté il n'y a point d'injustice dans l'inégale distribution des dons surnaturels; si de l'autre il est certain que Dieu les accorda et les accorde toujours à tous les hommes dans la proportion nécessaire, il ne saurait y avoir lieu à aucun reproche contre le dogme catholique.

C'est ce que j'espère démontrer avec l'assistance divine dans cette Conférence, qui traitera donc du grave sujet de la dispensation de la grâce.

I. P. L'inégale répartition des dons de la grâce et des moyens de salut est, Messieurs, un fait du gouvernement surnaturel de la Providence que nous devons venger de tout reproche d'injustice. Cette inégalité des dons et des secours divins parmi les hommes est évidente, et nous ne venons nullement la contester.

Mais la première réponse aux difficultés qu'on soulève doit être sans doute la réponse du Maître ; elle est dans l'Évangile, écoutons-la dans sa divine simplicité [1] :

« Le royaume des cieux est semblable au père de famille qui sortit un jour de grand matin pour louer des ouvriers qu'il envoya travailler à sa vigne. Le salaire convenu pour la journée fut un denier. Sorti encore vers la troisième heure, le maître voit d'autres ouvriers sans travail ; il leur

---

[1] Matth., xx, 1 et seq.

dit : « Allez aussi à ma vigne, je vous donnerai ce qui sera juste, » *quod justum fuerit*. Ces ouvriers se rendirent à la vigne. A la sixième et à la neuvième heure le père de famille fit encore de même.

Mais à la onzième heure (c'était bien tard), il sort de nouveau, en trouve encore d'autres oisifs, et leur dit : « Pourquoi restez-vous donc tout le jour sans rien faire? » Ils répondirent : « Personne ne nous a donné d'ouvrage. » Le maître leur dit : « Allez, vous aussi, à ma vigne. »

Le soir arrivé, le père de famille ordonne de faire venir les ouvriers et de leur payer le salaire en commençant par les derniers. Ceux qui s'étaient donc rendus à la onzième heure reçurent chacun le denier, salaire du jour. Ceux qui avaient commencé les premiers leur travail, venant à leur tour, s'imaginaient qu'ils allaient recevoir davantage, ils reçurent un denier chacun. Alors murmurant contre le père de famille, ils disaient : « Les derniers venus n'ont travaillé qu'une heure, et vous les égalez à nous qui avons porté le poids du jour et de la chaleur. » Le père de famille répondant à l'un d'eux, lui dit : « Mon ami, *amice*, je ne vous fais point d'injustice; n'êtes-vous point convenu avec moi d'un denier? Prenez ce qui est à vous, allez; je veux donner à celui qui est venu le dernier autant qu'à vous. Est-ce qu'il ne m'est point permis de faire ce que je veux? Et votre œil doit-il être méchant parce que je suis bon?... »

Messieurs, tout le mystère est dans ces divines paroles. Dieu est le maître de ses dons; il ne refuse à personne le prix convenu et mérité; il offre à tous le travail et le secours; il fait de quelques-uns les objets privilégiés de ses grâces et de ses faveurs. Où est l'injustice? Faire un don libre n'est pas refuser de payer une dette, faire un acte de bienfaisance n'est pas manquer à une obligation. Telle est donc la position ou plutôt la liberté de Dieu dans la dispensation de ses grâces. Il donne à tous en tout temps la grâce nécessaire et vraiment suffisante, je l'établirai tout à l'heure; il départ à quelques-uns les trésors privilégiés de son amour. Parce que Dieu est bon, faut-il être méchant et injuste?

Un premier principe d'équité est donc à considérer : l'indépendance divine dans la distribution des dons libres de sa grâce.

Mais veuillez attentivement le remarquer, Messieurs, le débat n'est pas ici, à proprement parler, entre la foi catholique seule et une raison prétendue; la question est bien plutôt entre l'athéisme et un fait général et palpable.

Dans le gouvernement du monde, dans la répartition des biens et des maux, tout offre à nos yeux un état d'inégalité frappante. Forces naturelles, dons de l'intelligence et du génie, qualités du cœur, fortune, santé, durée de la vie, bonheur, malheur, vertus, pouvoir, il n'y aura jamais pour toutes ces choses entre les hommes que l'inégalité la plus marquée, la plus extrême.

Ou Dieu n'existe pas, ou ce fait universel n'est pas injuste. Car si Dieu existe, la règle générale et constante de sa providence à l'égard de ses créatures ne peut pas être l'injustice. L'inégalité en tout est inséparablement liée à la condition humaine ici-bas; avec l'existence de Dieu n'est-ce pas le fait le plus certain? Admettre une injustice c'est anéantir l'idée même de Dieu. Il faut donc choisir entre l'inégale et juste répartition des dons divins, ou l'athéisme. Car on ne voit pas pourquoi un Dieu serait plus astreint à l'égalité absolue dans la distribution de la grâce que dans la distribution des biens naturels, dont il est aussi l'unique auteur.

Ce principe suffit pour répondre à une foule de questions. Pourquoi tous les hommes ne sont-ils pas éclairés de la lumière de l'Évangile? pourquoi tous ne sont-ils pas sauvés? pourquoi ne sont-ils pas amenés à la foi, à l'Église, à la vertu? Indépendamment de la liberté humaine, qui joue ici un un grand rôle, comme vous le concevez, autant vaudrait-il demander : Pourquoi tous les hommes ne sont-ils pas riches, forts, heureux, doués de science et de génie? pourquoi tous ne vivent-ils pas cent ans?

Si vous admettez l'existence de Dieu, vous savez la réponse. Le fait existe dans le gouvernement divin, donc il est juste.

Messieurs, si tous les dons de Dieu étaient égaux entre les hommes, nous serions bien à plaindre, je vous assure. Si tous par exemple avaient le génie en partage, la société serait impossible. Heureusement qu'on n'a pas ce danger à courir. Et quel est donc sérieusement le principe d'ordre et de beauté dans l'univers? Disons-le sans crainte : l'inégalité. Aussi est-ce la loi la plus évidente du gouvernement divin.

Mais il y a, dites-vous, injustice et cruauté dans le dogme à l'égard de ces peuples qui vous semblent abandonnés, à l'égard de ces nombreuses générations privées de la foi, et dans ce peuple ou dans ces sociétés exclusivement choisies de Dieu pour recevoir et conserver la vérité.

Je le veux avec vous pour un moment : Dieu, pour être juste, doit également favoriser tous les hommes; il est absolument tenu à l'égalité dans la répartition de ses dons et de ses grâces. Vous le décidez ainsi, parce que cette égalité vous semble meilleure et seule digne de la bonté et de la justice divine. Mais alors Dieu sera obligé à faire tout ce qui vous semblera meilleur, ou il se voit déchu et condamné au tribunal souverain de votre raison.

Mais prenez garde, où vous arrêterez-vous? Dieu tenu à ce qui est le meilleur, et encore suivant l'arbitraire des conceptions humaines, c'est l'optimisme. Dieu a dû choisir alors le meilleur des mondes possibles, l'ordre le meilleur en toutes choses; cependant ce monde ne pourra jamais être qu'une création bornée et finie, c'est-à-dire nécessairement imparfaite. Nécessairement et toujours au delà du fini, le mieux est possible encore, possible indéfiniment. Voilà Dieu obligé de monter, de monter toujours à votre gré. Mais quoi qu'il fasse, s'il crée, il crée l'être fini, il crée un monde auquel il peut toujours ajouter quelque perfection nouvelle; c'est en cela même que consiste sa toute-puissance. Tandis que vous, de conséquence en conséquence, bon gré, mal gré, vous arrivez à conclure, ou que Dieu est tenu, s'il crée, de créer l'infini, qui est sans contredit le meilleur, c'est-à-dire de se créer lui-même : malheureusement c'est l'absurde et l'impossible absolu; ou que Dieu ne peut pas créer du tout. Que seriez-vous alors? Dieu même peut-être... Respectez donc la liberté et la toute-puissance de Dieu qui crée ou ne crée pas, qui en créant choisit l'ordre qui lui plaît; qui, tout en versant les trésors de sa munificence sur sa créature, lui laisse nécessairement la nature et la condition de l'être fini, qui ne peut pas être tenu à l'égalité entre tous et à la perfection absolue pour tous, puisque ce serait vouloir radicalement l'impossible.

Le principe de l'objection contre l'inégalité des grâces ne peut donc être que la logique de l'optimisme, c'est-à-dire de l'absurde; il tombe avec elle.

L'homme est étrange, Messieurs; pygmée, il étend le bras pour réduire à sa hauteur Dieu même, l'infini; il lui dit : Tu viendras jusqu'ici. Vraiment! la mesure est trop étroite, l'intelligence divine y serait mal à l'aise. Et ces prétentions téméraires méritent pour réponse la leçon piquante et sévère donnée jadis par ce roi resté populaire, par le Béarnais : « J'ai toutes vos conceptions dans la mienne, disait-il à son parlement, et vous n'avez pas la mienne dans les vôtres. » Dieu à la tête du gouvernement du monde pourrait, Messieurs, souvent nous le redire.

Ne saurons-nous jamais adorer la sagesse et la profondeur des desseins de Dieu? Et sous le voile de nos mystères ne pourrons-nous jamais voir sa justice unie à sa bonté dans l'inégale répartition de ces grâces que d'ailleurs Dieu ne doit à personne.

Quand Jésus-Christ disait, en parlant des esprits rebelles et incrédules : « Si je n'étais pas venu vers eux, leur péché serait moindre; » quand saint Paul montrait si énergiquement la loi donnée aux Juifs, devenue par leurs abus une occasion de ruine et de mort; quand nous-mêmes, nous ministres du Seigneur, nous sommes obligés de ne pas toujours éclairer une âme faible sur des devoirs qu'elle enfreindrait après les avoir connus; quand il est certain que jamais, jamais pour personne l'ignorance invincible, la simple infidélité négative, c'est-à-dire la simple privation de la révélation évangélique, ne sont ni un crime ni une cause de réprobation; quand d'ailleurs il y a pour tous, en tout temps et en tous lieux, l'économie intérieure et secrète des dons de la grâce, comment ne pas se taire, adorer, aimer, et se dire : Peut-être ces nations, peut-être ces âmes eussent-elles été plus coupables encore si elles avaient été plus éclairées, si elles avaient reçu plus de grâces. Que savons-nous?

Mais ce que nous savons bien et ce qui demeure, c'est l'injustice et l'ingratitude d'hommes que le Dieu des chrétiens inonda de ses bienfaits. C'est à la foi, aux grâces reçues avec la foi, qu'ils doivent leurs lumières, leur science et leur civilisation véritables ; qu'ils doivent les vertus publiques et privées les plus belles et les plus pures ; qu'ils doivent la sainteté des lois et l'ordre sacré de la famille. C'est à la grâce reçue qu'ils ont dû l'élan généreux d'un dévouement! qui plus d'une fois vint soulager leurs douleurs et calmer leurs chagrins ; qu'ils ont dû pour eux-mêmes dans les jours heureux de l'innocence, la paix, la joie, la vérité qui pénétraient leurs jeunes âmes. Ils doivent à la grâce qui les suit malgré eux le noble amour du bien qui leur reste ; et ce besoin de Dieu, ces aspirations involontaires qui reportent encore parfois l'âme égarée à la pensée du vrai bonheur, à l'espoir en la bonté divine, qui ouvrent encore la voie qui conduit à la vie. Et l'homme placé au foyer de toutes les faveurs divines a dit à l'auteur et au consommateur du christianisme : « Vous êtes un tyran injuste et cruel, vous voulez recueillir où vous n'avez pas semé, vous demandez compte de ce que vous n'avez point donné, et vous condamnez ceux que vous n'avez point voulu sauver. »

Ainsi que l'habitant sauvage du désert insultant à la lumière du soleil dont il est inondé, le chrétien révolté s'irrite des faveurs mêmes dont Dieu le combla. Le naufragé de la plage bénit la main qui lui sauva la vie, et pleure sans blasphème sur ceux qui furent moins heureux que lui. Il ne va pas de nouveau se précipiter dans l'abîme, vomissant l'outrage contre la Providence qui l'a sauvé. O philosophes! imitez sa reconnaissance et sa justice; gardez-vous d'outrager le Dieu qui, en vous favorisant, vous, ingrats, plus que tant d'autres hommes, veut néanmoins les sauver tous; c'est ce qu'il me reste à vous rappeler.

II. P. Oui, Messieurs, si la dispensation inégale des dons de la grâce n'est pas injuste, leur dispensation générale est certaine; et quoique, dans les enseignements élevés de la foi sur cette grave matière, il soit impossible sans doute d'écarter tous les voiles, du moins jamais la doctrine véritablement catholique ne saurait servir de prétexte plausible à des conséquences désespérantes pour un seul homme au monde. Ces conséquences nous les repoussons de toute l'énergie et de toute la certitude de nos croyances, et nous les laissons à cette dure école du jansénisme, héritière en ce point de la théologie primitive de la réforme et condamnée comme elle.

Les principes que nous avons établis demeurent; la grâce est le don surnaturel et libre de Dieu; mais Dieu dans sa bonté veut la donner à tous les hommes, en quelque lieu, en quelque temps qu'ils reçoivent l'existence.

La méditation des nombreux témoignages révélés qui l'attestent ainsi, nous représente la divine charité comme enveloppant de ses bras immenses toutes les générations et tous les siècles, et pressant l'humanité entière sur son sein maternel.

« Il n'est personne, disait le Prophète, qui puisse se soustraire à la bienfaisante chaleur de cet amour. » *Non est qui se abscondat a calore ejus.*

« Seigneur, s'écriait le Sage à la pensée même des nations courbées sous le joug idolâtrique, vous avez pitié de tous, parce que vous pouvez tout, et vous dissimulez les péchés des hommes à cause du repentir qu'ils en pourront avoir. Car vous aimez tout ce qui est, et vous ne haïssez rien de ce que vous avez fait... Mais vous pardonnez à tous parce qu'ils sont à vous, Seigneur, qui aimez les âmes. » *Parcis autem omnibus, quoniam tua sunt, Domine, qui amas animas* [1].

Ainsi croyait et priait, il y a trois mille ans, l'auteur inspiré du Livre de la Sagesse, en considérant les peuples idolâtres si éloignés de la vocation

---

[1] Sap., xi, 24, seq.

d'Abraham. Que devons-nous dire maintenant sous l'empire de la vocation universelle de l'Évangile?

N'est-il pas certain, avant tout examen, qu'on a mal compris le dogme catholique, la loi de grâce et d'amour, si l'on regarde un seul homme comme forcément exclu de toute participation aux moyens intérieurs et surnaturels de salut; je dis intérieurs et secrets pour chaque âme; car ces secours sont indépendants, quand Dieu le veut, des instruments et des canaux extérieurs de la foi et de la grâce.

« Le Fils de l'homme, dit Jésus-Christ, est venu pour sauver ce qui avait péri...; ce n'est point la volonté de votre Père qui est aux cieux qu'aucun de ces petits périsse [1]. »

Et saint Paul, interprète si fidèle des paroles du maître, saint Paul, qui a si énergiquement et si éloquemment établi contre les Juifs et les gentils la liberté de la grâce dans les mains de Dieu; le grand Apôtre instruisant son disciple Timothée, lui prescrivait de prier pour tous les hommes, parce que Dieu notre Sauveur veut que tous les hommes soient sauvés, et qu'ils parviennent à la connaissance de la vérité. Et la raison que saint Paul en donne est frappante : « C'est, dit-il, qu'il n'y a qu'un seul et même Dieu pour tous, un seul mé-

[1] Matth., XVIII, 11, 14.

diateur de Dieu et des hommes, Jésus-Christ, qui s'est livré lui-même pour le rachat de tous. » *Qui dedit redemptionem semetipsum pro omnibus*[1].

Enfin, dans la seconde épître aux Corinthiens, l'invincible Apôtre de la rédemption prouve que « tous étaient morts en Adam, puisque Jésus-Christ est mort pour tous afin qu'ils retrouvassent la vie. » *Pro omnibus mortuus est Christus*[2]. Ce qui ne peut laisser aucun doute. Ainsi, de même que le péché d'Adam s'étend à tous, de même la rédemption, ou la volonté et la puissance de rendre la vie et le salut, s'étend à tous.

Saint Jean n'est pas moins explicite[3]. Mais il est inutile de multiplier les citations; la révélation n'a qu'une voix sur ce point.

Aussi toute la tradition catholique l'a-t-elle unanimement reproduite. Jésus-Christ est mort pour tous, Dieu veut le salut de tous : tel est le cri des conciles et des Pères contre les prédestinatiens et les fatalistes de tous les âges. Il ne saurait y avoir un enseignement plus clair et plus formel.

Le concile de Trente[4] rappelle entre autres les belles paroles de saint Paul et de saint Jean, et

---

[1] I Tim., II, 4, 5, 6.
[2] II Cor., v, 14, 15.
[3] I Joann., II, 1, 2.
[4] Sess. 6, can. II.

ajoute : « Quoique le Christ soit mort pour tous, tous cependant ne profitent point du bienfait de sa mort. »

Saint Jérôme [1] avait dit aussi longtemps auparavant, dans son commentaire sur l'Épître aux Éphésiens, « que la volonté en Dieu de sauver tous les hommes est pleine de raison et de sagesse, et qu'ainsi nous devons nous-mêmes par l'usage du libre arbitre vouloir notre salut. »

Saint Augustin [2] le répéta cent fois, toujours pressant le raisonnement de l'Apôtre, et prouvant ainsi contre les pélagiens que tous étaient morts en Adam puisque Jésus-Christ était mort pour tous, même pour les enfants; toujours appuyant énergiquement sur la nécessité de la grâce pour le salut, et professant immédiatement que Dieu donne à tous la grâce, inspire à tous la bonne volonté qui vient de lui; mais sans ôter toutefois le libre arbitre, dont l'abus seul peut exclure de la grâce et du salut. On peut voir cette doctrine de saint Augustin, qui est bien la sienne, dans le livre *de Spiritu et littera* [3].

Ce fut dans la bouche de saint François Xavier ce qui rassura les Japonais effrayés sur le sort de

---

[1] Hier., *Comment. in cap.* I *Epist. ad Ephes.*
[2] Aug., l. VI, c. *Julian.*, c. IV.
[3] Lib. *de Spir. et litt.*, c. XXXIII.

leurs pères décédés dans l'ignorance de la foi. L'apôtre leur fit entendre qu'en toute position l'homme a la connaissance de la loi naturelle, qu'il a la liberté et les secours divins suffisants, quoique cachés; et que si l'on use bien des lumières naturelles et des premiers secours de Dieu, sans aucun doute des secours plus abondants ne manqueront pas pour arriver au terme.

Au lieu donc, Messieurs, de renfermer timidement et faussement l'homme dans sa nature, dans ses forces ou plutôt dans sa faiblesse naturelle, en l'isolant de toute communication secourable de la grâce divine, il faut s'élever à des conceptions plus larges et plus hautes.

Dieu lança dans l'espace ces corps immenses que nous y contemplons, et leur donna une force d'attraction qui les attire constamment vers leur centre. Dieu, centre et fin unique de nos âmes, les appelle et les attire puissamment à lui. Mais respectant leur liberté, il n'agit en elles qu'avec une douceur infinie; il se prête, il s'accommode, pour ainsi parler, avec sa grâce à la nature; son action intime et continue ne saurait pas plus abandonner l'homme, que la fin surnaturelle et dernière ne saurait cesser d'être sa fin. Dieu, qui veut toujours la fin, veut aussi toujours les moyens, et il dispense à tous la grâce dans les proportions connues de sa sagesse, mais toujours suffisantes et réelles, sans quoi auteur, ordonnateur de l'homme, il manquerait à sa sagesse, à sa justice et à sa bonté.

Au milieu de l'obscurité profonde des erreurs de l'idolâtrie, cette grâce accordée à l'infidèle qui est privé de la prédication évangélique, cette grâce, quelle est-elle? Nous l'ignorons; mais elle est certainement donnée, et nul ne sera condamné pour avoir ignoré ce qu'il n'a pu savoir; nul ne périra au jugement de Dieu que celui qui l'aura bien voulu. Cette grâce donnée à l'infidèle pourra être par exemple la conscience de ce qui manque, le dégoût de ce qu'on a, le besoin senti de lumière et d'appui, et la pensée que Dieu possède tous les moyens de délivrance et de bonheur pour l'homme.

Et pourquoi craindre de dire qu'au sein même de la gentilité de vrais croyants ont pu et peuvent encore se rencontrer? S'ils ont été vertueux et fidèles, autant qu'ils savaient l'être, Dieu manque-t-il de pouvoir ou de moyens pour faire pénétrer dans ces âmes ce que la foi nous dit être nécessaire au salut: par exemple de saints désirs, puisque le désir suffirait alors? Car nous avons un baptême de désir dont les eaux régénèrent et sauvent l'âme qui s'y plonge.

Dans l'entraînement du vice et des passions, au milieu des opinions et des systèmes, ce ne seront pas toujours sans doute l'amour pur du devoir ni l'éclat éblouissant des vérités divines qui viendront accomplir d'abord l'œuvre et la mission de la grâce. Mais en présence du danger, et quand l'âme est en péril, au moins alors un puissant secours est toujours préparé et offert : la prière, appui du faible, canal des grâces divines; la prière, don de la grâce elle-même, et à laquelle tout est promis.

Et voilà, Messieurs, si vous le voulez bien comprendre, voilà le plus habituellement tout le fond du mystère. Dans ces jours de souffrance et de remords, où l'âme se porterait facilement vers Dieu et où le ciel s'ouvrirait facilement sur nous, on le referme volontairement. La prière devait monter et pénétrer jusqu'à la source même de vie pour la faire couler en abondance; on dédaigna la prière. On la dédaigne longtemps encore, on pense, on raisonne, on s'agite, on s'inquiète, on se perd dans le dédale de son esprit parce qu'on n'a pas voulu suivre le fil conducteur de la prière. La grâce de la prière, ce secours toujours offert et trop souvent négligé, suffirait pleinement pour justifier la bonté divine. Dieu voulait donner, on n'a voulu ni demander ni recevoir. « Hélas! dit le Seigneur dans le prophète [1], je serai vengé : qui donc m'invoqua, et fut jamais confondu? »

Je le répète, Messieurs, nous n'avons point la prétention de tout expliquer. Nous établissons sur ses indestructibles bases un principe révélé et certain dont l'éclat frappe les yeux, ce principe : Dieu aime toutes les âmes, et veut leur bonheur et leur salut. Mais placés que nous sommes alors près du divin Soleil de justice, nos faibles yeux sont bientôt éblouis et ne savent plus discerner et juger.

Cet enfant qui va mourir avant de naître, mourir avant de rencontrer une seule des conditions exigées pour la béatitude finale, comment donc aurait-il pu, aurait-il dû arriver à la possession de sa fin surnaturelle? Nous l'ignorons, c'est vrai; mais nous savons que Dieu veut le salut de tous, et nous nous en remettons à lui du soin d'être fidèle à sa parole. Peut-être, comme d'illustres docteurs l'ont pensé, Dieu déposa-t-il dans le cœur d'un père, d'une mère, un grand pouvoir et une grande responsabilité quant à l'âme elle-même de l'enfant qui n'est pas né encore. Peut-être à la question : Pourquoi cet enfant meurt-il sans le baptême? il faut répondre avec saint Augustin : « A cause de

---

[1] Isa., 1, 24.

la faute de ses parents. » *Propter culpam parentum.*

Peut-être faut-il reconnaître que Dieu, procédant par les lois générales d'une providence universelle, prépare pour tous des moyens généraux de sanctification et de salut; que sa volonté de sauver tous les hommes est ainsi réelle et sincère, et que néanmoins, dans les cas particuliers, cette providence générale ne peut pas être tenue d'arrêter l'action des causes secondes, ni d'intervertir nécessairement par le miracle les lois de la nature.

Et puis, quand, pressant toujours cette question mystérieuse et divine, on demande encore comment Dieu, qui a toujours entre les mains des grâces fortes et efficaces, ne les accorde pas à celui-ci, les accorde à celui-là, il n'y a qu'à répondre : Dieu est libre de ses dons, il donne à tous les moyens de salut réellement suffisants, connus ou inconnus, peu importe; et le bon usage de ces moyens, qui dépend toujours aussi de la liberté humaine, les eût certainement conduits à la possession de leur fin dernière.

Là il faut s'arrêter, se rappeler le mot de saint Augustin : « Si tu ne veux pas t'égarer, ne cherche plus. » *Noli hoc quærere, si non vis errare.*

Messieurs, s'attaquer aux dogmes et aux mystères, c'est méconnaître la notion même de la divinité. Ainsi accuser d'injustice l'inégale répartition des dons de la grâce, c'est aller jusqu'à nier la liberté de Dieu, sa puissance, sa sagesse et même son existence; nous l'avons vu dans la première partie. Mais prétendre que l'Église catholique enlève à la plupart des hommes les moyens de salut, parce qu'elle enseigne la nécessité absolue de la foi et de la grâce, c'est non-seulement se rendre coupable de la plus fausse imputation, mais encore grossièrement méconnaître l'humanité, son histoire et son crime. L'histoire de l'homme tel qu'il a toujours été, tel qu'il sera toujours, est écrite dans ce mot : La résistance contre Dieu.

On se demande comment tous ne sont pas sauvés, ne sont pas amenés à l'Évangile; et l'on oublie ce combat acharné que l'homme livre sans cesse dans son cœur à Dieu même, armant la liberté contre les cris de la conscience, contre les besoins de l'âme, contre les inspirations secrètes de la grâce, contre toutes les lois du ciel et de la terre. Et certes la question présente le prouve. L'homme inondé de la lumière et de la grâce catholiques n'a pas assez, pour résister, de sa fureur, de ses passions, de ses vices, de son indépendance et de son orgueil révoltés. Afin de briser le fondement de la foi, de renverser toutes les colonnes de l'espérance, il ira jusqu'aux îles les plus lointaines, jusqu'aux plages inhospitalières chercher un point d'appui contre Dieu. Là il saisira le sauvage, l'infidèle, le nègre infortuné pour s'en faire une arme contre l'autorité de la parole révélée, et établir enfin qu'il existe des malheureux que Dieu n'a pas voulu sauver. Et l'homme insensé n'a pas vu qu'il prouvait ainsi ce qu'il attaque. Car sa lutte et sa guerre contre des faits divins, avérés, contre les influences divines dont le christianisme remplit son âme, tous les excès de son ingratitude montrent la source et la cause de la réprobation, en montrant à quel point l'homme sait résister à la vérité, à la vertu, à la grâce, à Dieu, à sa puissance, à sa bonté.

Mais on sent mieux aussi quels biens amène sous l'action de la grâce un libre et généreux courage, qui se soumet, adore, prie, croit, espère, aime, et sait ainsi se frayer en vainqueur la route du salut, de la gloire et du repos éternel.

CINQUANTE-SEPTIÈME CONFÉRENCE

LA PRÉSENCE DU MAL MORAL ICI-BAS

OU

LA PERMISSION DU PÉCHÉ

CINQUANTE-SEPTIÈME CONFÉRENCE

LA PRÉSENCE DU MAL MORAL ICI-BAS

OU LA PERMISSION DU PÉCHÉ

Monseigneur,

Le mal existe, il couvre la terre. Des chants de joie et des cris douloureux attestent sa présence; aux uns il apporte les jouissances, et aux autres les afflictions amères.

Le mal qui paraît rendre coupable et heureux à la fois est un terrible problème offert à la raison humaine. Il fatigua constamment la philosophie antique, et la poussa jusqu'aux sombres et désespérantes conceptions du fatalisme. Une philosophie sérieuse doit s'en préoccuper; nous voyons des âmes croyantes et fidèles s'en inquiéter souvent, et des esprits que la foi n'a pas pénétrés de sa vive et paisible lumière s'agiter au bord de ces abîmes creusés par une pensée inquiète et investigatrice. Sans cesse j'entends raisonner à mes oreilles ces graves questions :

Pourquoi le mal moral ? Pourquoi le péché sur cette terre ?

Qui l'a créé ? Qui le laisse croître et prospérer ?

Dieu a prévu l'acte qui doit l'offenser; il peut le prévenir et l'empêcher; il le permet : pourquoi ?

Mais s'il a prévu l'offense, il l'a prévue certaine; elle ne peut donc plus ne pas être commise : comment serait-elle après cela l'acte volontaire, le péché libre et imputable de l'homme ?

L'homme était libre, dit-on; au moins Dieu savait que le malheureux pécheur abuserait de sa liberté, qu'il en abuserait pour devenir réprouvé : dans quel dessein, dans quel but lui donner cette liberté funeste ? Un père armera-t-il son fils qu'il sait devoir se suicider ? Non; que fait Dieu par rapport à l'homme ?

Dieu donc, en laissant régner le péché, prévoit et décrète d'avance la réprobation.

Qu'est-ce à dire ? Est-il encore un Dieu bon, juste, saint et tout-puissant ?

Messieurs, sans prétendre sonder ici toutes les profondeurs des décrets éternels de Dieu dans le gouvernement du monde, nous trouvons dans la saine raison et dans la foi véritable les principes qui vengent la Providence divine de toute imputation d'injustice et de cruauté, qui affranchissent l'homme de l'empire d'une fatalité aveugle et d'un désespoir inévitable.

La présence du mal moral dans le monde et dans l'homme s'offre donc à nous dans des conditions dont le regard attentif et tranquille du chrétien trouve des explications suffisantes :

1. La prescience de Dieu ne rend pas Dieu responsable du péché de l'homme;

2. La permission du mal n'en fait pas Dieu l'auteur;

3. Un ordre général de providence en explique la présence sur la terre;

4. La liberté humaine suffit pour le produire.

Je vais, Messieurs, m'appliquer à développer ces quatre propositions; elles dissiperont, je l'espère, les nuages qui pourraient obscurcir dans quelques esprits les vérités de la foi sur ce sujet.

I. P. La prescience ne rend point Dieu responsable du péché de l'homme.

Aujourd'hui, à cette heure, un crime est commis.

Sans aucun doute, Dieu l'avait prévu de toute éternité.

Que s'ensuit-il directement, Messieurs?

Que Dieu possède une science infinie, que rien n'échappe à son éternelle vue, voilà tout.

L'homme n'en est pas moins coupable, il n'en est pas moins libre, et comme tel seul responsable de sa faute.

Qu'est-ce en effet, Messieurs, que la prescience divine, et quelle idée doit-on s'en former?

Vraiment je m'étonne des difficultés que certains esprits conservent toujours à cet égard, et des préoccupations fatigantes auxquelles ils s'abandonnent.

Voir n'est pas faire, savoir n'est pas contraindre, et prévoir n'est jamais rien de plus en soi que voir et savoir.

Dieu voit, il sait, il prévoit tout; tout ce qui est susceptible de devenir l'objet d'une connaissance, Dieu le connaît, à quelque ordre de temps, d'action, de culpabilité ou de bonté morale que la chose appartienne. Mais il ne suit nullement de là que Dieu lui imprime le sceau fatal de la nécessité.

En effet, remarquez-le bien, Messieurs, la vérité affirmée est nécessairement, en tant que vérité du moins, antérieure à son affirmation, sans quoi que pourrait-on affirmer? Rien.

Ce que l'on voit existe avant d'être vu; de même ce que Dieu prévoit existe pour lui avant d'être prévu. Car la différence des temps, le présent, le passé, l'avenir ne sont rien pour une science, pour une vue éternelle et infinie. Tout pour elle est présent, l'intelligence divine remplit tous les temps, rapproche toutes les distances, comble tous les espaces, et la dénomination des choses futures n'existe que pour l'homme. En sorte que, suivant la vieille réponse des Pères, les choses à venir ne sont point réalisées parce que Dieu les a prévues, mais au contraire elles sont prévues parce qu'elles doivent être réalisées, et qu'ainsi elles existent déjà pour l'œil éternel de Dieu.

A l'homme donc la responsabilité de ses actes; et franchement qui en doute, quand on revient au sens pratique, et qu'on laisse de côté le champ si vague des spéculations? C'est parce que l'homme se résout aujourd'hui librement que Dieu a prévu que son action serait libre.

Mais, dit-on, la prescience de Dieu est infaillible; ce qu'il a prévu de toute éternité doit nécessairement arriver dans le temps; l'homme doit nécessairement agir comme Dieu l'a prévu.

La prescience est infaillible, oui, à cause de ces deux choses :

L'infaillibilité de la lumière et de la vue divine ;

La certitude en soi de la proposition ou de l'action prévue.

Voici une vérité qui était certaine de toute éternité : Judas trahira son maître.

Cette vérité, quoique connue de Dieu, était certaine avec ses conditions assurées d'existence, mais dans sa nature essentiellement libre, parce que rien dans la connaissance de Dieu, dans la vue de Dieu, n'altérait la liberté du crime en soi. La réalisation n'en était donc certaine que parce que Judas devait librement se résoudre et agir ainsi.

Elle n'était certaine dans la prescience divine que parce que cette prescience s'étend infailliblement à toute vérité appréciable, et qu'un crime futur est à nos yeux une vérité éternellement appréciable pour la science infinie.

Ainsi donc cette vérité : Judas trahira son maître, était une vérité certaine ; à quelque époque antérieure qu'on se reportât, elle était, avec toutes ses conditions assurées d'existence et avec sa nature essentiellement libre, l'objet d'une proposition certaine et à la portée infinie de la connaissance divine : voilà tout ce qu'on peut dire sur ce point ; aller au delà serait vouloir déraisonner.

Ah ! Messieurs, que nous sommes étroits et injustes quand nous voulons juger les attributs de Dieu, sa puissance, sa justice, sa bonté, sa science ! Gardons-nous de poser des limites aux attributs divins.

Et parce que pour nous il y a une différence dans les temps, ne l'imposons pas à l'Éternel ; parce que nous ne concevons pas assez à notre gré une prescience infaillible, étendue à la fois à toutes les actions futures et libres de l'homme ; parce que nous ne concevons pas davantage la liberté de l'homme toujours intacte, toujours pleine, sous l'œil d'un Dieu qui a tout prévu, n'allons pas nous débattre, ou pour anéantir la liberté humaine et pour faire Dieu même auteur responsable du péché, ou pour nier la science et la certitude divine.

Ces deux choses sont simplement et absolument certaines : Dieu prévoit, il ne peut pas ne pas prévoir, et l'homme est libre ; ce qu'il fait dans l'ordre des actions morales, il peut toujours ne pas le faire.

Que voulez-vous, Messieurs, nous nageons, nous sommes plongés dans cet océan de la science divine qui ne connaît pas de bornes ; mais soutenus sur ces abîmes par la foi catholique, nous sommes les maîtres de prendre la direction qui aboutit au naufrage ou celle qui conduit au port.

Et si cette immensité de Dieu, présente à tous les temps à la fois et à tous nos actes, semble nous accabler comme sous un poids effrayant de grandeur et de puissance, nous avons pour refuge et pour appui ce pouvoir lui-même infini, et cette suavité efficace qui donnent, qui laissent aux choses leur nature et leur action.

Dieu a prévu, coordonné si l'on veut dans l'économie de sa providence les œuvres bonnes ou mauvaises de l'homme; mais il les a prévues et coordonnées telles qu'elles devaient être, c'est-à-dire toujours libres.

Quel obstacle à ce que Dieu prévoie certainement un acte libre, comme libre, et le laisse complétement tel? Quel obstacle, quel empêchement en cela? Aucun assurément.

Dieu a prévu, oui; ce qui sera, oui; infailliblement, oui encore. Mais il l'a prévu comme acte libre, comme pouvant ne pas être si l'homme l'eût voulu lui-même; il l'a prévu comme le fruit de la détermination libre de l'homme : telle est la prescience.

Je vous prie maintenant, Messieurs, de vous demander sans aucune préoccupation, quelle est la nature de cette connaissance, de cette vue qu'on appelle la prescience divine?

Notre esprit possède à un certain degré la science conjecturale; nous pouvons par la réflexion, à l'aide de l'expérience, prévoir ou du moins conjecturer certaines choses qui dépendent des déterminations libres de l'avenir dans les pensées des hommes.

Un esprit plus exercé donnera plus d'étendue à ses conjectures, rencontrera plus de certitude dans ses prévisions.

Supposez dans une intelligence très-développée une somme toujours croissante de degrés de probabilité, la science conjecturale pourrait atteindre à quelques égards aux conditions d'une prescience certaine.

Un acte libre ainsi conjecturé, ainsi prévu par l'homme, aurait-il cessé d'être libre quand il se réaliserait? Non assurément. La science acquise de sa réalisation future n'a pas enchaîné la liberté, n'a pas détruit la nature de l'action humaine.

La science éternelle, infinie, de Dieu est une certitude absolue sans aucun doute; mais elle demeure dans les conditions d'une science, d'une vue de l'intelligence qui suppose son objet, ne le fait pas, qui ne le dénature pas, ne l'impose pas, mais l'accepte et le voit tel qu'il est en lui-même :

libre quand il est libre, nécessité quand il est nécessité.

En sorte, pour conclure sur ce point, que l'acte libre que Dieu a prévu ne peut pas ne pas être libre; parce que Dieu l'a ainsi prévu, et que notre âme se meut en restant maîtresse d'elle-même et vraiment libre dans l'usage des facultés et des grâces que Dieu lui a départies.

L'homme seul, Messieurs, est donc responsable du péché, et non pas Dieu, comme nous le sentons au fond de nos consciences.

II. P. La permission du mal n'en fait pas Dieu l'auteur.

Dieu, dit-on, a prévu et n'a point empêché l'acte coupable: il a donc permis le mal du pécheur impénitent; Dieu a certainement connu le sort du réprouvé qui devait naître un jour; néanmoins il l'a fait naître, l'a laissé accomplir l'œuvre de sa réprobation: il en est donc la cause.

Messieurs, nous rechercherons tout à l'heure les motifs divins de la permission, ou plutôt de la liberté du péché. En ce moment je me demande à quel titre on prétendrait imposer à Dieu l'obligation d'empêcher le mal librement commis par la volonté de l'homme.

Si l'homme n'était point libre, s'il n'avait point

à sa diposition la faculté et les moyens de faire le bien, d'assurer le salut de son âme, je concevrais l'injure adressée à la notion de Dieu telle que la présente le dogme catholique.

Mais que Dieu prévoie et qu'il laisse le péché libre, c'est-à-dire que, sous les yeux de sa providence attentive, le mal s'opère et que la réprobation s'accomplisse, Dieu n'est ni moins bon, ni moins juste, ni moins puissant, ni moins saint. Car il hait le mal, il le proscrit et le repousse; il le défend à l'homme, qu'il ne menace de peines éternelles que pour le lui faire éviter; il donne en même temps à l'homme et la liberté, et le pouvoir, et la grâce du bien; il lui rappelle sans cesse la loi du combat, lui offre le spectacle des épreuves et des victoires du juste. Si l'homme veut, il peut faire le bien, éviter le mal; il est libre : tel est le sens du dogme; il ne faut point le diviser et le dénaturer pour le combattre. Qu'est-ce que Dieu devait de plus à l'homme? Rien, assurément.

Dieu est libre aussi, juste et miséricordieux envers tous; il peut sans doute réserver des faveurs privilégiées pour des âmes d'élite, pour des cœurs généreux et fidèles qu'il sait devoir pleinement correspondre à ses glorieux desseins. Saint Augustin le disait ainsi il y a longtemps.

Mais ces grâces de prédilection Dieu ne les doit à personne; une pure libéralité n'est jamais une dette, et nul compte à rendre, nulle injustice commise ne sauraient jamais en être le résultat.

Le pécheur périt; il eût pu vivre. Dieu le plaça dans les mains de son conseil, suivant la parole de l'Écriture; et le pécheur armé de sa volonté libre, soutenu par les secours que Dieu proportionne à tous les besoins, le pécheur pouvait, il devait être juste.

Voilà, Messieurs, ce que la foi et la raison enseignent d'un commun accord; et jamais cette liberté laissée à l'homme et les secours qu'elle néglige, ne reporteront sur Dieu même la responsabilité du mal et de ses suites cruelles.

Que le Maître souverain de cet univers ait ses raisons pour ne point arrêter le débordement des passions humaines, que sa longanimité attende un autre jour pour réparer sa gloire outragée, nous serions par trop téméraires de le trouver mauvais, quand d'ailleurs c'est le temps laissé pour la résipiscence.

Mais que Dieu approuve, qu'il autorise, qu'il fasse tout ce qu'il souffre et ce qu'il défend, ce qu'il punit le plus, c'est ce que la logique du sophisme ne pourra jamais établir.

Dieu prévoit, Dieu voit le crime qui couvre la

terre, des multitudes enivrées qui se précipitent à leur perte, et l'enfer qui se peuple de ses victimes : oui ; mais il est faux dans le sens du langage ordinaire que Dieu le permette, encore plus faux qu'il le veuille et l'opère lui-même. L'homme est libre, seul il est la cause du crime et du châtiment.

Le mal n'est pas un être, ce n'est point un effet, un produit de la création ; aussi l'homme seul peut le commettre. Ce triste mal du péché est une défaillance de la créature libre, une négation du bien, qui est l'être même ; c'est une omission plus ou moins violente des lois de Dieu et de la règle éternelle des actions morales.

L'homme a donc ce pouvoir, qui, à vrai dire, est une faiblesse, une volontaire et coupable impuissance, le pouvoir de retrancher la vertu de ses actions, de leur ôter ce caractère divin du bien qui fait leur ressemblance avec les œuvres mêmes du Très-Haut : pouvoir, disons impuissance que Dieu n'a pas ; car il ne peut produire ni le néant ni le mal qui lui ressemble.

L'Être divin est la splendeur du plus beau jour, le péché est la nuit la plus sombre ; point d'alliance entre la lumière et les ténèbres.

Messieurs, chaque vérité a sa place dans notre âme, l'une n'en exclut pas l'autre. La sainteté, la bonté, la puissance et la justice de Dieu appartiennent au trésor de nos plus riches et plus pures connaissances, et s'y trouvent à côté de la faiblesse, de l'injustice, de l'ingratitude et de la liberté du pécheur.

En dehors de ces notions premières et de ces faits de conscience, l'homme erre à l'aventure dans les régions du doute, et se débat en vain contre de bien sombres et bien désespérantes pensées. Comment se peut-il donc qu'il blasphème contre sa liberté, sa liberté qui lui est si chère, dont il est si fier! La liberté n'est-elle donc plus assez grande ni assez belle pour l'homme, qu'il la traduise ainsi en reproches amers contre son généreux auteur, au lieu de l'en remercier et de l'en bénir?

Toutefois, reste encore cette question importune : Pourquoi le péché règne-t-il ici-bas? Pourquoi le crime inonde-t-il la terre? Il y a longtemps qu'elle s'agite dans le cœur de l'homme et y soulève des flots de tristesse; souvent elle retentit à nos oreilles. Nous allons tâcher de répondre. Voyons donc quels motifs donner de cet étrange empire du mal moral ou de la permission divine du péché.

III. P. Messieurs, pourquoi Dieu permet-il le péché? On pourrait encore simplement répondre :

Parce que l'homme est libre, et que le mal qu'il fait, il peut toujours ne pas le faire.

Dieu sans doute dans sa puissance absolue a toujours un moyen efficace d'empêcher l'homme de commettre le mal ; mais supposer qu'il le doive simplement et toujours, pour chaque homme, dans l'ordre présent de sa providence, c'est vouloir un autre monde, une autre terre et d'autres cieux, une autre providence; c'est vouloir une autre humanité, un autre genre de rédemption et de salut.

Dieu n'aurait donc pu créer l'homme et le monde actuels; il n'aurait pu choisir un ordre et un état moral de liberté où le péché et la réprobation fussent possibles à la volonté déréglée...

Il ne l'aurait pas pu!

Messieurs, un seul ordre et un seul état de choses sont impossibles, et répugnent à l'essence même de Dieu : un ordre, un état où le péché et la damnation fussent fatalement encourus, où le mal moral fût une inévitable nécessité, ce qui répugne à son tour, puisque sous le joug de la fatalité il n'y a plus ni bien ni mal appréciable.

Or l'homme est libre; ici ne calomnions donc pas notre monde et l'ordre protecteur mais libre aussi du gouvernement actuel de la Providence.

Vous demandez à Dieu ses raisons et les motifs

de ce qu'on nomme à tort peut-être la permission divine du péché, la raison des abus permis de la liberté humaine.

Saint Paul et les prophètes vous auraient sévèrement répondu.

Mais si nous ne devons jamais porter un œil indiscret dans les profondeurs des conseils divins, il est loisible, il est légitime cependant de les méditer et de les interroger avec respect.

Je l'avouerai, Messieurs, en me dégageant des chaînes étroites d'une prudence toute terrestre, et en me plongeant avec les Pères dans le grand océan des perfections divines, j'aime à les considérer en elles-mêmes, et à les voir se manifester au grand jour dans le mouvement des destinées humaines.

La sainteté de Dieu brille à mes yeux de tout son éclat quand je vois une expression infinie de sa haine pour le mal, pour ses causes et ses suites.

La sagesse divine me saisit d'admiration quand du mal lui-même je vois Dieu tirer un plus grand bien, une réparation plus éclatante, une gloire plus grande et plus belle.

La miséricorde et la bonté de Dieu se peignent à mes regards sous les traits les plus ravissants quand les richesses de la grâce divine coulent dans le cœur de ceux qui s'en montrèrent les plus indignes, quand tous les témoignages d'amour et de tendresse divine viennent presser le pécheur qui croupit dans la fange du vice, ou s'agite dans les excès de ses passions impies.

Et la grandeur, la majesté, la souveraineté divines éclatent dans un admirable ensemble quand les travaux et les combats des justes produisent les vertus héroïques, les prodiges du dévouement et du zèle, les invincibles ardeurs de la divine charité, et couvrent la terre de bienfaits.

Et voilà comment, à mes yeux, sur cette vaste arène de la vie, la présence du mal moral, objet de désolation et d'épouvante, m'apporte aussi de hautes et consolantes pensées.

Vraiment oui, l'homme est victime des plus dégradantes influences, et coupable des plus affreux égarements. Mais sur tous les points du théâtre de ses crimes, je vois gravées en caractères impérissables les leçons, les menaces, les malédictions divines. Je tremble et j'adore à cette voix retentissante des prophètes de l'ancienne et de la nouvelle loi qui font gronder sur la tête du pécheur le tonnerre des vengeances divines, et qui étalent à nos yeux le tableau des châtiments à venir. Dieu hait donc, me dis-je alors, Dieu repousse, Dieu poursuit le mal, il le bannit à jamais de sa présence : la sainteté divine, amour infini du bien, horreur infinie du péché, ressort, éclate à tous les regards du sein de tant de désordres et de maux, et par leurs excès eux-mêmes.

Le péché, son châtiment, sa réparation divine s'apprécient encore avec une incomparable force dans la scène du Calvaire; dans le sacrifice sanglant d'un Homme-Dieu, une justice infinie se satisfait pleinement. Ce sang, ces larmes, ces ignominies, ces tortures, cette agonie, cette mort, nous en disent plus et mille fois plus que l'embrasement du monde entier, que la dégradation de toute créature, que la destruction de la nature entière. Car Dieu, dans cette humanité sacrée, dans cette croix sanglante, d'une dignité infinie et divine, Dieu se fait rendre, il rend lui-même à sa justice le plus haut, le plus complet hommage.

Cette réparation, le sacrifice d'un Homme-Dieu répare tout, compense tout, et replace Dieu plus haut sur son trône suprême. Et c'est le péché qui est la cause de cette réparation, de cette justice et de cette gloire.

Dieu voulut de ces abus mêmes de la liberté humaine faire jaillir des biens, une gloire qui dépassât tous les maux et toutes les offenses, puisque enfin le premier des biens, même ici-bas, est la gloire divine manifestée et rétablie au sein de la création. Voilà, Messieurs, comment il faut entendre, selon la raison et selon la foi, la permission du péché;

voilà le sens qui répond à l'idée de Dieu et à celle de l'homme sur la terre.

Du péché commis par l'homme à chacun de ses pas sur cette terre naît encore la plus touchante manifestation de la miséricorde et de la bonté divines. Car si le Calvaire est la réparation due à la sainteté et à la justice de Dieu outragé, il est en même temps la rédemption gratuite de l'homme, sa rançon payée sans mesure, son pardon acheté. Par elle toutes les voies du bien lui sont rouvertes, et le ciel lui est rendu avec sa gloire. Aussi Dieu s'épuisera en quelque sorte pour le pécheur en témoignages d'indulgence et d'amour. Il lui a donné son Fils, suivant la langue révélée, il lui a donné ses mérites, sa grâce, son sang : quoi de plus ? Il l'appelle aux douceurs du repentir, il oublie tout à la première larme, au premier aveu, il semble même préférer celui qui fut coupable à celui qui fut fidèle, comme on préfère l'enfant, le trésor, la brebis qu'on retrouve après qu'ils s'étaient égarés et perdus. Vous l'avez lu dans l'Évangile. Si dans sa conduite à l'égard du péché Dieu manifeste la grandeur de sa justice et de sa sainteté ; à l'égard du pécheur c'est la tendre effusion de la commisération la plus paternelle, de l'indulgence la plus inépuisable, d'une bonté, d'un amour que rien ne peut lasser ni restreindre. Est-ce que la présence du mal sur la terre n'est pas compensée, surpassée même par tous ces biens? et l'homme est-il abandonné, proscrit de Dieu parce qu'il est libre et infidèle? Non sans doute.

Messieurs, nous n'avons plus qu'à nous souvenir des combats du juste aux prises avec la perversité et les passions humaines; ce spectacle seul suffirait pour nous convaincre. Le juste lutte haletant, il paraît renversé; bientôt il se relève, il grandit et apparaît dans l'éclat d'un glorieux triomphe.

Oui, s'il y a un Dieu, il mérite d'être ainsi reconnu, vengé et servi. Ses athlètes, ses défenseurs et ses amis peuvent bien être honnis du monde et persécutés par lui; mais seuls ils auront bientôt en partage les gloires et les conquêtes durables de la victoire. Et voilà pourquoi encore nos yeux rencontrent le péché en ce monde.

IV. P. La liberté de l'homme suffit pour accomplir et expliquer le mal du péché sur la terre.

« La liberté, disait saint Augustin, c'est ce que tous les hommes connaissent, ce que les évêques enseignent dans leurs chaires, ce que les bergers chantent sur les montagnes. »

Cependant, Messieurs, quelque certaine et universelle que soit la conscience de la liberté, il n'est pas rare de voir des hommes, et quelquefois les mêmes hommes qui s'enthousiasment pour la liberté, s'armer contre elle et la poursuivre avec acharnement.

L'homme est libre : malheur à qui l'opprime et prétend l'enchaîner! L'ordre social le mieux conçu n'a-t-il pas paru souvent aux yeux de plusieurs une insupportable tyrannie, contraire aux droits naturels et imprescriptibles de l'homme?

Mais l'homme est assailli par ses passions, entraîné par la violence de ses penchants ; il veut lutter, et il succombe : l'homme alors, conclut-on, n'est plus libre; Dieu l'abandonne : Dieu a prévu, ordonné, causé le crime de l'homme. L'homme ne pouvait pas ne pas s'en rendre coupable. Tout est fatal et nécessaire.

Messieurs, voilà ce qui arrive quand on s'exalte et qu'on s'égare dans l'orgueil de ses pensées. On se passionne pour la liberté jusqu'aux excès de la licence : on la nie jusqu'aux dernières conséquences du fatalisme ; et tout cela en même temps. Tel est donc l'homme avec ses tristes inconséquences.

On ira jusqu'à méconnaître les principes les plus élémentaires de la nature humaine et sa liberté de penser, de vouloir et d'agir. On oublie, pour se livrer plus librement à la révolte et au blasphème, ou bien encore pour se justifier à soi-même sa mollesse et sa lâcheté ; on oublie qu'être raisonnable c'est essentiellement pouvoir délibérer et choisir entre deux idées, entre deux actes : or choisir est l'effet propre du libre arbitre.

L'élection ou le choix est dans la volonté un caractère fondamental, un fait universel, un exercice constant de la raison et de l'activité humaine.

L'homme est donc libre ; ou bien tout choix, toute délibération n'est qu'un jeu fatal et mécanique, une dérision de la Providence et du gouvernement moral du monde.

On nommerait le bien et le mal, nous serions bons ou mauvais, vertueux ou coupables ; nous ressentirions l'horreur du crime, nous repousserions le parricide comme la plus affreuse et la plus libre monstruosité. Tout cela serait de vaines terreurs, de puérils préjugés !

Une prescience absolue et tyrannique, une prédestination de fer asservirait toutes les volontés ; il n'y aurait que des combats sans courage, des victoires sans honneur et des défaites sans honte !

Alors pourquoi civiliser et instruire ? Pourquoi gouverner et punir ? Pourquoi les sacrifices de l'homme de bien à la probité et à l'honneur ?

Pourquoi tout ce langage d'honneur et de vertu si Dieu, prévoyant tout, règle tout, détermine tout, applique forcément toutes les volontés humaines dans la série des siècles à un but éternellement imposé, éternellement nécessaire?

Et que devient alors le repentir? Que signifie-t-il? Le repentir, ce noble sentiment de l'âme humaine, qui se dit après la faute : J'ai trop souffert quand j'abusai de ma liberté, je saurai bien par elle me venger d'elle et de moi-même.

Mais je ne dois pas, Messieurs, m'étendre ici davantage : en vérité je vous ferais injure. Vous sentez bien, en vous rassemblant autour de cette chaire, que vous êtes libres de n'y point venir. Vous sentez que la parole évangélique elle-même est un hommage à votre liberté.

La vérité, que dis-je? Dieu même et sa paternelle sagesse se présente à vous pour vous demander un choix, un assentiment généreux. La religion devant vous plaide en quelque sorte sa cause et vous constitue ses juges. Bien qu'elle parle comme fille du ciel, et comme en ayant reçu toute autorité, elle vous convie cependant au banquet de la liberté, elle en appelle à toutes vos facultés libres, elle défend contre vous-mêmes, s'il le faut, votre pouvoir de la choisir, d'élire dans vos cœurs la foi et le salut, Dieu même pour ami et pour récompense. Et alors il ne tient plus qu'à vous d'enfanter le plus grand acte de la vie et de la liberté humaines, de monter au plus haut degré de la dignité d'un être libre ici-bas, je veux dire de choisir Dieu même et de le constituer la fin dernière de vos œuvres, de votre cœur et de votre vie. Mais il y a labeur, peine et combat dans cette condition du juste; et voilà pourquoi un trop grand nombre, hélas! abandonnent le chemin de la vertu.

Plaignez-vous donc, Messieurs, de la gloire des braves, des travaux et des triomphes du génie, des découvertes de la science, des conquêtes de l'industrie; car la guerre, la science, l'art ont leurs dangers, leurs douleurs et leurs maux dignes d'une compassion véritable. Alors ne formez le soldat que pour un honteux repos, la jeunesse que pour une facile ignorance, l'artiste ou le savant que pour de paisibles et lâches loisirs. Mais non, le mal de la guerre, le mal du travail, le mal de la science, les obstacles que la nature oppose en tout genre à nos efforts, font à la fois nos douleurs et notre gloire; souffrez que la vertu ait aussi les siennes, et que dans la lutte continue du mal contre le bien, du péché contre la réparation même divine, Dieu montre à l'admiration des siècles ses justes et ses héros. Sans la liberté même et la présence du mal moral sur cette terre, je me demande ce que seraient le courage ou la gloire du bien, c'est-à-dire ce qu'il y a de plus grand parmi les hommes. Je ne le vois pas.

Messieurs, il faut donc combattre : vous vengerez ainsi la Providence, et vous comprendrez mieux pourquoi le péché est libre sur la terre, puni dans les enfers, banni des cieux, où règne la sainteté, ce bien suprême dont la conquête est laborieuse sans doute, mais dont la jouissance est éternelle et bienheureuse.

CINQUANTE-HUITIÈME CONFÉRENCE

L'ÉTERNITÉ DES PEINES

CINQUANTE-HUITIÈME CONFÉRENCE

L'ÉTERNITÉ DES PEINES

Monseigneur,

Il y a dans la foi chrétienne une sanction terrible ajoutée aux préceptes évangéliques : sanction confirmée par la bouche de Celui qui enseigne toute vérité à la terre, dogme aussi certain que la parole et l'autorité divines, dogme redoutable qu'on ne peut séparer du christianisme sans rejeter et nier le christianisme lui-même, et que je ne saurais omettre de vous exposer dans cette chaire. Je veux parler, Messieurs, de l'éternité des peines dues au péché.

L'éternité des peines ! L'indifférence l'oublie, l'incrédulité la repousse, la légèreté en rit, la timidité veut rester indécise ; la foule livrée en aveugle aux intérêts du temps remet à d'autres jours le soin d'y penser. Je viens, Messieurs, vous presser en ce moment d'en faire l'objet de vos réflexions ; vous ne pouvez pas le refuser, car on ne peut exprimer que des doutes ou des répugnances à cet égard ; et on ne parvient jamais au repos d'une conviction assurée dans la négation de ce grand enseignement catholique.

Il faut donc le présenter résolûment à sa conscience, et trouver à tout prix la solution de la question la plus grave. Est-il vrai qu'il y ait un enfer? Est-il vrai qu'il soit éternel, que ses supplices ne doivent jamais avoir de terme?

Quoi! s'écrie-t-on, Dieu n'aurait pris plaisir à former la créature intelligente, il ne l'aurait enrichie de tous ses dons, il ne lui aurait donné la liberté que pour la dévouer bientôt à des tortures et à des flammes éternelles! Le genre humain, avec ses innombrables multitudes, serait presque en totalité réservé à des peines incommensurables et sans fin! le très-petit nombre des hommes jouirait de la félicité des cieux!

Le faible, le triste plaisir d'un moment, quelques joies fugitives, quelques égarements passagers mériteraient les vengeances éternelles du Dieu infiniment bon et miséricordieux! Mais penser ainsi c'est faire la plus cruelle injure à sa bonté.

Quelle proportion établir, d'ailleurs, entre la faute qui passe rapide comme l'éclair dans un orage, et la suite éternelle de ces tourments infinis?

Une telle foi ne peut être véritable, et il n'y a là que folle terreur et imaginations abusées.

Messieurs, je ne veux rien dissimuler, rien atténuer, j'exagèrerais même volontiers les difficultés qui arrêtent quelques esprits devant le dogme de l'éternité des peines, et je vous dirais toujours : La foi est certaine, le dogme est inattaquable; il y a un enfer, et un enfer éternel.

Dieu est vrai, Dieu est juste : et l'enfer existe, l'enfer est juste comme Dieu même. L'existence et la justice des peines éternelles de l'enfer, ce sont les deux points que j'établirai dans cette Conférence.

Messieurs, le sujet est important, il demande la plus sérieuse attention.

I. P. Remarquons d'abord, Messieurs, comment au milieu des révolutions perpétuelles des opinions, des caprices, des passions humaines, comme au milieu des bouleversements des sociétés elles-mêmes, surnagent toujours des doctrines et des vertus tutélaires, qui servent de refuge à l'esprit de l'homme et de port assuré à sa conscience.

Les flots de la mer battent depuis six mille ans le roc inébranlable, le roc demeure.

La pensée de l'éternité naquit en ce monde quand y parut la première intelligence. A cette pensée fut jointe inséparablement la pensée de la justice divine, dispensant à l'homme après la vie des récompenses ou des peines éternelles.

D'où vint, Messieurs, cette pensée? Qui la créa, et qui la conserve dans ce monde?

Des récompenses et des peines éternelles!

Dans leur enfance primitive les peuples en bégayèrent la croyance, et depuis ce jour les nations succèdent aux nations, remplissent l'univers du bruit de leurs religieuses terreurs comme de leurs religieuses espérances. Partout et toujours, sous un nom ou sous un autre, vous retrouvez un ciel et un enfer, un bonheur éternel et un malheur éternel, vous le savez bien. Mais comment cela se peut-il? Qui expliquera le règne universel d'une pareille idée dans le monde?

La religion, la philosophie, l'histoire non moins que la poésie et le sentiment populaire, tout rappelle en tous lieux, en tout temps, la sanction des peines éternelles.

Virgile, après Homère, dans ses admirables tableaux, n'a fait que peindre les traditions universelles. Son

> *Sedet æternum qua sedebit*
> *Infelix Theseus....*

nous montre également l'immobilité éternelle de la justice divine et l'impérissable durée de la croyance des nations.

Platon, qui résuma dans ses leçons l'orientalisme aussi bien que l'hellénisme, fait dire à Socrate ces paroles fort claires et fort remarquables : « Quant à ceux qui à cause de la grandeur de leurs crimes ne paraissent pas susceptibles d'amendement..., un juste arrêt du sort les précipite dans le Tartare, d'où ils ne sortiront jamais [1]. »

Et la gravité du philosophe ne craignait pas de prendre Homère à témoin du supplice sans fin de Tantale, de Sisyphe et de Tityus [2].

Otez en effet, Messieurs, du chaos des religions païennes ce dogme du Tartare éternel, que laisseront-elles dans l'âme, sinon un sentiment d'horreur, à la vue du hideux assemblage de toutes les folies et de toutes les fureurs qu'elles renferment; aucun principe assuré de différence entre le bien et le mal moral, aucune sanction pour la vertu contre le vice n'apparaissent plus dans ce gouffre qui dévore les générations de tant de siècles. Mais l'en-

---

[1] Platon, l. XXVI, *Phædo vel de Anima.*
[2] Platon, *Gorgias vel de Rhetorica.*

fer y conserve son lugubre éclat; l'idée de la justice et la haine du crime n'étaient pas éteintes, et l'honneur de l'humanité n'avait pas péri tout entier.

Le Dieu du christianisme serait-il venu pour nous dégrader davantage?

Non certes. D'ailleurs, Messieurs, le dogme de l'éternité des peines fut chrétien avant d'être païen : c'est-à-dire qu'il fut révélé dès l'origine. Il est impossible d'expliquer autrement cette unanimité des croyances de l'univers sur le point qui répugne le plus à l'esprit et au cœur de l'homme.

« Ce qui est un chez tous les hommes, a dit Tertullien, n'est pas inventé, mais transmis. » *Quod est apud omnes unum non est inventum, sed traditum.*

C'est pourquoi, Messieurs, vous en conviendrez facilement, l'Église catholique, la société par excellence des traditions, est plus digne de vos respects et de vos hommages que l'obéissance même forcée de la gentilité adultère à cet ordre providentiel qui sauvait du déluge quelques-unes des vérités plus fondamentales.

L'Église, dans l'enchaînement de ses dogmes, nous offre la magnifique harmonie des desseins de Dieu sur les âmes, la chute et le rachat de l'homme; la liberté toujours intacte pour choisir et pour faire; la grâce toujours prête pour éclairer, pour relever, guérir et fortifier; le pardon mille fois accordé aux fautes mille fois commises, mais que répare un repentir sincère; le cœur de Dieu toujours ouvert au pécheur qui revient à lui, même au dernier instant de la plus longue vie; enfin, quand l'heure a sonné, le bien récompensé, ou le mal puni éternellement dans une âme immortelle.

Telle est, Messieurs, la divine économie du salut, et la place que la réprobation éternelle y occupe.

Je n'en apporte pas encore les raisons, j'en montre la foi à jamais vénérable et certaine.

Cette vérité terrible plana donc sur le berceau du christianisme comme un soleil réparateur de justice : elle régénéra aussi, elle féconda la terre; elle opéra, Messieurs, les prodiges de la civilisation moderne, puisqu'elle fut et qu'elle est encore un des éléments considérables et obligés de la prédication évangélique, de cette prédication à laquelle ni vous ni moi ne pouvons retrancher un iota, suivant la parole de Jésus-Christ.

Aussi, quand après la mort de l'illustre Origène, des hommes qui probablement altérèrent ses ouvrages vinrent nier sous son nom l'éternité des peines, l'Église les condamna. Un concile œcuménique vengea de toute attaque l'intégrité du dogme à cet égard, et définit à jamais la foi de l'enfer éternel.

Or, Messieurs, j'en appelle à votre conscience, quand il s'agit d'une vérité dogmatique; l'Église assemblée, la voix de la catholicité toujours une et persévérante, la croyance des âges répétant et attestant en ce sens les oracles divins de la tradition, ont une valeur logique assurément. Ah! reconnaissons-le, elles sont plus puissantes pour convaincre l'esprit que tous les raisonnements du monde pour le dissuader; et c'est ainsi que l'autorité de la foi est souverainement raisonnable, indépendamment des promesses d'infaillibilité qu'elle tient de Dieu même.

Il n'y a donc pas d'illusion possible pour le chrétien ni pour l'homme sensé sous ce rapport; il faut croire à l'éternité des peines, ou bien rejeter la croyance des peuples, l'Église, la tradition et toute l'autorité des enseignements catholiques.

Cela vous paraîtrait-il peu de chose? Écoutez :

Il faut rejeter dès lors aussi les admirables résultats que ces dogmes réunis enfantèrent, et les vertus qu'ils inspirèrent, et les génies qu'ils élevèrent par une foi humble et soumise jusqu'aux plus sublimes régions de la science et de la contemplation divines : c'est-à-dire qu'il faut nier tous ces faits comme s'ils n'étaient pas.

Car enfin, Messieurs, que peut ici le raisonnement pour la contradictoire; il ne se peut, suivant l'ordre de la Providence à la fois et de la logique, que tant de biens, de grandeur et de gloire soient l'effet régulier et permanent d'une folie ou d'une fable. Il ne se peut que Dieu ait environné de toutes les splendeurs et de toute la fécondité des vérités catholiques le songe affreux d'un enfer éternel, s'il n'est qu'un songe.

Non, ce n'est pas pour admettre, mais bien pour rejeter la foi de nos dogmes, qu'il faut dévorer les plus cruelles absurdités et s'emprisonner dans d'étroites et pusillanimes idées.

Pour rejeter la foi de l'enfer, il faut croire que les plus mâles courages, les cœurs les plus indépendants et les intelligences les plus élevées depuis l'origine du christianisme jusqu'à nos jours, ont conspiré avec leur propre abrutissement, l'abrutissement du genre humain.

Ces hommes grands et saints qui commencèrent la chaîne des traditions chrétiennes, qui en rattachèrent les premiers anneaux au berceau même de la foi, ne nous auraient légué pour héritage, tracé comme voie assurée du salut, que la croyance d'imbéciles mensonges et de puériles terreurs.

Tous dans l'Église, après Jésus-Christ, ont enseigné la vérité et la justice des châtiments éternels ; et Jésus-Christ, et les apôtres, et les martyrs, et les héros du christianisme, et les Pères n'auraient été que des insensés et des trompeurs!

Les derniers témoins de la tradition, comme les premiers, auraient fermé les yeux à la lumière, abdiqué les droits de la raison, détruit l'empire de la vérité dans le monde !

Saint Thomas, le plus étonnant génie peut-être qui ait jamais honoré la terre, aurait vainement cherché, en cent endroits de ses ouvrages, les raisons mêmes philosophiques de l'éternité des peines. Il aurait en vain prouvé que l'âme impénitente ne pouvant jamais après la mort ni réparer son péché, ni en effacer la tache, ni en abolir la coulpe, ni en perdre le souvenir, devait en subir toujours la peine [1].

Avant lui saint Bernard, si pieux, si compatissant, mais si courageux pour la vérité, avait montré le péché comme digne d'une peine éternelle par le caractère de sa malice, qui est d'être éternelle et infinie : infinie parce qu'il comprend en soi la destruction affective de Dieu, sorte de

---

[1] S. Th., 1ª 2ᵃᵉ, q. 72, art. 5. — *Ibid.*, q. 88, art. 2. — Sum. c. gent., l. IV, c. xcIII. — *Ibid.*, c. CLVII. — Apud Precy, *Instr. pastor.*, in-4° Boulogne, 1786, t. I, p. 427 et 430.

déicide qui élève le mal moral à la condition de l'infini; éternelle, parce que l'acte du péché en soi est la volonté de résister éternellement à Dieu.

Saint Grégoire le Grand, que cite et appuie Bossuet, nous présente aussi la peine éternelle comme attachée à une faute éternelle, parce que le pécheur voudrait vivre toujours pour pécher toujours. Et saint Augustin observait que la volonté n'avait pas sans doute ce pouvoir et cet effet de prolonger éternellement l'existence de l'homme pécheur sur la terre; mais que l'affection même du cœur, sans l'acte ou le résultat, constituait le crime; qu'ainsi il était juste que la volonté fût punie d'une peine proportionnée à sa disposition, c'est-à-dire à des désirs appliqués sans limites au mal lui-même [1].

Saint Jérôme, vous le croirez aisément, Messieurs, dans le travail et les veilles, dans les rudes combats de sa solitude, n'a pas faibli sur la foi de l'éternité des peines; il l'enseigna comme l'application nécessaire d'une miséricordieuse justice.

Saint Jean Chrysostome, saint Basile, Tertullien, saint Justin, tous enfin l'opposaient avec éner-

---

[1] S. Greg., *Moral.*, l. XXXIV, c. xix, al. 16. — Bossuet, lettre 201 au pape Innocent XII, c. le livre du cardinal Sfondrat., t. XXXVIII, p. 42. — S. Aug., etc., apud Precy, t. I, p. 427.

gie aux païens abusés et aux chrétiens prévaricateurs.

Que voulez-vous, Messieurs, je l'avouerai ingénument, nous ne savons pas non plus enseigner autre chose. C'est qu'avec les Pères et comme eux nous trouvons dans la tradition constante de l'Église, dans les Écritures entendues, interprétées selon le sens de l'Église, cette grande et juste vérité, placée au-dessus de toute contestation.

Isaïe annonce au réprouvé « un feu qui ne s'éteindra pas, un ver rongeur qui ne mourra pas; » Daniel, « un opprobre éternel; » saint Paul, « des peines et des flammes éternelles dans la mort, loin de la face de Dieu [1]. » Et Jésus-Christ, pour exprimer l'éternité du supplice des damnés, emploie les termes mêmes dont il se sert pour exprimer l'éternité de la vie des bienheureux et de sa propre vie : *Ibunt hi in supplicium æternum, justi autem in vitam æternam... Ego sum vivens in sæcula sæculorum... cruciabuntur die ac nocte in sæcula sæculorum* [2].

Vous ne vous étonnerez pas, Messieurs, je l'espère, de ce langage. J'ai voulu, j'ai dû d'abord vous parler comme la foi, et il m'est toujours pénible de parler une autre langue.

---

[1] Isa., xxxiii, 14. — Dan., xii, 2. — II Thess., i, 8, 9.
[2] Matth., xxv, 46. — Apoc., i, 18; xx, 10.

Il faut donc le conclure : le christianisme enseigne, il ordonne de croire le dogme formel de l'éternité des peines. Il l'enseigne au même titre que les autres dogmes révélés et définis. Dans un seul de ces dogmes, comme dans tous, se trouvent le même caractère de vérité, le même principe d'autorité, le même motif de respect et de certitude.

Avant de prononcer à la légère que l'enfer éternel est une supposition gratuite et dénuée de fondement, se sent-on bien la force d'affirmer que la foi tout entière est un roman absurde? On le disait au dernier siècle : la langue est devenue plus réservée et moins altière, la logique plus sincère. Il faudrait le redire cependant.

En effet, si l'éternité des peines tient inséparablement à un ensemble de vérités toutes certaines et divines, quel moyen de l'en arracher avec violence, ou de l'isoler avec dédain pour la nier et la détruire?

La chose est évidente : ou le christianisme est faux tout entier, ou bien l'enfer éternel est vrai; car un même enseignement, une même origine, une même autorité garantissent également tous les points divers de la foi, et en forment un indissoluble faisceau.

Puisque l'Église catholique les affirme tous avec

la même puissance, ils sont donc ou tous vrais, ou tous faux : il faut choisir.

De quel droit venir briser cette admirable unité? Pourquoi retrancher de ce magnifique ensemble la foi de l'éternité des peines? De quel droit la considérer à part, la combattre et la nier à part? Admettre tout, ou n'admettre rien dans la foi : cela seul est logique. Consentirez-vous donc à ne rien voir? ou briserez-vous la lumière du jour pour en garder une partie, rejeter l'autre?

On raisonne cependant : on se récrie contre le dogme catholique de l'enfer. Peu importe après tout; mais nous pouvons bien aussi raisonner dans le sens de la foi, et présenter en quelque sorte sa philosophie. Ce ne sera point, à Dieu ne plaise, pour faire dépendre de nos raisonnements un dogme qui a pour fondements et pour motifs ceux de la véracité même divine, comme nous venons de le voir. Mais, à l'exemple des Pères, nous ferons sentir que nulle considération, quelque spécieuse qu'elle soit, ne peut offrir d'antagonisme et de contradiction entre la bonté divine et l'éternité des peines.

Raisonnons donc à notre tour : après la vérité de l'enfer, ce sera montrer sa justice.

II. P. Nous apportons, Messieurs, de singulières préoccupations dans nos jugements à l'égard de Dieu et de son gouvernement temporel ou éternel.

Placés au point de vue trompeur de notre intérêt et de nos pensées propres, nous nous révoltons contre l'ordre qui nous gêne; nous accusons la providence et la justice de Dieu, le plus souvent pour être dispensés de nous accuser nous-mêmes : nous élevons contre Lui des difficultés que nous rougirions d'élever contre un simple administrateur ou un juge ordinaire. Chose étrange! il nous est plus aisé d'être justes envers les hommes qu'envers Dieu. Un ancien en avait fait la remarque : *Multos inveni œquos adversus homines, adversus Deum neminem* [1]. Le mot est de Sénèque.

Un sentiment de prudente réserve doit donc nous servir de guide, quand il s'agit de juger les idées divines et d'apprécier la sagesse et la justice même infinie et éternelle.

Dans cet esprit, Messieurs, trois principes sainement médités doivent nous faire comprendre que la raison ne peut rien opposer de légitime contre la foi de l'éternité des peines.

---

[1] Epist. xcv.

Ces principes sont :
La bonté même de Dieu,
Le mal du péché,
L'éternité du péché.
Veuillez m'entendre :

1. La bonté de Dieu. Non, il est vrai, nous ne saurions jamais assez la bénir et l'exalter, jamais assez nous confier en elle et l'invoquer dans nos besoins et dans nos maux.

Et quel est donc l'homme ici-bas qui n'a pas senti le poids de la souffrance, qui ne s'est trouvé sans consolation et sans appui parmi ses semblables?

La bonté de Dieu lui reste alors pour refuge et pour soutien. Heureux, dans sa détresse, l'infortuné qui sait se retourner vers elle, l'invoquer et y mettre sa confiance!

La bonté de Dieu, dans les remords du crime, elle est encore un baume salutaire; elle fait couler les douces larmes qui lavent les souillures de l'âme, calment ses angoisses.

Oh! non, n'ôtons jamais cette planche de salut, cet espoir réparateur, aux faibles enfants d'Adam.

Mais il ne faut pas cependant, Messieurs, renfermer les perfections divines dans les bornes étroites de nos pensées; il faut tâcher de nous former une idée juste de la nature de Dieu, en qui rien n'est mesuré selon la faiblesse de nos conceptions et de nos préjugés, mais qui possède en toutes choses la perfection absolue et infinie.

Ainsi, la bonté divine, qu'est-ce donc, Messieurs? Ce n'est pas seulement une tendre commisération pour l'humanité, une compassion miséricordieuse pour les pécheurs; elle est encore, et surtout, l'amour nécessaire du bien, et le bien même souverain par essence.

Dieu est le bien souverain et parfait : telle est, à vrai dire, la bonté qui constitue sa nature.

Il aime donc en lui-même par-dessus tout le type de la bonté morale, de la beauté qu'on nomme aussi la sainteté. Dieu recherche, il aime et reproduit par sa grâce, dans l'âme humaine, le bien moral, la beauté sainte et pure qui est l'image et la ressemblance divine, objet et fin de la pensée créatrice.

Mais par la nature même de sa bonté et de sa sainteté absolue et infinie, Dieu hait infiniment et repousse à jamais de son amour et de sa présence le mal moral, le péché. Partout où se trouve le péché, qui est en soi la négation même de la bonté divine, Dieu le hait et doit le haïr : il le marque du sceau de sa réprobation et l'abandonne à sa justice; il se doit à lui-même de le punir s'il n'est point réparé. La raison en est, Messieurs, que Dieu est la bonté même, le bien parfait et absolu qui exclut et repousse nécessairement le mal de toute participation à son alliance et à sa gloire divine.

Et si Dieu n'excluait pas ainsi le mal, s'il ne séparait pas ainsi à jamais le péché de sa très-sainte présence, il cesserait véritablement d'être bon, d'être la bonté même essentielle, le bien parfait et infini; car il n'aurait plus l'horreur nécessaire du mal et du péché : il ne le haïrait plus souverainement et à jamais. Dieu cesserait donc d'être Dieu, puisqu'il ne serait plus la bonté, le bien absolu par essence.

Tertullien confirme ces principes par sa parole énergique : « Dieu est la bonté par lui-même, c'est nous qui le faisons juste. » *Deus de suo optimus, de nostro justus.* C'est le mal du péché présent en nous qui oblige Dieu à manifester à notre égard les droits de sa justice.

Ne nous plaignons pas de Dieu, Messieurs, n'accusons que nous-mêmes, si Dieu est forcé de nous punir; le bien exclut le mal, et voilà tout.

Le dogme de l'enfer est donc parfaitement d'accord avec la bonté divine : il en est même une expression réelle. Car, encore une fois, la bonté de Dieu, par sa nature, repousse nécessairement et à jamais le mal de toute participation à son amour et à sa gloire, ou Dieu ne serait plus le bien même : et l'enfer, dans sa notion fondamentale et dans son plus amer supplice, au milieu des flammes éternelles, signifie l'exclusion de l'amour de Dieu. Ce n'est pas là sans doute la langue des pensées irréfléchies et irrésolues, mais c'est la langue fortement philosophique de la vérité.

C'est le monde, Messieurs, qui est dans le faux, tandis que l'enfer est dans le vrai : c'est-à-dire que dans l'enfer le mal y est mal, et que le crime et la peine y sont inséparables; tandis que le monde nous offre souvent le spectacle contraire.

2. Pour ne pas errer, céder à l'entraînement des préventions, il faut encore, Messieurs, rapprocher soigneusement de la notion exacte de la bonté de Dieu, l'idée juste et précise du mal moral, qui lui est diamétralement opposée.

Je parle du péché que la théologie a nommé mortel, et qui seul, quand il n'a point été effacé par la pénitence, mérite les châtiments de l'enfer; car tel est le dogme, vous le savez.

Qu'est-ce donc que le péché?

Messieurs, il est le mal vrai, le mal unique,

le désordre même, le renversement de la loi suprême de la création.

Dieu créateur et père a choisi pour demeure et pour trône le cœur des enfants des hommes. Il y règne quand il est aimé, il veut y régner par l'amour. Tant qu'au plus intime de nos âmes nous lui rendons le fidèle hommage de toutes les facultés, de tous les biens que nous avons reçus de sa munificence; tant qu'il demeure et le centre et la fin dernière de nos affections et de notre liberté; tant qu'il conserve sa dignité, son pouvoir dans nos cœurs, alors tout est dans l'ordre, et Dieu est Dieu pour l'homme.

Mais si le tyrannique empire des passions a prévalu, si l'âme est livrée en esclave à la créature elle-même, aux biens créés et finis, aux intérêts et aux joies coupables du temps; si Dieu n'est plus le principe et la fin des efforts et des désirs de l'homme, si le cœur s'arrête et se complaît ailleurs, s'il place ailleurs qu'en Dieu même le bonheur de tout son être, la consommation de l'existence, et le terme des plus nobles et des plus libres aspirations : alors Dieu est détrôné; il n'est plus reconnu, adoré, obéi, aimé comme il doit l'être en Dieu.

Les ténèbres ont pris la place de la lumière, le trouble celle de la paix; l'ignominie a chassé la gloire, et la créature le Créateur. Une idole de boue a été dressée : tout l'homme lui appartient dans son délire. Est-ce donc peu de chose?

Dieu n'est plus le bien souverain et parfait pour cette âme, il n'est plus l'objet et la fin dernière de ses désirs et de son amour : la liberté a secoué le divin empire de la grâce, et la volonté persévère en cet état d'inimitié et de séparation à l'égard de l'auteur de tout bien : car tel est le pécheur impénitent : et tel est le mal lui-même. C'est-à-dire, Messieurs, que Dieu n'est plus Dieu dans cette âme : il y est avili, placé au-dessous du vice; il y est anéanti autant qu'il peut l'être par la désaffection de l'homme. Ce mal est immense, infini en quelque sorte : aucune peine n'en dépasse la mesure : et c'est le péché même. Quand vous ne le sentiriez pas, cela serait-il moins réel?

La mort vient, l'âme reste ce qu'elle était, séparée de Dieu et son ennemie volontaire. Ce qu'elle a choisi, on le lui laisse; elle s'est établie dans la région où Dieu n'est pas aimé, elle y demeure : c'est l'enfer même, dont le supplice le plus cruel, le tourment constitutif, pour parler ainsi, est la séparation de Dieu, la perte du souverain bien.

Ainsi, Messieurs, quand on veut se rendre intimement compte de la nature du péché et du sens vrai de la réprobation éternelle, on arrive à ce résultat effrayant par sa simplicité: le péché est l'enfer même, l'enfer est le péché, puisque l'un et l'autre mot disent également à nos oreilles et à nos consciences la perte de Dieu.

Et quand on aura pu logiquement établir une différence substantielle entre la séparation de Dieu, qui est le péché, et la séparation de Dieu, qui est l'enfer même; alors, seulement alors, on aura élevé une difficulté de quelque valeur contre la réprobation du pécheur impénitent. Or on ne l'a jamais fait; on ne le fera jamais.

3. Mais j'entends répéter le mot terrible: l'éternité, l'éternité des châtiments du péché, des supplices sans fin. Messieurs, ces termes échappent, j'en conviens, sous certains rapports, aux facultés bornées de notre esprit, qui est renfermé aujourd'hui dans le temps. Mais, ainsi que je le disais en commençant, c'est un article de foi défini par l'Église; cela me suffit, j'y crois. Cependant, en y réfléchissant, car on peut bien réfléchir sur les articles de foi, on trouve que l'éternité de la peine correspond après tout à l'éternité même du péché. Comment l'enfer cesserait-il si le péché dure?

Le péché dure, il persévère, et la bonté essentielle de Dieu exclut et renie à jamais le péché ; et le mal du péché est une sorte de destruction de Dieu dans le cœur de l'homme, mal immense, infini, que l'enfer ne peut pas même égaler par ses tourments, nous venons de le dire.

Messieurs, le péché dure ; désormais il marque l'âme de son sceau et la possède sous son inévitable empire. Vous allez le comprendre.

Dieu attendait, il avertit, il appela mille fois dans la vie. Le temps de la vie fut donné à l'homme pour l'exercice utile de sa liberté, pour la vertu, pour la soumission, pour le retour, la pénitence. Mais l'âme ne voulut pas de Dieu dans le temps. Au contraire, elle se plut à errer loin de lui, et elle dissipa toute la substance des biens célestes.

Le temps cesse, et elle tombe comme l'arbre sous le coup de la hache, pour ne se relever jamais.

La voie est parcourue, le terme est atteint, le choix est fait, et la liberté fixée pour toujours. Tel est l'ordre, l'économie des dispensations divines : qui oserait l'accuser d'injustice ?

Courbé volontairement sous le joug du péché, l'homme le servit, l'aima comme son maître, comme son Dieu, son bien suprême et sa fin dernière. Il n'a rien rétracté, rien réparé avant la mort ; il ne peut plus, il ne veut plus, Messieurs, rétracter ni réparer son péché; il lui demeure uni de toute l'étendue de ses désirs, comme de son éternelle vie. La peine le suit, éternelle comme lui-même.

Que le péché rétracté cessât un instant dans l'âme, qu'elle changeât, libre et repentante, sa volonté criminelle, l'enfer cesserait par là même. Mais l'âme ne change pas après la vie, elle ne peut pas changer, elle est dans l'état fixe du terme et de l'immuable éternité. Le péché dure, l'enfer dure, impossible de les séparer. Car ce n'est pas tant la gravité du péché que son caractère irrémissible qui mérite la peine éternelle, nous fait observer saint Thomas.

Aussi Leibnitz, Messieurs, observa-t-il de toute la profondeur de son génie que l'âme réprouvée porte et garde en elle-même son enfer; qu'elle le veut comme une nécessité pour elle, qu'elle s'y enferme et s'y enfonce tout en l'abhorrant, mais avec l'impérieuse exigence du péché, qui la transforme et qui l'absorbe tout entière. C'est qu'elle est transformée et fixée dans le mal même pour jamais.

O Dieu! que nous comprenions bien, ou du moins que nous voulions croire ces choses!

Messieurs, l'homme reçut un grand pouvoir, celui de choisir le bien ou le mal, et le bien ou le mal éternels. Placé sur un champ de bataille dès ses premières années, il a pour armes du combat la liberté, la grâce, la prière, et, s'il le veut, ce généreux courage qui marche avec ardeur à la conquête d'une gloire difficile et rudement disputée. Heureux celui qui ne faiblit pas dans la mêlée ! il lui sera donné de se reposer dans les joies éternelles du triomphe.

Mais malheur à qui s'endort au bruit menteur des opinions et des illusions de cette terre ! malheur à qui se berce de vaines chimères au lieu de veiller et de vaincre ! L'ennemi vient, il surprend et entraîne dans ses fers ce libre enfant du ciel.

Dieu, juge et maître du combat, dispense sans mesure les encouragements et les secours, nous le savons. Il chérit et couronne les vainqueurs ; mais il aime aussi, il plaint, il rappelle souvent à lui les vaincus. Il leur offre encore la palme et la victoire ; il les menace, pour leur inspirer une énergie salutaire, de l'opprobre et des tourments éternels ; il attend le dernier parti. L'homme choisit la honte et la défaite, il pleurera donc et il gémira toujours ; il l'a voulu, qu'il n'en accuse que lui-même.

Triste mais juste punition des désordres d'ici-bas ; il faut enfin que luise le jour de la réparation et de la justice.

La justice, car Dieu en punissant ne peut, Messieurs, y manquer jamais. Au contraire, s'il récompense bien au delà du mérite, il punit dans des proportions inférieures. Le pécheur souffre en enfer sans doute ; il y souffre la privation cruelle du bien parfait et divin qu'il n'a pas su, qu'il n'a pas voulu aimer ; il y souffre le ver rongeur de la conscience, il y endure l'action des flammes ardentes ; mais il y souffre bien moins que ne mérite son crime. La théologie catholique l'enseigna toujours ainsi.

N'ôtons rien, Messieurs, n'ajoutons rien au dogme. Il y a un enfer et des feux éternels ; le pécheur les mérite, et Dieu infiniment juste et miséricordieux est éternellement l'un et l'autre, même en enfer.

Jamais l'éternité malheureuse n'aura de fin, jamais ses supplices n'auront un terme : telle est notre foi, nous la professons et la révérons dans toute l'énergie de notre dévouement et de notre conviction.

Dieu est juste, Dieu est bon ; sa mesure est la mienne, je suis sûr qu'il ne faillira pas à ma confiante espérance. Je pleure sur ceux qui l'outragent ; mais je sais qu'ils ne recevront jamais que ce qu'ils ont choisi dans la plénitude de leur liberté, et que jamais ils ne souffriront tout ce qu'ils ont même mérité.

Ce qui m'est inconnu, je l'adore; et j'aime mieux croire, prier, craindre et espérer comme les enfants des saints, que de me bercer de ces vains raisonnements dont toute la force est le doute, dont tout le résultat est la mort de l'âme et un irréparable désespoir.

———

CINQUANTE-NEUVIÈME CONFÉRENCE

LE SACREMENT DE PÉNITENCE

CINQUANTE-NEUVIÈME CONFÉRENCE

LE SACREMENT DE PÉNITENCE

Monseigneur,

Une grande institution établie parmi les peuples, égale par son origine et son autorité à tout ce que les hommes ont le plus respecté sur la terre, une institution antique et forte, étendue et stable, pénétrant partout; une institution bienfaisante aux sociétés, aux familles, aux individus, vivant dans les esprits et les cœurs par des principes féconds de régénération et de vertu : une telle institution a droit à notre admiration et à nos hommages. Elle commande l'attention, l'estime, l'étude des hommes sérieux aussi bien que la vénération et la fidélité des peuples.

Mais lorsque tout est attaqué ici-bas, tout ce qui est stable et bon du moins dans les choses humaines et même divines, alors, au milieu de cette lutte des pensées, des passions, des intérêts personnels contre les liens constitutifs et régulateurs de l'ordre social et des mœurs, il faut savoir marquer sa place par un jugement courageux, savoir prendre l'attitude de la conviction et du respect à l'égard de ces faits et de ces lois qui influent le plus efficacement sur le bien de l'humanité.

C'est aussi, Messieurs, ce que je viens vous proposer en ce moment à l'égard d'une des grandes institutions du christianisme, autorisée, puissante comme lui, comme lui acceptée, universelle, stable, bienfaisante ; comme lui attaquée, honorée, trahie, aimée, et réalisant elle seule la garantie la plus forte et la plus efficace des biens apportés au monde par l'Évangile. Je veux parler du sacrement de la réconciliation et de la pénitence.

Je le nomme sans crainte devant vous une institution, et une institution grande, vénérable, efficace et puissante entre toutes pour régénérer et retremper les âmes aux sources mêmes du bien et du vrai. Institution en butte aux assauts et aux dédains des hommes, mais toujours invincible ; contraire à l'indépendance et à l'orgueil des passions autant qu'une chose peut l'être ; et, malgré toutes les résistances, répandue avec la foi chez tous les peuples, en sorte que la volonté toute-puissante de Dieu peut seule expliquer sa durée, sa force comme son origine.

Il me semble, Messieurs, que nous jugerons cette cause selon les règles de la justice et de la vérité en étudiant le sacrement de pénitence, la confession sous ce rapport, et en prenant pour règle et pour mesure les grands caractères des institutions qui méritent le plus incontestablement nos hommages.

Je réduis ces caractères à deux, l'autorité la plus haute et l'efficacité la plus bienfaisante.

Si ces conditions sont vraies, si elles s'appliquent dans le plus éminent degré à l'institution catholique de la confession, il faudra la respecter, l'admirer, et se condamner avec franchise si on l'avait malheureusement bannie de ses devoirs religieux et des besoins de son cœur.

Tel est mon but et l'objet de cette Conférence : apprécier les caractères de l'institution catholique de la confession, c'est-à-dire du sacrement de la réconciliation et de la pénitence : je le ferai avec confiance.

I. P. Une institution doit avoir d'abord autorité et puissance; il faut qu'elle commande la soumission; il faut qu'elle soit établie, maintenue dans des conditions d'universalité et de stabilité qui imposent cette conviction et ce respect.

Si dans une institution, donnée surtout comme régulatrice des consciences, et destinée à les sonder et à les purifier dans leurs plus intimes replis, il n'apparaissait aucune de ces origines, aucun de ces droits ou de ces titres qui font autorité parmi les hommes; si un œil attentif n'y découvrait qu'un caprice de l'opinion ou que l'instinct des préjugés, je le conçois, il faudrait en retirer son affection et son estime, et reporter ailleurs sa confiance et son hommage.

Mais voyez, Messieurs, je vous en prie, quelles conditions de grandeur et de vie constituent parmi nous le sacrement de la réconciliation et de la pénitence, président à sa venue sur la terre, accompagnent sa durée, et le recommandent à nos méditations et à nos respects.

Il est vrai, un pénible et humiliant aveu de nos fautes nous est prescrit; il est vrai, nous devons aussi, pour les réparer, nous vouer à des actes de douleur sincère et à de justes expiations; un homme, un prêtre est établi juge et dispensateur du pardon divin, telle est l'institution catholique. Mais ces choses, ces exigences, quelque fortes qu'elles soient, s'offrent à nous avec la plus haute expression de puissance qui existe dans le monde.

Et d'abord l'Église les propose et les enseigne.

En ce moment, remarquez-le, Messieurs, je ne veux point parler la langue de la foi. Je n'invoque point le souvenir chrétien d'une infaillibilité surnaturelle et divine; j'en appelle à votre raison des répugnances et de l'indocilité de votre cœur : que la réflexion soit juge.

Pour nous, catholiques, il y a ici sans doute bien plus qu'une grande autorité de sagesse et de doctrine; nous reconnaissons, nous croyons, nous adorons l'autorité même de Dieu qui fonda, qui institua, qui prescrit encore et vivifie toujours cette loi de régénération et de sanctification des âmes par l'aveu, le repentir et le pardon du péché.

Or, pour tout homme qui pense et compare, qui sait peser les motifs et les mérites des choses, l'Église, Messieurs, est par elle-même une immense autorité, humaine du moins, quand on a encore le malheur de ne pas la croire divine. Car elle se présente à nous avec tout le poids des traditions, avec toutes les sanctions de son origine, avec les mille voix de la gloire, de la science, de la civilisation, du génie et de la vertu, retentissant d'âge en âge dans les illustres générations de ses pontifes, de ses docteurs, de ses saints et de ses héros.

L'Église affirme comme divine, elle garde et pratique comme telle l'institution sacrée de la confession et de la pénitence ; à cette vue tout esprit sérieux doit se dire : Mes pensées, mes passions peuvent bien murmurer et se révolter ; un jour ne serai-je pas heureux de rencontrer ce sacrement de la réconciliation ? Et l'Église n'est-elle donc pas une recommandation puissante, une sage et grave autorité ? Ma raison lui est-elle supérieure ?

L'Église affirme, c'est quelque chose ; mais ce n'est pas tout.

Daignez encore, Messieurs, vous rendre compte à vous-mêmes de ce fait étrange, si vous le pouvez.

La confession s'établit dans le monde, elle s'enracine comme une institution indestructible et chérie, elle règne dans les convictions de l'esprit, dans les affections du cœur, elle s'impose aux passions frémissantes et libres et aux répugnances de l'orgueil : qui peut le nier ? Elle s'établit, elle s'impose, elle vit, elle règne encore ; c'est là un fait.

Or, qui eut jamais un pareil empire parmi les hommes ? Qui fut capable d'établir une pareille loi, au sein des civilisations les plus avancées, parmi toutes les splendeurs des arts, des lettres, des richesses, au milieu des plus généreuses impulsions données par les pouvoirs et par la liberté, comme au sein du plus effroyable essort de tous les penchants mauvais? La confession établie, imposée, acceptée chez des générations innombrables, c'est là le phénomène le plus évident et le plus extraordinaire à la fois. Eh bien! considéré en lui-même, en lui seul, il est immense, il est inexplicable, et, nous devons le dire, impossible. C'est un fait cependant.

Qui donc a dicté un jour cette loi au monde? Le connaissez-vous? Son nom, dites-le, je vous prie, si c'est un homme. Qui même eût osé jamais en avoir la pensée, en concevoir la réalisation comme possible?

Si aujourd'hui, devant vous, pour la première fois, je venais, Messieurs, vous proposer d'accepter la confession comme une institution sacrée et de vous y soumettre, que penseriez-vous? répondez, ce que durent penser et exprimer sans aucun doute les répulsions toutes naturelles et énergiques des premiers auditeurs de l'Évangile; ce que peut-être vous éprouvez et gardez en vous-mêmes depuis un trop long temps?

Et la confession fut établie, embrassée, bénie; la confession est crue, acceptée, aimée sur la terre. Voilà le fait, il est incontestable; expliquez-le.

Vous ne le pouvez pas.

Au moins vous en conviendrez, il exprime une grande puissance et une grande autorité parmi les hommes. Et quand vous céderez à votre tour, bientôt, je l'espère, vous ne saurez trop vous-mêmes comment il se fait que vous vous soumettez à un si étonnant pouvoir. Grave sujet de réflexion : oui, le fait seul ici est une immense autorité, une inévitable démonstration.

L'étonnement, Messieurs, doit redoubler avec le respect quand on veut pénétrer plus avant dans l'étude de cet étrange phénomène.

Des hommes dépositaires par état de tous les secrets les plus graves des consciences et des familles; des hommes revêtus seuls du privilége et de la mission sacrée de lire au fond des cœurs, d'en sonder les replis intimes, les affections les plus mystérieuses, les ignominies et les douleurs les plus cachées; sous le sceau d'une inviolable fidélité et d'un silence invincible, voilà le phénomène. Dieu, le prêtre, l'âme; quels rapports redoutables entre eux! Et le genre humain l'accepta, l'accepte encore; le phénomène se réalise chaque jour, à chaque heure. A chaque heure des flots d'iniquités et de tristesse sont versés dans le sein du prêtre, et puis vont se perdre dans un océan d'éternel oubli.

Mais cela est incompréhensible, impossible, absurde, si ce n'est divin; et cela est.

Des hommes préposés à la direction, au gouvernement des âmes et des consciences, à la réforme intérieure des mœurs, au soulagement des plus cruelles souffrances; des hommes chargés de veiller à la garde de tous les droits, de tous les devoirs, de tous les biens, dans leur sanctuaire même le plus intime, le cœur de l'homme, étrangers qu'ils sont du reste à tous les intérêts d'ici-bas!

Ce fait, ce phénomène, on l'interprète, on l'altère; on ne peut pas l'expliquer.

Rien d'humain n'en saurait donner la raison suffisante.

Ah! vous le sentiriez bien, vous croiriez, Messieurs, d'une foi vive et bien ardente, je vous assure, si prêtres vous-mêmes, ne fût-ce que pour un instant, s'il se pouvait faire, vous écoutiez ces lamentables récits des infirmités humaines; et, seuls avec Dieu seul, vous vous interrogiez ensuite pour savoir le motif d'une telle confiance et d'une telle autorité.

Quant à moi, je vous assure, la confession n'a pas besoin de preuve ni d'autorité aucune; elle est preuve et autorité par elle-même au plus éminent degré. Elle existe, s'exerce et se pratique. Dieu est là ; non, ce n'est pas l'homme.

Ajoutez à cela, Messieurs, que l'Église catholique seule au monde nous présente, et nous présente dans tous les temps et dans tous les lieux, le sacrement de la réconciliation et de la pénitence avec le caractère indestructible de son universelle unité.

Cette universalité dans l'unité est la présence vivante et active sur tous les points de l'univers à la fois d'un même dogme, d'un même rite, d'un même sacerdoce hiérarchique. Telle s'offre à nos regards et à notre foi l'institution catholique de la confession.

Il y a là encore un caractère spécial et unique de la plus étonnante autorité qui fut jamais.

Et quelle est donc, Messieurs, la puissance capable de faire un dogme, un culte, un sacrement catholique, c'est-à-dire un et universel tout à la fois sur la terre? Veuillez me répondre.

Mais il me semble en vérité que nous avons quelque raison de croire à l'autorité divine de l'Église qui seule a pu réaliser et réalise encore ce fait étrange.

Messieurs, l'homme est si indocile, si ennemi de lui-même et du vrai, si rebelle à l'ordre, à l'autorité, mais surtout à l'unité, à moins que ce ne soit dans quelque coin séparé de la terre, pour y servir en insensé ou en esclave un fanatisme despotique, les passions brutales et les préjugés; l'homme, dis-je, est tellement dissident par nature, qu'il portera dans ses croyances et dans son culte religieux les signes divergents et restreints de nationalité, d'égoïsme et de caprice. L'unité universelle n'appartient donc pas réellement à l'homme, borné dans ses pensées, dans ses influences et son pays. L'universalité n'est l'apanage que du Maître de l'univers, du souverain modérateur des esprits et des cœurs de tous les hommes. Aussi la vérité une et universelle est-elle divine. Ce qu'on prétend souvent nommer la vérité parmi les hommes est quelque chose de multiple, de relatif et de contradictoire, car c'est trop souvent l'erreur. Que l'on nous montre donc, Messieurs, en dehors de l'Église catholique, dans l'étendue des temps, dans l'étendue des lieux qui composent le monde et sa durée, que l'on nous montre une institution semblable au sacrement de pénitence, institution une, universelle, égale, commune pour tous; une par le lien d'identité, par le centre d'autorité hiérarchique, une par le principe de foi et d'obéissance religieuse; institution qui abaisse, humilie tous les hommes sous un même niveau, sans qu'aucun d'eux puisse prétendre s'en affranchir, ni vouloir s'élever au-dessus de l'ordre tracé, au-dessus de cette triple condition de l'aveu à faire de ses fautes, de la douleur à éprouver et de la peine à subir suivant la sentence prononcée par la bouche du prêtre.

Non, une telle institution qui soumet les cœurs et lie les consciences pour les guérir et les sauver, une telle institution partout reçue, partout aimée, partout haïe et repoussée, mais toujours une et universelle, vraiment catholique en un mot, non cela n'est propre que de la confession, et de la foi exclusive qui nous l'impose de la part de Dieu.

Elle porte donc en elle-même un singulier pouvoir, une étrange force d'expansion malgré toutes les répulsions et tous les obstacles. Or ce pouvoir, évidemment, Messieurs, n'est pas de l'homme.

Que si vous rencontrez encore dans l'étude attentive d'une pareille institution, et comme sa sanction permanente, une indestructible durée, la vraie, l'invincible stabilité, une vie et une action persévérantes, alors vous avez devant vous l'expression la plus étonnante de la plus étonnante autorité.

Qu'est-ce qui dure parmi les hommes ? Peu de choses ; mais de grandes choses : la société, le pouvoir, la famille, Dieu, la religion. Encore les hommes porteront-ils mille fois leur inconstance et leurs diversités dans les formes de ces choses elles-mêmes et jusque dans la notion la plus inattaquable de la Divinité.

Un dogme, un rite se présente à moi : il blesse l'orgueil, il afflige l'âme, il travaille, il pressure le cœur, il est le châtiment volontairement cherché et subi pour le péché : l'homme s'y soumet un jour, tous les jours, en tous les lieux du monde. Depuis l'origine du christianisme la confession demeure acceptée, pratiquée, persévérante dans sa force et dans sa vie.

Telle est la stabilité du sacrement de la réconciliation et de la pénitence catholique. Tout s'arme contre lui, la fureur et le dédain; tout change, tout passe : le sacrement de la pénitence catholique demeure avec toutes ses conditions humiliantes et pénibles.

Mais pourquoi donc? je vous le demande.

Messieurs, nulle force humaine n'eût pu fonder, établir la confession : quelle force peut donc la maintenir au milieu du sable mouvant des opinions humaines et parmi les oscillations continues de la tempête?

Encore une fois, Dieu est là, non les hommes : aucun raisonnement n'a la puissance de produire ni d'expliquer de tels faits; jugez-en dans la sincérité et la responsabilité de vos cœurs et de vos consciences.

Mais il faut bien parler aussi de ces influences salutaires, de cette efficacité si forte et si douce, de ces fruits de fécondité, de vie et de vertu, que porte avec elle la loi sacrée de la pénitence catholique : second caractère que nous allons étudier attentivement.

II. P. L'âme a ses maladies, l'esprit ses troubles, le cœur ses chagrins, la conscience ses tourments, la vie morale tout entière de l'homme a ses cruelles alternatives de luttes, de revers et de succès. Qui le guérira? qui lui tendra une main secourable, lui prêtera un appui consolateur, lui fraiera une route nouvelle à travers les voies obscures et embarrassées où il marche? qui lui apportera la lumière pour s'y conduire, la force pour arriver?

Messieurs, connaissez-vous parmi les hommes beaucoup de ces grandes institutions applicables à tous les temps, à tous les pays, à toutes les races, à toutes les situations de la vie, propres à guérir les maux de toutes les âmes, les angoisses de toutes les consciences, les ravages les plus secrets et les plus extrêmes du vice? En connaissez-vous hors du christianisme une seule qui possède une efficacité réelle à cet égard? La connaissez-vous?

Cependant, Messieurs, dans le passage du berceau à la tombe, dans le voyage agité de l'âme vers son terme, on porte toujours avec soi le sentiment impérissable de la vertu et du péché. Le mal moral demeure toujours le mal, et la conscience qu'il trouble de sa présence a beau s'étourdir, se noyer dans les futilités ou le désordre; on a beau se bercer de tous les rêves de l'indifférence et de l'illusion; non, le pécheur n'est pas heureux ; c'est la loi. Il souffre surtout à ces moments solennels où la solitude l'avertit, où le malheur le réveille, où la mort le menace. Tout homme éprouve alors un besoin, expression et témoignage du Dieu qui se rend justice à lui-même et qui combat pour le bien et pour le vrai dans nos cœurs.

Cette disposition, ce besoin d'une conscience coupable, on le nomme, Messieurs, le repentir ou le remords.

Sans doute, nous en convenons, l'Église, le christianisme n'ont pas inventé le repentir : il naquit avec le crime, et il est l'expression irrécusable de la justice et de la bonté divines toujours présentes au fond de nos âmes. L'inventeur du reste est toujours le même, c'est Celui qui créa la conscience de l'homme et lui donna de savoir éprouver le remords. Aussi chez tous les peuples le repentir fut connu. On retrouve partout, dans les sacrifices, dans les expiations publiques ou privées, des traces de cette pénitence réparatrice si juste et si nécessaire après la faute commise, après que la majesté de Dieu a été outragée, ou les droits de la fraternité humaine violés.

Mais vous en conviendrez également, ce n'est que dans le christianisme lui-même, dans le christianisme fondé, propagé, maintenu par l'Église catholique, que nous retrouvons cette institution de la pénitence auguste et vénérable par les conditions exigées de l'aveu sincère, du regret effectif et de la peine volontairement acceptée.

Mais quoi donc? le besoin de l'âme est satisfait; l'âme se relève délivrée d'un poids immense, alors qu'elle a pu verser dans le sein du prêtre le secret qui l'oppressait? Oui, Messieurs, la nature et l'expérience, tout nous le prouve et nous l'atteste: l'aveu soulage.

Il soulage par la souffrance même qu'il cause. Une plaie fermée qu'on rouvre pour la guérir, une douloureuse opération que l'on subit pour être sauvé, coûtent également aussi à notre sensible nature. Un aveu exigé par la liberté même de la conscience et par son plus énergique courage, est une victoire, une conquête difficile, mais douce et glorieuse comme le plus beau triomphe.

Malheur à celui qui est seul! *Væ soli!* c'est la sentence de l'Écriture : et quand de pénibles souvenirs, des regrets amers, ou au moins l'inévitable conviction qu'on est mal avec Dieu, mal avec soi-même, chargent une âme d'un poids incommode : au jour où l'on peut le déposer dans des mains secourables, ou plutôt dans un cœur dévoué, à ce jour on respire et l'on renaît à une nouvelle existence.

Enfin un ami vrai, un conseil, un père de notre âme nous est donné; on pourra tout lui dire. Il partagera toutes nos douleurs, entendra toutes nos peines, assistera à tous nos combats. Le poids de cruels secrets ne nous accablera plus; ce poids sera porté et laissé au fond d'un impénétrable tombeau par le seul être qui nous connaisse au monde, le seul qui puisse nous faire entendre la parole de confiance, d'encouragement et de pardon.

Mais dans la vie, Messieurs, vous le savez bien, rien n'est préférable à un ami fidèle : qu'est-ce donc quand on le sait appliqué tout entier par l'inviolable religion d'un sacrement divin à nous garder fidélité, à nous porter secours!

Ce bienfait est immense, et c'est une réalité

vivante : nous le devons à l'institution de la pénitence catholique, et à elle seule.

Il faut encore, quoi qu'on en ait, il faut bien soutenir la lutte et le travail des vertus et de la grâce, à moins qu'on n'ait d'avance accepté la mort sans retour et qu'on n'y prélude par une indifférente stupeur dans le vice, ou par un dédain complet de toute vérité !

Il faut, Messieurs, un champ clos où l'ennemi éternel de notre âme soit bien connu, signalé avec tous ses traits, combattu avec toutes ses hontes et toutes ses faiblesses. Le bruit de la terre, l'éclat du grand jour, l'inqualifiable condescendance de notre âme, rendent la lutte faible, humiliante, nulle même trop souvent.

Une loi d'examen attentif et de juste douleur, une loi de réparation et de sacrifice est portée : elle réclame un accomplissement réitéré. Impossible alors de ne pas se voir et se connaître ; devant le prêtre, qui vous est à la fois juge, médecin, père, docteur et guide, vous retrouvez l'état vrai de la lutte en votre âme, et vous retrouvez aussi des forces, des lumières et une résolution nouvelles.

Le mal connu, envisagé, mis aux prises avec le repentir, le mal scruté dans ses conditions et ses caractères réels, le mal présenté dans sa hideuse nudité à la face de Dieu, du prêtre et de la conscience, perd alors tous ses charmes décevants; son pouvoir fait horreur : on s'arme contre lui de l'indignation et des œuvres salutaires de la pénitence, et bientôt on a reconquis la liberté, la force et la gloire des enfants des cieux.

Tel est encore le sacrement de la réconciliation et de la pénitence catholique : un travail douloureux, mais qui seul est vainqueur du mal dans notre âme.

Ah! Messieurs, je vous en conjure, pensez-y mûrement.

Est-ce que le grand, l'immense besoin de l'âme ici-bas n'est pas de recevoir le pardon de Dieu? Est-ce que nous ne sommes pas tous coupables envers Dieu? Mais il faut ce pardon divin garanti, assuré et manifesté pour la conscience. Il faut absolument un gage de l'amitié rendue à l'homme par son Dieu après de longs et cruels outrages, après les ravages du péché, du crime même, après les étreintes d'un cruel désespoir. Il le faut, ou bien l'homme erre à l'aventure dans l'affreux désert du désespoir sans abri et sans issue.

Où trouvez-vous, Messieurs, ce gage, cette garantie du pardon divin hors de l'institution catholique de la pénitence? Nulle part.

Ici un tribunal sacré, un juge assis au nom de

Dieu, une hiérarchie universelle dans l'unité, l'Église tout entière avec son autorité, sa foi, sa science, sa sainteté, prononçant les paroles bénies : Je vous absous. Nulle assurance n'est égale sur la terre à cette immense garantie ; nul bienfait, nul bonheur n'est comparable ; et sans ce bienfait il serait trop extrême ici-bas, Messieurs, le malheur déjà le plus grand de tous, celui d'être coupable.

Disons-le, l'enfant qui retrouve son père, le captif qui respire en liberté, le malade qui est rendu à la force et à la vie, n'ont qu'une part des joies renfermées dans cette réconciliation sacrée, car elle les comprend toutes.

On y sent une onction et un appui intérieurs qui rassurent contre soi-même et contre les craintes de cruels retours. Dieu est là avec sa grâce. Oui, il y a là, Messieurs, de ces impressions qui ne sont pas de l'homme de la terre, mais de Dieu et du ciel.

J'en appelle volontiers ici au témoignage des hommes ramenés après de longs égarements et véritablement régénérés dans les eaux vives de la pénitence. Ils peuvent dire mieux que toutes nos paroles ce que c'est que la confession, interrogez-les.

Étrange et douce merveille ! Ces trois choses,

l'aveu, le repentir, le pardon; ces trois choses consacrées dans l'institution catholique, garanties par la mission du prêtre, ont apporté au monde plus de paix, plus de joies, plus de changements heureux, plus de déterminations généreuses et plus de vertus, plus d'œuvres héroïques et utiles, que les inspirations du génie et tout l'enthousiasme de la gloire. Car sans aucun doute la réparation même du mal, la garantie du bien, la paix de la conscience et l'amitié de Dieu, établies comme une institution inviolable et sacrée pour tous les hommes et pour tous les temps, sont le plus inappréciable bienfait qui se puisse concevoir et qui puisse descendre sur cette terre.

Il reste, Messieurs, pour plusieurs d'entre vous, à en faire de nouveau l'expérience.

Un homme parut au dix-septième siècle, philosophe profond et sage, savant heureux, génie hardi et patient, esprit clair et sublime, Leibnitz est demeuré comme une des grandes gloires de l'humanité. Vous le savez, membre d'un conseil de paix [1], il voulut travailler avec Bossuet à reconstituer pour l'Allemagne l'unité catholique. Leibnitz fut protestant par sa naissance. On peut presque le dire catholique par conviction.

---

[1] Collegium irenicum.

Il a laissé en latin un manuscrit précieux, tout entier de sa main et dépositaire de ses croyances les plus intimes. Ce manuscrit, imprimé une première fois il y a plusieurs années, vient de l'être de nouveau sur l'original avec un soin et un scrupule dignes d'éloges. Trouvé sans titre, il a reçu à l'impression celui de *Système théologique de Leibnitz;* l'illustre et vénérable Eymery, supérieur de Saint-Sulpice, en révéla le premier l'existence au monde chrétien; j'en traduis exactement, pour terminer, ce passage remarquable :

« Ce fut assurément un grand bienfait de Dieu, dit Leibnitz, de donner à son Église le pouvoir de remettre et de retenir les péchés. Ce pouvoir, l'Église l'exerce par ses prêtres, dont le ministère à cet égard ne peut être méprisé sans crime. Par ce moyen Dieu confirme la juridiction de l'Église, la fortifie, l'arme contre les chrétiens rebelles, et promet d'assurer lui-même l'exécution des jugements qu'elle a portés; une condamnation terrible pèse ainsi sur les dissidents et leur impose de cruelles privations, lorsque méprisant l'autorité de l'Église, ils manquent forcément des biens qu'elle seule dispense [1]. »

« Ici, continue Leibnitz, à la différence de

---

[1] P. 119, édit. de Leclère, Paris, 1845.

la rémission des péchés qui s'opère dans le baptême, où rien de plus qu'un rite d'ablution n'est prescrit, dans le sacrement de pénitence il est ordonné à celui qui veut être purifié de se montrer au prêtre, de faire la confession de ses péchés, et de recevoir ensuite, au jugement du prêtre, quelque châtiment qui pour l'avenir lui serve d'avertissement et de recommandation salutaire. Car, comme Dieu a établi les prêtres médecins des âmes, il a voulu que les maux de l'infirme et l'état de sa conscience fussent mis à découvert devant eux… On ne saurait nier que toute cette institution ne soit parfaitement digne de la sagesse divine; et si quelque chose est louable, grand et glorieux dans la religion, certainement c'est ce sacrement de la réconciliation, que les Chinois et les Japonais ont tant admiré eux-mêmes. Cette nécessité de la confession devient en effet pour un grand nombre un frein salutaire; elle apporte à ceux qui sont tombés une grande consolation: de telle sorte que je regarde un confesseur pieux, grave et prudent, comme un des plus puissants instruments de Dieu pour le salut des âmes. »

Je vous laisse, Messieurs, avec ces paroles de Leibnitz. Ou je me trompe, ou peu d'autres paroles de ce grand homme doivent plus profondément vous émouvoir, et peuvent mieux montrer l'admirable et vive alliance de la raison, de la science et du génie avec la foi.

SOIXANTIÈME CONFÉRENCE

L'EUCHARISTIE

SOIXANTIÈME CONFÉRENCE

L'EUCHARISTIE

Monseigneur,

Il est des jours où l'apologiste chrétien placé dans la chaire de vérité sent défaillir en lui l'esprit du combat et l'ardeur de la lutte; mais c'est pour se reposer doucement dans le sentiment de la force, de la grandeur et de la beauté de la foi qu'il a entrepris de défendre. On dirait un voyageur arrivé au terme désiré de sa course. La divine Providence a ses moments pour inspirer au cœur du prêtre tantôt le courage de la lutte, tantôt les sollicitudes et la compassion du zèle, tantôt l'admiration et la louange des dogmes divins de l'Évangile. Aujourd'hui, Messieurs, j'éprouve le besoin de vous entretenir du dogme eucharistique, de la présence réelle et vivante de Jésus-

Christ dans le sacrifice et le sacrement de nos autels.

Et voici d'abord la profession de foi catholique à cet égard.

Nous croyons que dans le très-saint sacrement de l'eucharistie sont contenus véritablement, réellement et substantiellement le corps et le sang avec l'âme et la divinité de notre Seigneur Jésus-Christ. C'est le concile de Trente qui a parlé, ainsi que dans les articles suivants [1].

Nous croyons que dans l'eucharistie il s'opère un admirable changement de toute la substance du pain et de toute la substance du vin, en sorte qu'il n'y a plus que le corps et le sang même de Jésus-Christ sous les seules apparences extérieures du pain et du vin; c'est ce changement que l'Église catholique a si bien nommé transsusbstantiation.

Nous croyons que dans ce sacrement vénérable Jésus-Christ tout entier est contenu et réellement présent sous chacune des deux espèces ou apparences du pain et du vin, et sous chacune de leurs parties.

Nous croyons que le sacrifice de la messe est proprement et véritablement un sacrifice offert à Dieu.

---

[1] Conc. Trid., sess. 13, *de Euch.*, can. 1 et seq.

Nous croyons que par la vertu des paroles divines prononcées dans la consécration à l'autel, le mystère s'accomplit, que Jésus-Christ est rendu présent, qu'il est offert comme victime, et demeure comme aliment divin de nos âmes.

Telle est l'eucharistie, telle est la foi catholique.

Mais je ne saurais songer en ce moment, Messieurs, à débattre devant vous et à prouver la vérité de ce grand mystère, établie tant de fois au nom de la tradition et au nom de la science, et solennellement définie par l'Église.

Je vous renverrais encore avec confiance sous ce rapport au monument remarquable de la foi de Leibnitz que je vous ai cité pour la confession. Leibnitz applique à l'eucharistie toutes les forces de son puissant génie, et il admet tout ce que nous croyons ; lisez dans son Système théologique.

En ce moment, Messieurs, je voudrais vous dire, si je puis, quelque chose de la beauté, de la grandeur du dogme eucharistique. L'eucharistie m'apparaît comme la plus haute réalité de la foi, comme la plus touchante et la plus sublime expression de la divine charité.

Par l'eucharistie l'incarnation est continuée, est présente et renouvelée sans cesse ; rien de plus grand dans la foi.

Par l'eucharistie l'unité est consommée, c'est-à-dire l'union de l'âme avec Dieu est rendue intime et parfaite; rien de plus relevé, de plus réel dans la charité.

L'incarnation continuée, l'unité consommée.

Double rapport sous lequel nous allons étudier ce dogme auguste; nous lui devrons de mieux sentir la divine signification du sacrement de l'eucharistie, sa beauté, sa grandeur et ses bienfaits.

I. P. Quand Dieu, dans la plénitude des temps, fit lever en Orient le nouveau Soleil de justice et de vérité, il voulut étendre à tout l'univers la chaleur et la fécondité de ses rayons. La divine incarnation, la grâce du Dieu fait homme devait régénérer le monde; elle devait aller chercher et atteindre les nations assises à l'ombre de la mort, pénétrer les âmes, remplir les siècles, éclairer tous les temps et tous les lieux. Sans doute, Messieurs, l'incarnation une fois opérée ne devait plus se reproduire. Quelle nécessité ou quelle convenance aurait pu faire pencher la volonté divine vers cette répétition du grand œuvre?

Une efficacité infinie demeure inséparablement attachée à la première entrée de Jésus-Christ dans ce monde des infirmités humaines; sa grâce est toujours puissante et toujours prête, il est vrai. Cependant, si nulle espèce de renouvellement n'avait lieu, le grand fait de l'incarnation divine resterait lui-même à l'état de souvenir éloigné ou historique; la foi, pour s'en nourrir, en goûter les merveilles et la douceur, devrait constamment habiter le passé, sans avoir d'asile et d'appui dans le présent. Le chrétien se serait alors comme assis au bord d'un fleuve écoulé, il en aurait plus difficilement retrouvé la source et les eaux vives. Aussi, le Dieu riche en miséricorde, qui aima le monde au point de lui donner son Fils unique, suivant le langage de l'apôtre saint Jean, ce Dieu réparateur de l'humanité inventa une nouvelle et sublime merveille; il résolut le problème de sa présence continue et d'un renouvellement continu de l'incarnation divine elle-même.

Entendez, Messieurs, Jésus-Christ vous l'annoncer de sa propre bouche, par ces mystérieuses et touchantes paroles :

« C'est le pain de Dieu qui descend du ciel et donne la vie au monde... Je suis le pain de vie, celui qui vient à moi n'aura plus faim, et celui qui croit en moi n'aura plus soif. [1] »

Mais ce n'était pas assez dire; le Sauveur ajouta

---

[1] Joann., VI, 33 et seq.

bientôt : « Vos pères ont mangé la manne dans le désert, et ils sont morts. Voici le pain descendant du ciel même, et celui qui en aura mangé ne mourra pas. Je suis le pain de vie qui descends du ciel... Car ma chair est vraiment nourriture, et mon sang vraiment breuvage. Celui qui mange ma chair et boit mon sang demeure en moi, et moi je demeure en lui. » Et enfin : « Celui qui mange ce pain vivra éternellement [1]. »

Telle était, Messieurs, la promesse; en voici la réalisation dans les termes aussi de l'Évangile. La Cène pascale, la dernière que le Sauveur devait faire avec ses apôtres, durait encore, lorsque « Jésus prit du pain, et, rendant grâces, le bénit, le rompit et le donna à ses disciples, disant : Prenez et mangez, ceci est mon corps qui est donné pour vous; faites ceci en mémoire de moi. Il prit de même le calice, rendit grâces et le leur donna, disant : Buvez-en tous, car ceci est mon sang, le sang de la nouvelle alliance, qui sera répandu pour vous et pour plusieurs, pour la rémission des péchés [2]. »

Ce fut ainsi, Messieurs, que Jésus-Christ institua pour toute la durée des âges le sacrement de son corps et de son sang en même temps que le

---

[1] Matth., xxvi, 26.
[2] Luc., xxii, 19.

sacrifice divin de nos autels. Ce fut ainsi que l'admirable extension de l'incarnation fut à jamais assurée à la terre, et que Jésus-Christ demeura réellement et substantiellement vivant parmi les hommes, sous les voiles eucharistiques, dans tous les temples de l'univers catholique à la fois, jusqu'à la consommation des siècles.

Telle est donc la merveille : elle est grande sans doute.

Seule, il est vrai, la lumière d'une foi vigilante et épurée peut nous faire reconnaître et chérir ces mystères ; mais le chrétien possède cette lumière, et elle lui en découvre sur l'autel l'irréfragable réalité. Le mystère s'accomplit dans le silence, mais dans la vérité ; il se renouvelle toujours, et il demeure toujours. L'âme recueillie le contemple : à ses regards se découvre ce Soleil bienfaisant dont les rayons la fécondent ; le fleuve immense de la grâce coule à pleins bords ; on y puise avec joie les eaux qui donnent la vie. On aimerait à se perdre dans ces douces images, qui, après tout, ne sont pas même une légère ébauche de l'incompréhensible bienfait de la divine eucharistie.

Messieurs, permettez-moi de vous le dire : s'il nous avait été donné de suivre les pas de Jésus-Christ dans sa vie mortelle ; si nous avions contemplé ses traits, entendu sa parole, nous aurions ambitionné avec ardeur, je pense, de compter parmi ses disciples et ses amis; Dieu, il eût reçu nos adorations et nos hommages; Dieu et homme, notre plus tendre amour.

Enfants éloignés du berceau de notre race, nous ne pouvons voir les jours passés, ni contempler les traits chéris de Jésus-Christ au soleil de la Judée. Mais nous le possédons encore, il est présent au milieu de nous; telle est notre foi invariable et assurée.

Malgré ses ténèbres sacrées et comme au sein d'une nuit paisible et éclairée d'une secrète lumière, nous saisissons avec bonheur l'assurance continue de cette présence divine. Le passé était trop loin, le ciel trop haut pour y retrouver le Sauveur de nos âmes qui est notre bien, notre force, notre vie même. A nous autres faibles créatures, il fallait que la pensée, l'action et la bonté du Dieu incarné fussent sans cesse présentes, vivement et sans cesse rappelées. Voilà pourquoi il demeure toujours dans l'eucharistie, y sollicitant toujours notre confiant amour.

Aussi, Messieurs, quand on a compris la raison de ce mystère, on voit comment tout ici-bas dans le christianisme est pour l'eucharistie et par elle.

Elle est l'objet le plus auguste de notre foi, l'expression la plus élevée, la plus magnifique du culte tout entier; car c'est Jésus-Christ Dieu et homme, vivant toujours parmi les hommes pour les soutenir, les consoler et les nourrir par la communication la plus intime de sa vie même divine et humaine.

La faim, la soif pressent nos âmes : nous cherchons Dieu; nous aspirons vers ce bien suprême et infini : dans le vague indéfini de nos illusions et de nos rêves nous ne le trouvons pas; nous rencontrons de cruels fantômes, nous les saisissons, nous en sommes saisis, et nous n'avons plus, après toutes nos déceptions, que le mélange affreux de misère et de fange qui compose tout ce qui n'est pas Dieu.

Dieu même, et Dieu humanité, Dieu accessible et doux, Dieu nourriture et pain de vie, toujours présent, toujours offert et donné à nos âmes : voilà le prodige, l'admirable prodige que la main de Dieu renouvelle sans cesse pour satisfaire ces besoins perpétuels de nos âmes. Rien de plus étonnant, mais rien aussi de plus grand et de plus beau.

Par l'eucharistie l'incarnation s'opère et agit toujours parmi nous. Par elle, Jésus-Christ s'unit toujours à notre fragile existence. Quoi de plus? Le ciel se joint à la terre.

C'est bien plus qu'un rayon de lumière et de

bonté divine qui brille à de rapides instants à notre intelligence et émeut notre cœur : le foyer même des divines communications brûle parmi nous, et dans son inépuisable expansion il remplit tout. Ce n'est pas le canal des eaux vives qui jaillissent jusqu'à l'éternité, c'est la source infinie elle-même, l'inépuisable océan du divin amour.

Mais l'eucharistie avec la présence réelle de Jésus-Christ ne serait pas l'extension complète de l'incarnation et sa continuité même, sans la réalité permanente aussi du sacrifice de la croix. Dans le sacrifice du Calvaire s'accomplit le rachat du genre humain, la rédemption de tous les hommes, nous le savons. Eh bien! le rachat de l'humanité se réalisera toujours, et par un acte actuel et présent pour nous. Oui, l'immolation de Jésus-Christ, sa mort, ses réparations infinies seront chaque jour, à chaque heure, en tous les lieux, réellement et identiquement présentes. Car l'eucharistie n'est pas seulement le sacrement institué pour être la nourriture et la vie divine de l'âme, elle est encore le sacrifice permanent et réel de la croix, non plus sanglant, non plus exécuté par des bourreaux, mais accompli dans toute sa substance et toute sa vérité par le prêtre sacrificateur, debout devant l'autel, par le prêtre parlant, agissant, offrant la victime sainte, Jésus-Christ même, au nom même de Jésus-Christ.

Le sacrifice sanglant de la croix n'eut lieu qu'une seule fois : mille fois et tous les jours jusqu'à la consommation des siècles, ce sacrifice, changeant non pas de nature mais seulement de forme, se reproduit, se renouvelle dans sa réalité. Mystère encore : oui, assurément, je le sais; mais mystère admirable, sublime, si doux, si consolant pour la pauvre humanité. C'est ainsi que le rachat est toujours renouvelé et toujours appliqué dans la suite des temps.

La foi manque, Messieurs, je le sais : l'homme qui vit de l'esprit, selon l'expression de l'Écriture sainte, est rare ici-bas; on se traîne en rampant sur la terre, et l'on ne veut pas s'élever jusqu'aux mystères divins. On regarde pour ainsi dire du rivage le mouvement du vaste océan de la réparation divine, le flux et le reflux des grâces qui se meuvent abondantes comme les eaux de la mer, et l'on demeure froid, distrait, étranger à la vue de ces bienfaisantes merveilles. On refuse d'y prendre part.

Otez cependant le sacrifice eucharistique : Jésus-Christ n'est plus présent et immolé au milieu de nous : le temple est vide, sa grandeur inutile; l'autel n'est plus qu'un froid monceau de pierres.

Otez le sacrifice, le prêtre n'est plus à l'autel qu'un homme sans fonction, sans dignité, sans caractère sacré. Je ne vois plus alors qu'une tribune aux harangues dressée dans le lieu de l'assemblée publique, et un homme parlant à d'autres hommes : cela se voit ailleurs. Le Verbe divin, dans sa vie, dans la voix de son sang, dans ses intercessions puissantes, dans son action réparatrice, ne semble-t-il pas s'être retiré du sein même de l'humanité, quand la réalité du rachat et de l'incarnation n'est plus présente? Ne semble-t-il pas que le culte de la foi chrétienne n'a plus alors son expression, sa force, sa dignité? que Jésus-Christ enfin n'est plus vivant parmi les hommes?

Mais Jésus-Christ est présent, sa vie et sa mort persévèrent, le prix de son sang, la vérité de sa parole et de sa grâce, la réalité du sacrifice et du sacrement divin demeurent : la terre est bénie, l'homme vivifié, l'Évangile réalisé, par cette incarnation continuée et toujours agissante.

L'unité aussi est consommée pour nos âmes. Second caractère que nous allons considérer dans la divine eucharistie.

II. P. Le nom sacré de l'unité exprime, Messieurs, le bien le plus élevé et le plus parfait de l'homme. Il faut, pour s'en former la juste idée, remonter à l'unité même divine, et pénétrer jusqu'à cet amour substantiel et infini qui lie dans leur indivisible nature les trois personnes de l'adorable Trinité. L'unité c'est donc Dieu même dans sa vérité, son amour et sa gloire infinie. Tout ce qui est grand, tout ce qui est beau, tout ce qui est heureux, doit se rapporter à l'unité comme à sa source et à son type, et c'est dans ce sens que saint Augustin a dit : « Toute beauté a sa raison et sa forme constitutive dans l'unité. » *Omnis pulchritudinis forma unitas est.*

L'univers tel qu'il sortit des mains du Créateur portait, Messieurs, au souverain degré ce caractère de beauté et de ressemblance divine. Le paradis terrestre en fut l'auguste et touchante expression. L'homme était uni à Dieu par les rapports les plus parfaits de sagesse, de vérité, de puissance et d'amour. Rien en lui n'altérait l'ordre, la grandeur de cette divine harmonie : son intelligence et son cœur, ses penchants, ses désirs, son action, tout obéissait en paix au Souverain auteur de sa liberté et de sa vie. Le péché vint briser cette unité féconde et glorieuse : l'homme se sépara de Dieu dans son orgueil rebelle, et le monde fut rempli de maux et de désordres.

Jésus-Christ vint pour réparer le monde, pour sauver l'homme. Quels furent donc sa mission divine, son but, sa pensée? Quels furent le besoin de son cœur, l'âme de ses travaux et le motif de ses ineffables douleurs? Rétablir la divine unité sur la terre, l'union intime, permanente et active entre l'homme et son Dieu. Jésus-Christ, l'Homme-Dieu, est le lien, le médiateur unique de cette nouvelle et indissoluble alliance.

Aussi, Messieurs, est-il descendu sur la terre pour unir étroitement les enfants de Dieu qui étaient dispersés, comme l'Évangile en témoigne dans sa langue sacrée : *Ut filios Dei qui erant dispersi congregaret in unum.* Il se présentait lui-même comme le bon Pasteur rapportant sur ses épaules la brebis égarée, et il disait : « Il n'y aura plus qu'un seul bercail et un seul pasteur. » *Et erit unum ovile et unus pastor.*

Mais il fallait atteindre plus parfaitement encore ce but divin, réaliser notre union, notre unité avec le Dieu-Homme d'une manière plus intime et plus forte.

Déjà la tradition avait initié les peuples à une sorte de communion, c'est-à-dire à la participation même de la victime après le sacrifice achevé. On croyait s'unir ainsi à Dieu en prenant part à l'expiation opérée en son nom dans une immolation sanglante. Ce culte avait sa raison d'être.

Pour rapprocher le ciel et la terre, renverser le mur qui les séparait, et ne faire de tous deux qu'une même chose, suivant la parole de saint Paul, *fecit utraque unum;* pour identifier autant que possible l'homme avec Dieu en Jésus-Christ réparateur, médiateur, lien unique et tout-puissant, le sacrifice s'accomplit aussi sur nos autels, la victime est immolée; divine et toujours vivante, elle est réduite cependant en l'état sacramentel à une sorte d'anéantissement, et elle demeure sous la forme et la simple apparence du pain pour que nous puissions nous nourrir de la victime du sacrifice, véritable pain de vie dont parlait Jésus-Christ en parlant de lui-même. La communion, la participation réelle de la victime est ainsi jointe au sacrifice; elle en est le complément, la perfection : et le peuple fidèle, uni intimement à la victime divine, un avec elle, vivant d'elle-même, de sa grâce, de sa vérité, consomme son alliance ou plutôt son unité avec Dieu.

Ici, Messieurs, daignez vous séparer des idées matérielles et grossières, et ne répétez point les paroles de ces capharnaïtes charnels qui trouvaient trop dur le langage de Jésus-Christ quand il leur disait : « Ma chair est vraiment une nourriture, et mon sang vraiment un breuvage. »

Mais dans la nature même de la communion, dans cette sorte d'identification mystérieuse de l'homme avec Jésus-Christ sous les voiles eucharistiques, voyez l'ineffable consommation de l'unité à laquelle tous et toujours nous devons aspirer. Si nous croyons, Messieurs, si la foi nous éclaire de sa lumière, si la charité nous échauffe de son ardeur, nous bénirons à jamais ce divin mystère, et nous en célèbrerons la grandeur et le bienfait. Vivre et se nourrir de la Divinité incarnée sur la terre et offerte en sacrifice pour son salut, et s'unir ainsi à la vie substantielle de la Divinité en Jésus-Christ, tel est le sens, telle est la valeur de l'institution eucharistique.

Aussi ne vous étonnez pas de ces longues préparations, de ces solennités pieuses, de ces magnificences touchantes qui environnent le premier pas du jeune âge dans cette carrière d'ineffables communications avec l'eucharistie. Que d'efforts généreux, que d'élans héroïques souvent dans un cœur d'enfant! et que de germes précieux déposés pour l'avenir! L'indifférence ou les tristes égarements pendant de longues années ne parviennent pas même à les étouffer : vous le sentez peut-être.

Pour tous les âges, quand on retourne à la pensée chrétienne, l'eucharistie est encore le terme où nous ramènent tous les efforts de la vertu et toutes les impressions du repentir. Elle est une sanction, une récompense, un instrument puissant tout à la fois pour nous fixer dans les déterminations les plus généreuses et les plus pures : c'est vers Dieu, vers Dieu même qu'on tend ainsi avec effort. Et ce bienfait n'est-il donc pas immense, de nous unir à Dieu? Quel bien, quelle garantie le remplacerait sur la terre?

Et où voulez-vous donc trouver les vrais biens, la lumière, la vertu, la charité, le dévouement et le courage, si ce n'est en Dieu même, dans l'intime union avec lui, dans son unité substantielle, dans l'eucharistie par la communion? Mais la parole humaine est ici, Messieurs, plus que jamais impuissante à exprimer ces choses; il nous faut pour les dire la langue même divine.

Jésus-Christ près de mourir a donc institué pour toujours l'eucharistie, il l'a offerte une première fois en sacrifice, et l'a donnée une première fois en communion à ses apôtres, même au traître. Alors il épanche son cœur et nous révèle tous les trésors enfermés dans le sacrement de son amour.

Il nous le présente d'abord comme le gage d'une puissante efficacité dans la prière :

« Tout ce que vous demanderez à mon Père en

mon nom, je le ferai... Non, je ne vous laisse pas orphelins, *non relinquam vos orphanos*. Je viendrai à vous... En ce jour vous connaîtrez que je suis en mon Père, et vous en moi, et moi en vous...[1] »

Puis Jésus-Christ exprime ainsi cette union même, ou plutôt cette unité : « Je suis la vigne véritable... Demeurez en moi, et moi en vous... Je suis la vigne, vous les branches; si quelqu'un demeure ainsi en moi, et si je demeure en lui, il portera beaucoup de fruits, parce que sans moi vous ne pouvez rien faire. Mais si quelqu'un ne demeure pas en moi, il sera jeté dehors comme le sarment inutile, il séchera, et on le ramassera pour le feu. Demeurez donc dans mon amour... Ma loi est aussi que vous vous aimiez les uns les autres comme je vous ai aimés[2]... »

Et enfin quand le Sauveur va terminer tous ces divins discours prononcés après la Cène, il adresse à son Père cette prière :

« O Père, l'heure est venue, je vous prie pour eux... Père saint, conservez-les en votre nom..., afin qu'ils soient un comme nous. » *Ut sint unum sicut et nos...* Il le répète et il insiste : « Que tous

---

[1] Joann., xiv, 13 et seq.
[2] *Id*, xv, 1 et seq.

soient un, *ut omnes unum sint;* comme vous, mon Père, vous l'êtes en moi et moi en vous, qu'ils soient un eux-mêmes en nous, *ut et ipsi in nobis unum sint...* Je suis en eux, vous en moi, qu'ils soient donc consommés dans l'unité, *ut sint consummati in unum* [1]. »

Messieurs, c'est assez, nous ne soutiendrions pas longtemps d'ailleurs un tel langage, il est trop fort pour nous; vous y pouvez bien reconnaître la pensée de Jésus-Christ dans la divine eucharistie, la consommation de l'unité ineffable de nos âmes dans la vie même divine. Je m'arrête donc et vous laisse à vos pensées, en attendant les jours recueillis de retraite qui vont suivre.

Malheur à celui qui, s'éloignant un jour des mystères eucharistiques, a cessé de s'en nourrir. Il brisa les liens de l'union divine qui l'attachait à Jésus-Christ même; il se retrancha de la société de ses membres. Alors la vie s'est retirée de son cœur, comme le sang glacé du mourant se retire de ses veines; il ne porte plus et n'alimente plus en lui le foyer de la divine charité; son âme est une terre aride et désolée, parce qu'elle ne trouve sa fécondité que dans une participation assidue des mystères eucharistiques.

[1] Joann., XVII, 1 et seq.

Toutefois, Messieurs, votre présence me rassure pour vous-mêmes, et je n'ai plus que des vœux ardents à former pour que vous receviez et que vous fassiez fructifier au centuple les grâces que ces jours sacrés présentent à vos âmes.

Dans cette vie ennuyée, triste et agitée, pleine d'amers souvenirs, de préoccupations pénibles et de remords, il faut choisir un lieu de repos, un asile où l'on rentre après les fatigues et les épreuves.

Jésus-Christ présent et vivant sur nos autels est ce refuge, cet abri dans la tempête; il est notre remède, notre soutien, notre joie et notre bonheur.

Puisse cette divine présence n'être point oubliée dans vos heures de recueillement! N'en laissez pas toujours les douceurs, les heureuses influences à ces âmes cachées qui vivent inconnues au monde, et souvent dédaignées par lui, parce qu'elles se contentent de vivre unies à Jésus-Christ. Le monde cependant, Messieurs, appartient à ces âmes, les destinées du monde sont attachées à leurs vertus. Chères à Jésus-Christ, légion bénie de ses élus, elles sont la fin des grands desseins de la Providence sur la terre comme dans le ciel; car, saint Paul nous l'assure, tout arrive à cause des élus de Dieu.

Vous donnerez votre nom à cette glorieuse milice, Messieurs; vous trouverez dans ses rangs toutes les consolations de la paix, toutes les garanties de l'espérance et tous les dons de la charité divine.

FIN DU TROISIÈME VOLUME

TABLE

LES PRÉJUGÉS LÉGITIMES

Quarantième Conférence. — Les Droits de Dieu.	3
Quarante-unième Conférence. — La Philosophie de la foi.	31
Quarante-deuxième Conférence. — Le Christianisme raisonnable.	65
Quarante-troisième Conférence. — L'Efficacité de la foi.	97
Quarante-quatrième Conférence. — Les Types du christianisme.	127
Quarante-cinquième Conférence. — Les Garanties de la foi.	161
Quarante-sixième Conférence. — La Religion du cœur.	191

LE DOGME

Quarante-septième Conférence. — L'Immortalité.	217
Quarante-huitième Conférence. — La Trinité.	243
Quarante-neuvième Conférence. — L'Incarnation.	275
Cinquantième Conférence. — La Rédemption.	309
Cinquante-unième Conférence. — La Notion du surnaturel.	335

TABLE

Cinquante-deuxième Conférence. — La Destination surnaturelle. 367
Cinquante-troisième Conférence. — L'Économie de l'ordre surnaturel, ou Plan du christianisme. 391
Cinquante-quatrième Conférence. — Le Péché originel. . . 417
Cinquante-cinquième Conférence. — La Grâce réparatrice. . 441
Cinquante-sixième Conférence. — La Dispensation de la grâce. 463
Cinquante-septième Conférence. — La Présence du mal moral ici-bas, ou la Permission du péché. 489
Cinquante-huitième Conférence. — L'Éternité des peines. . 517
Cinquante-neuvième Conférence. — La Pénitence. 547
Soixantième Conférence. — L'Eucharistie. 573

Tours, imp. Mame.